中华经典导读

张子维　译注

孟子
应该这样读

南京大学出版社

图书在版编目(CIP)数据

《孟子》应该这样读 / 张子维译注.—南京:南
京大学出版社,2017.7
(中华经典导读)
ISBN 978-7-305-18626-4

Ⅰ.①孟… Ⅱ.①张… Ⅲ.①儒家②《孟子》一译文
③《孟子》一注释 Ⅳ.①B222.5

中国版本图书馆 CIP 数据核字(2017)第 100584 号

出版发行 南京大学出版社
社 址 南京市汉口路 22 号 邮 编 210093
出 版 人 金鑫荣

丛 书 名 中华经典导读
书 名 《孟子》应该这样读
译 注 张子维
责任编辑 钱 辛 罗 凡 编辑热线 025-83686029
照 排 南京紫藤制版印务中心
印 刷 南京玉河印刷厂
开 本 787×960 1/16 印张 21.75 字数 253 千
版 次 2017 年 7 月第 1 版 2017 年 7 月第 1 次印刷
ISBN 978-7-305-18626-4
定 价 55.00 元

网 址:http://www.njupco.com
官方微博:http://weibo.com/njupco
官方微信:njupress
销售咨询热线:(025)83594756

青少年不能不读《孟子》

《孟子》是中国儒家的经典著作，记录了战国时期著名的思想家孟子的治国思想和政治策略，此书是由孟子及其再传弟子共同编写而成。

这部书刚开始问世时，《汉书·文艺志》仅把它放在诸子略中，视为子书。南宋时，朱熹将《孟子》与《论语》、《大学》、《中庸》合在一起称"四书"，正式把《孟子》提到了非常高的地位。元、明以后《孟子》又成为科举考试的内容，更是读书人的必读之书了。

作为青少年，阅读国学名著不仅可以培养自身的古典文化底蕴和优雅情怀，还可以品读文学中蕴涵的美学、哲学意境。《孟子》作为国学经典中的经典，说理透彻，言词典雅，富于思辨色彩，论述层层推进，具有强烈的艺术感染力，读懂之后一定会受益终生。

如果把儒家的创始人孔子看作是一个敦厚睿智的长者，那么作为学说继承人的孟子则是一个积极进取的青年。

孟子生活在战国时期，诸侯的暴政和百姓的哀号激起了他强烈的忧患意识。他将个人与社会紧密联系在一起，以解民倒悬为己任，抱着一种"当今之世，舍我其谁"的入世精神来"修身、齐家没问题、治国、平天下。"

《孟子》一书展现了孟子治国安邦的策略和人格修养的原则。首先，在政治思想上，孟子在"仁"的基础上将其形象化为"不忍之心"，并建立"性善论"来对其进行论述，进而提出"仁政"的理念。国学大师钱穆先生指出，孟子的"性善论"包含两层意义：一是启迪人们向上的自信，二是鞭促人们向上的努力。

此外，孟子还具有较强的民本主义思想——"民为贵，社稷次之,君为轻"。当然,这并不是说百姓的地位比国君高,而是说国君在治国时,如果不照顾到老百姓的利益,就很难维持自己的统治。这在客观上缓和了阶级矛盾,维护了底层民众的利益。更难能可贵的是,孟子具有很强的战斗性。他认为君王如果违背人民意愿,危害人民利益,不顺应时代发展的潮流,就应当革他的命。虽然诛杀"独夫"多了点杀伐之气,却表现出他的朗朗正气。

孟子的战斗性来自于浩然正气。他认为:"其为气也,至大至刚,以直养而无害,则塞于天地之间。其为气也,配义与道"。意思是说,这种气,最伟大、最刚强,需要用正直的品格来培养它,这样才能充盈天地之间。这种气,要跟义与道相配合。如果不是这样,就会缺乏力量。

看来,孟子养的气,就是正气。有了正气,还需要在逆境中奋斗,以此激发出强烈的进取精神——"故天将降大任于斯人也,必先苦其心志,劳其筋骨,饿其体肤,空乏其身,行拂乱其所为,所以动心忍性,增益其所不能。"如果仅从人格的塑造上来看,孟子对后世的影响要远远超越孔子,他所说的"富贵不能淫,贫贱不能移,威武不能屈"被无数文人墨客奉为经典,同时也滋养和孕育了一批又一批中华民族的精英。

孟子有很高的辩才。他思维缜密,逻辑严谨,语言充满着生机与活力。他的辩论很有文采,审事精微,阐发透彻,洞见深邃,并善用比喻,令对手不得不服。这些特点贯穿于《孟子》全书的始终,对我们的写作有很好的借鉴作用。

我斗胆说一句,就有利于青少年的成长而言,可以不读《论语》,却不能不读《孟子》。书中所蕴含的"仁、义、礼、智、信"是我们民族文化中不可放弃的精髓,读之不仅使我们接受了优秀传统文化的熏陶,同时也有助于我们养成良好的道德品格。

目　录

第一篇
梁惠王（上）——有仁者之风

【原文】

　　孟子见梁惠王②。王曰:"叟!不远千里而来,亦将有以利吾国乎?"孟子对曰:"王!何必曰利?亦有仁义而已矣。王曰:'何以利吾国?'大夫③曰:'何以利吾家④?'士庶人曰:'何以利吾身?'上下交征⑤利而国危矣。万乘⑥之国,弑⑦其君者,必千乘之家;千乘之国,弑其君者,必百乘之家。万取千焉,千取百焉,不为不多矣。苟为⑧后义而先利,不夺不餍⑨。未有仁而遗其亲者也,未有义而后⑩其君者也。王亦曰仁义而已矣,何必曰利?"

【注释】

　　① 梁惠王(上):《梁惠王》是《孟子》第一篇的篇名,《孟子》和《论语》一样,原来没有篇名,后人一般取每篇第一章中的前两三字作为篇名。《孟子》共七篇,东汉末年赵岐为《孟子》作注时,将每篇都分成上、下两部分。

　　② 梁惠王:即战国时魏惠王魏罃(yīng),公元前369～前319年在位。魏国原来的都城在安邑(今山西夏县西北),因秦国的压力,公元前361年魏惠王迁都大梁(今河南开封),故魏也被称为梁,魏惠王也被称为梁惠王。"惠"是其死后的谥号。

　　③ 大夫:先秦时代职官等级名,国君之下有卿、大夫、士三级。

　　④ 家:大夫的封邑。封邑是诸侯封赐手下的卿、大夫给他们作为世禄的田邑(包括土地上的劳动者在内)。

　　⑤ 交征:交,互相;征,求取。上上下下互相争夺私利。

　　⑥ 乘(shèng):量词,一车四马为一乘。当时战争的形式主要是车战,一辆兵车由四匹马拉,车上有三名武装战士,后有若干步兵。古代常以兵车的多少来衡量诸侯国或卿大夫封邑的大小。

⑦ 弑(shì):古代下杀上、卑杀尊、臣杀君叫弑。

⑧ 苟为:如果真是。

⑨ 餍:满足。

⑩ 后:不照顾。

【译文】

　　孟子参见梁惠王。梁惠王说:"老先生,您不远千里而来,将有什么有利于我的国家的高见吗?"孟子回答道:"大王,您为什么一定要说到利呢?只要有仁义就够了。大王说:'怎样有利于我的国家?'大夫说:'怎样有利于我的封邑?'士人和平民说:'怎样有利于我自身?'上上下下互相争夺利益,那国家就危险了。在拥有万辆兵车的国家,杀掉国君的,必定是国内拥有千辆兵车的大夫;在拥有千辆兵车的国家,杀掉国君的,必定是国内拥有百辆兵车的大夫。在拥有万辆兵车的国家里,这些大夫拥有千辆兵车;在拥有千辆兵车的国家里,这些大夫拥有百辆兵车,不能不算富有。如果轻义而重利,他们不夺取(国君的地位和利益)是绝对不会满足的。从来没有讲仁义却遗弃自己父母的人,从来也没有行仁义却不顾自己君主的人。大王只要讲仁义就行了,何必谈利呢?"

【原文】

　　孟子见梁惠王。王立于沼①上,顾鸿雁麋鹿,曰:"贤者亦乐此乎?"

　　孟子对曰:"贤者而后乐此,不贤者虽有此,不乐也。《诗》云:'经始灵台,经之营之,庶民攻之,不日成之。经始勿亟②,庶民子来。王③在灵囿,麀鹿攸伏④,麀鹿濯濯⑤,白鸟鹤鹤⑥。王在灵沼,于牣鱼跃。'文王以民力为台为沼,而民欢乐之,谓其台曰灵台,谓

其沼曰灵沼，乐其有麋鹿鱼鳖。古之人与民偕乐，故能乐也。《汤誓》⑦曰：'时日害⑧丧？予及女⑨偕亡。'民欲与之偕亡，虽有台池鸟兽，岂能独乐哉？"

【注释】

① 沼：水池。

② 勿亟：是说文王不加督促。

③ 王：此指周文王姬昌，殷王纣时的诸侯，他的儿子武王伐纣，灭殷。

④ 攸伏：是说母鹿安伏在原来的地方。

⑤ 濯濯（zhuó）：肥大而毛有光泽。

⑥ 鹤鹤：羽毛洁白的样子。

⑦ 《汤誓》：《尚书》中的一篇。《尚书》是中国上古历史档案和部分追述上古事迹著作的汇编，是儒家经典之一。《汤誓》这一篇，记载商汤讨伐暴君夏王桀的誓词。传说，夏桀曾自比太阳，说太阳灭亡他才灭亡。此章所引是百姓诅咒夏桀的话。

⑧ 时：这。害：同"曷（hé）"，何时的意思。

⑨ 女：同"汝"，你。

【译文】

孟子觐见梁惠王。惠王站在水池边上，一面观赏着鸿雁麋鹿，一面问道："贤人也喜欢享受这些东西吗？"孟子答道："只有贤人才能感受到这种快乐，不贤的人纵然拥有珍禽异兽，也不会（真正感受到）快乐的。《诗经》上说：'文王规划筑灵台，基址方位细安排，百姓踊跃来建造，灵台很快就造好。动工不用多督促，百姓工作更积极。文王巡游到灵囿，母鹿自在乐悠悠，母鹿肥美光泽好，白鸟熠熠振羽毛。文王游观到灵沼,鱼儿满池喜跳跃。'文王依靠民力造起了高台深池,人民却高高兴兴,把他的台叫作灵台,把他的池沼叫作灵沼,为他能享有麋鹿鱼鳖而高兴。古代的贤君与民同乐,所以能享受到(真正的)快乐。《汤誓》说:'这个太阳什么时候灭亡?我们要跟你同归于尽!'人民要跟夏桀同归于尽,(他)纵然拥有台池鸟兽,难道能独自享受到快乐吗?"

【原文】

　　梁惠王曰:"寡人①之于国也,尽心焉耳矣②。河内③凶,则移其民于河东,移其粟于河内。河东④凶亦然。察邻国之政,无如寡人之用心者。邻国之民不加少,寡人之民不加多,何也?"

　　孟子对曰:"王好战,请以战喻。填然鼓⑤之,兵刃既接,弃甲曳兵而走⑥。或百步而后止,或五十步而后止。以五十步笑百步,则何如?"

　　曰:"不可,直不百步耳,是亦走也。"

　　曰:"王如知此,则无望民之多于邻国也。不违农时,谷不可胜食也;数罟不入洿池⑦,鱼鳖不可胜食也;斧斤⑧以时入山林,材木不可胜用也。谷与鱼鳖不可胜食,材木不可胜用,是使民养生丧死无憾也。养生丧死无憾,王道之始也。五亩之宅,树之以桑,五十者可以衣帛矣。鸡豚狗彘之畜,无失其时,七十者可以食肉矣。百亩之田,勿夺其时,数口之家可以无饥矣。谨庠序⑨之教,申之以孝悌之义,颁白者不负戴于道路矣。七十者衣帛食肉,黎民不饥不寒,然而不王者,未之有也。狗彘食人食而不知检,途有饿莩⑩而不知发;人死,则曰:'非我也,岁也。'是何异于刺人而杀之,曰:'非我也,兵也。'王无罪岁,斯天下之民至焉。"

【注释】

① 寡人:古代君王自我的谦称。

② 焉耳矣:三个语气词叠加,加重语气,表示恳挚的感情。

③ 河内:指黄河以北的今河南省沁阳、济源、博爱一带,当时是魏国的领土。

④ 河东:指黄河以东的今山西省西南部,当时是魏国的领土。

⑤ 填然:鼓声咚咚直响的样子。鼓:击鼓。

⑥ 曳兵:拖着兵器。走:跑。

⑦ 数罟(shuò gǔ):密网。洿(wū)池:大池。

⑧ 斤:砍刀。

⑨ 庠(xiáng)序:古代地方所设的学校。

⑩ 莩(piǎo):饿死的人。

【译文】

梁惠王说:"我对于治理国家,真是够尽心的了。河内发生灾荒,就把那里的(一部分)百姓迁移到河东去,把粮食运到河内去赈济。河东发生灾荒,我也这么办。考察邻国的政务,没有哪个国君能像我这样为百姓操心的了。但是邻国的人口并不减少,而我们魏国的人口并不增多,这是什么原因呢?"

孟子回答道:"大王您喜欢打仗,请让我拿打仗做比喻。咚咚地擂起战鼓,刀刃剑锋相碰,(就有士兵)丢盔弃甲,拖着兵器逃跑。有的逃了一百步停下来,有的逃了五十步停住了脚。(如果)凭着自己只逃了五十步就嘲笑那些逃了一百步的人,您觉得行不行?"

惠王说:"不可以,只不过后面逃的不到一百步罢了,这同样是逃跑呀!"

孟子说:"大王如果懂得这一点,就不要指望魏国的百姓会比邻国多了。不耽误百姓的农时,粮食就多得吃不完;细密的渔网不放入大塘捕捞,鱼鳖就多得吃不完;按一定的时令采伐山林,木材就用不完。粮食和鱼鳖吃不完,木材用不完,这就使百姓养家糊口、办理丧事没有什么遗憾的了。百姓生养死丧没有什么遗憾,这就是王道的开始。五亩田的宅地,(房前屋后)多种桑树,五十岁的人就能穿上丝棉袄了。鸡、猪和狗一类家畜不错过它们的繁殖时节,七十岁的人就能吃到肉了。一百亩的田地,不要占夺(种田人的)农时,几口人的家庭就可以不饿肚子了。办学校教育,不断向年轻人灌输孝顺父母、敬爱兄长的道理,头发花白的老人就不必肩扛头顶着东西赶路了。七十岁的人穿上丝棉袄、吃到肉,百姓不受冻受饿,做到这样却不能统一天下的,是绝不会有的。(现在,富贵人家的)猪、狗吃着人吃的粮食,却不知道制止;道路上有饿死的尸体,却不知道开仓赈济。人饿死了,却说'这不是我的责任,是收成不好',这跟把人刺死了,却说'不是我杀的人,是兵器杀的',又有什么两样呢? 大王请您不要怪罪于年成不好,(只要推行仁政)天下的百姓就会投奔到您这儿来了。"

【原文】

梁惠王曰:"寡人愿安承①教。"

孟子对曰:"杀人以梃与刃②,有以异乎?"

曰:"无以异也。"

"以刃与政,有以异乎?"

曰:"无以异也。"

曰:"庖有肥肉,厩有肥马,民有饥色,野有饿莩,此率兽而食人也。兽相食,且人恶之,为民父母,行政,不免于率兽而食人,恶在其为民父母也? 仲尼曰:'始作俑者^③,其无后乎!'为其象人而用之也。如之何其使斯民饥而死也?"

【注释】

① 安:安心,乐意。承:接受。

② 梃(tǐng):木棍棒。刃:刀剑。

③ 俑:古代用以殉葬的木偶或陶偶。在奴隶社会,最初用活人殉葬,由于社会生产力的发展,劳动力渐渐被重视,后来便改用俑来殉葬。孔子不了解这一情况,误认为先有俑殉,后有人殉,故对俑殉深恶痛绝。

【译文】

梁惠王说:"我乐于听取您的指教。"

孟子回答道:"用木棍打死人跟用刀杀死人,(性质)有什么不同吗?"

惠王说:"没有什么不同。"

(孟子又问道:)"用刀子杀死人跟用苛政害死人,有什么不同吗?"

惠王说:"没有什么不同。"

孟子说:"厨房里有肥肉,马棚里有壮马,(可是)老百姓面带饥色,野外有饿死的尸体,这如同率领着野兽来吃人啊! 野兽自相残杀,人们见了尚且厌恶,而身为百姓的父母,施行政事,却不免做出类似率领野兽来吃人的事,这又怎能算是百姓的父母呢? 孔子说过:'最初造出陪葬用的木俑土偶的人,大概会断子绝孙吧!'这是因为木俑土偶像人的样子却用来殉葬。(这样尚且不可,)那又怎么能让百姓们饥饿而死呢?"

【原文】

梁惠王曰:"晋国,天下莫强①焉,叟之所知也。及寡人之身,东败于齐,长子死焉②;西丧地于秦七百里;南辱于楚。寡人耻之,愿比死者一洒③之,如之何则可?"

孟子对曰:"地方百里而可以王。王如施仁政于民,省刑罚,薄税敛,深耕易耨④,壮者以暇日修其孝悌忠信,入以事其父兄,出以事其长上,可使制梃以挞⑤秦、楚之坚甲利兵矣。彼夺其民时,使不得耕耨以养其父母。父母冻饿,兄弟妻子离散。彼陷溺其民,王往而征之,夫谁与王敌? 故曰:'仁者无敌。'王请勿疑!"

【注释】

① 晋国:指魏国。魏与韩、赵三家春秋时本是晋国大夫,后来三家分晋。魏在战国初年曾称强一时。莫强:没有哪一个强过它。

② 东败于齐,长子死焉:指公元前343年马陵之战,齐威王派田忌、孙膑率军队救韩伐魏,大败魏军于马陵。魏将庞涓自杀,太子申被俘。

③ 比(bì):替、代、给的意思。洒:同"洗"。

④ 易耨(nòu):迅速耕田除草。

⑤ 制:制作、制造。挞(tà):用鞭子打人。

【译文】

梁惠王说:"我们魏国,以前天下没有哪个国家比它更强大的了,这是老先生您所知道的。(可是)传到我手中,东边败给了齐国,我的长子也牺牲了；西边又丢失给秦国七百里地；南边被楚国欺侮，吃了败仗。对此我深感耻辱，想要为死难者洗恨雪耻，怎么办才好呢？"

孟子回答道："百里见方的小国也能够取得天下。大王如果对百姓施行仁政，少用刑罚，减轻赋税，（提倡）深耕细作、勤除杂草，让年轻人在耕种之余学习孝亲、敬兄、忠诚、守信的道理，在家侍奉父兄，在外敬重尊长，（这样，）可以让他们拿起木棍打赢盔甲坚硬、刀枪锐利的秦楚两国的军队了。他们（秦、楚）长年夺占百姓的农时，使百姓不能耕作来奉养父母。父母受冻挨饿，兄弟妻儿各自逃散。他们使自己的百姓陷入了痛苦之中，（如果）大王前去讨伐他们，谁能跟大王对抗呢？所以（古语）说：'有仁德的人天下无敌。'大王请不要怀疑这个道理了。"

【原文】

　　孟子见梁襄王①，出，语②人曰："望之不似人君，就之而不见所畏焉。卒③然问曰：'天下恶乎④定？'吾对曰：'定于一。''孰能一之？'对曰：'不嗜杀人者能一之。''孰能与之？'对曰：'天下莫不与也。王知夫苗乎？七八月之间旱，则苗槁矣。天油然作云，沛然下雨，则苗浡然兴之矣。其如是，孰能御之？今夫天下之人牧，未有不嗜杀人者也。如有不嗜杀人者，则天下之民皆引领而望之矣。诚如是也，民归之，由⑤水之就下，沛然谁能御之？'"

【注释】

① 梁襄王：惠王之子，名嗣，公元前318年～前296年在位。

② 语(yù)：告诉。

③ 卒：通"猝"，突然。

④ 恶乎:怎样,如何。

⑤ 由:同"犹",如同,好像。

【译文】

　　孟子见了梁襄王,退出来后,对人说:"在远处看,他不像个国君,走到面前也看不出他的威严。他见到我后,突然发问道:'天下怎样才能安定?'我回答道:'天下统一了就会安定。'(他问:)'谁能使天下统一?'我答道:'不喜欢杀人的国君能使天下统一。'(他又问:)'谁会归顺服从他呢?'我回答道:'天下的人没有不归顺服从的。大王了解禾苗生长的情况吗?七八月间遇到天旱,禾苗就枯蔫了。(假如这时候)天上忽然涌起乌云,降下大雨来,那么禾苗就又能蓬勃旺盛地生长起来了。果真这样,谁又能阻止它生长呢?当今天下的国君没有不好杀人的。如果有不好杀人的,天下的老百姓必然都会伸长了脖子期望着他。果真这么做了,老百姓归顺他,就跟水往低处奔流一样,浩浩荡荡,谁又能阻挡得住呢?'"

【原文】

　　齐宣王①问曰:"齐桓、晋文②之事,可得闻乎?"

　　孟子对曰:"仲尼之徒无道桓文之事者,是以后世无传焉,臣未之闻也。无以,则王乎?"

　　曰:"德何如则可以王矣?"

　　曰:"保民而王,莫之能御也。"

　　曰:"若寡人者,可以保民乎哉?"

　　曰:"可。"

　　曰:"何由知吾可也?"

曰：“臣闻之胡龁曰，王坐于堂上，有牵牛而过堂下者，王见之，曰：‘牛何之？’对曰：‘将以衅钟③。’王曰：‘舍之！吾不忍其觳觫④，若无罪而就死地。’对曰：‘然则废衅钟与？’曰：‘何可废也？以羊易之！’不识有诸？”

曰：“有之。”

曰：“是心足以王矣。百姓皆以王为爱也，臣固知王之不忍也。”

王曰：“然，诚有百姓者。齐国虽褊小，吾何爱一牛？即不忍其觳觫，若无罪而就死地，故以羊易之也。”

曰：“王无异于百姓之以王为爱也。以小易大，彼恶知之？王若隐其无罪而就死地，则牛羊何择焉？”

王笑曰：“是诚何心哉？我非爱其财而易之以羊也。宜乎百姓之谓我爱也。”

曰：“无伤也，是乃仁术也，见牛未见羊也。君子之于禽兽也，见其生，不忍见其死；闻其声，不忍食其肉。是以君子远庖厨也。”

王说⑤曰：“《诗》云：‘他人有心，予忖度之⑥。’夫子之谓也。夫我乃行之，反而求之，不得吾心。夫子言之，于我心有戚戚焉。此心之所以合于王者，何也？”

曰：“有复于王者曰：‘吾力足以举百钧，而不足以举一羽；明足以察秋毫之末，而不见舆薪。’则王许之乎？”

曰：“否。”

“今恩足以及禽兽，而功不至于百姓者，独何与？然则一羽之不举，为不用力焉；舆薪之不见，为不用明焉；百姓之不见保，为不用恩焉。故王之不王，不为也，非不能也。”

曰：“不为者与不能者之形何以异？”

曰："挟太山以超北海,语人曰:'我不能。'是诚不能也。为长者折枝,语人曰:'我不能。'是不为也,非不能也。故王之不王,非挟太山以超北海之类也;王之不王,是折枝之类也。"

"老吾老,以及人之老;幼吾幼,以及人之幼。天下可运于掌。《诗》云:'刑于寡妻,至于兄弟,以御于家邦⑦。'言举斯心加诸彼而已。故推恩足以保四海,不推恩无以保妻子。古之人所以大过人者,无他焉,善推其所为而已矣。今恩足以及禽兽,而功不至于百姓者,独何与? 权,然后知轻重;度,然后知长短。物皆然,心为甚。王请度之! 抑王兴甲兵,危士臣,构怨于诸侯,然后快于心与?"

王曰："否,吾何快于是? 将以求吾所大欲也。"

曰:"王之所大欲可得闻与?"

王笑而不言。

曰:"为肥甘不足于口与? 轻暖不足于体与? 抑为采色不足视于目与? 声音不足听于耳与? 便嬖不足使令于前与? 王之诸臣皆足以供之,而王岂为是哉?"

曰:"否,吾不为是也。"

曰:"然则王之所大欲可知已,欲辟土地,朝秦楚,莅中国而抚四夷也。以若所为求若所欲,犹缘木而求鱼也。"

王曰:"若是其甚与?"

曰:"殆有甚焉。缘木求鱼,虽不得鱼,无后灾。以若所为求若所欲,尽心力而为之,后必有灾。"

曰:"可得闻与?"

曰:"邹人与楚人战,则王以为孰胜?"

曰:"楚人胜。"

曰："然则小固不可以敌大，寡固不可以敌众，弱固不可以敌强。海内之地方千里者九，齐集有其一。以一服八，何以异于邹敌楚哉？盍⑧亦反其本矣。今王发政施仁，使天下仕者皆欲立于王之朝，耕者皆欲耕于王之野，商贾皆欲藏于王之市，行旅皆欲出于王之途，天下之欲疾其君者皆欲赴愬于王。其若是，孰能御之？"

王曰："吾惛，不能进于是矣。愿夫子辅吾志，明以教我。我虽不敏，请尝试之。"

曰："无恒产而有恒心者，惟士为能。若民，则无恒产，因无恒心。苟无恒心，放辟邪侈，无不为已。及陷于罪，然后从而刑之，是罔民也。焉有仁人在位罔民而可为也？是故明君制民之产，必使仰足以事父母，俯足以畜妻子，乐岁终身饱，凶年免于死亡。然后驱而之善，故民之从之也轻。"

"今也制民之产，仰不足以事父母，俯不足以畜妻子，乐岁终身苦，凶年不免于死亡。此惟救死而恐不赡，奚暇治礼义哉？"

"王欲行之，则盍反其本矣。五亩之宅，树之以桑，五十者可以衣帛矣。鸡豚狗彘之畜，无失其时，七十者可以食肉矣。百亩之田，勿夺其时，八口之家可以无饥矣。谨庠序之教，申之以孝悌之义，颁白者不负戴于道路矣。老者衣帛食肉，黎民不饥不寒，然而不王者，未之有也。"

【注释】

① 齐宣王：战国时齐国国王田辟疆，公元前 319 年～前 301 年在位。

② 齐桓、晋文：齐桓公，春秋时齐国国君姜小白，公元前 685

年～前643年在位,春秋时第一位霸主。晋文公,春秋时晋国国君姬重耳,公元前636年～前628年在位,春秋五霸之一。

③ 衅(xìn)钟:古代一种祭祀仪式。新钟铸成后,杀牲取血,涂在钟的缝隙处。

④ 觳觫(hú sù):因恐惧而发抖的样子。

⑤ 说:同"悦"。

⑥ 以上两句出自《诗经·小雅·巧言》。

⑦ 以上三句出自《诗经·大雅·思齐》。刑:同"型",示范。寡妻:嫡妻,正妻。家邦:大夫的封邑,诸侯的封国。

⑧ 盍(hé):何不。

【译文】

齐宣王问道:"齐桓公、晋文公(称霸诸侯)的事情,可以讲给我听听吗?"

孟子回答道:"孔子的门徒没有谈论齐桓公、晋文公事情的,因此后世没有传下来,我也就没有听说过。一定要我讲的话,那就谈谈用仁德统一天下的道理好吗?"

宣王问:"仁德怎样就可以统一天下呢?"

孟子回答道:"爱抚百姓而统一天下,就没有谁能阻挡得住他。"

宣王问:"像我这样的国君可以做到爱抚百姓吗?"

孟子说:"可以。"

宣王问:"从哪里知道我可以呢?"

孟子说:"我在胡龁那里听说过这样一件事:(有一次)大王坐在堂上,有个人牵着牛从堂下经过,大王见了,问:'把牛牵到哪里去?'(那人)回答说:'要用它祭钟。'大王说:'放了它!我不忍心看它惊惧哆嗦的样子,像这样毫无罪过就被拉去杀掉。'(那人)问:'那么就不

15

要祭钟了吗?'大王说:'怎么可以不要呢? 用羊替代它!'不知是否有这件事?"

宣王说:"有这回事。"

孟子说:"凭这样的心肠就足以统一天下啦!（用羊代牛祭钟）百姓都以为大王是出于吝啬,我当然明白大王是不忍心啊!"

宣王说:"是这样,确实有这样议论的百姓。齐国虽然狭小,我怎么会吝惜一条牛呢? 就是因为不忍心看到它惊惧哆嗦的样子,毫无罪过就要被拉去杀掉,所以才用羊去替代它的。"

孟子说:"大王不要责怪百姓以为您吝啬。用小羊换下大牛,他们哪能理解您的做法?（因为）大王如果可怜牲畜无辜被杀,那么牛和羊有什么区别呢?"

宣王笑着说:"这到底是一种什么样的心理呢? 我并非吝惜钱财而以羊换牛啊! 也难怪百姓要说我吝啬了。"

孟子说:"没什么关系,这正是仁德的表现方式呢!（因为当时您只）看到了牛而没有看到羊啊。君子对于禽兽,看到它们活蹦欢跳的样子,就不忍心看见它们死去;听到它们哀叫悲鸣,就不忍心再吃它们的肉。正因为这样,君子离厨房远远的。"

宣王高兴地说:"《诗》中说:'别人想什么,我能猜得出。'就像说的先生您啊! 我做了这件事,反过来推求为什么这么做,自己心里也不明白。先生这番话,使我心里有点开窍了。这样的心理之所以符合王道,又是为什么呢?"

孟子说:"假如有个人向大王禀告说:'我的力气足以举起三千斤的东西,却举不起一片羽毛;我的视力足以看清秋天野兽毫毛的尖端,却看不见一车子的柴火。'大王会相信这话吗?"

宣王说:"不会。"

孟子说:"如今（大王的）恩惠足以施行到禽兽身上了,而功德却表现不到百姓身上，偏偏是什么原因呢？显然，一片羽毛举不起来，是因为不肯用力气；一车的柴火看不见，是因为不肯用目力；百姓不被您爱抚，是因为不肯施恩德啊！所以大王未能做到用仁德统一天下，是不愿意做，而不是做不到啊！"

宣王说："不愿意做和做不到有什么区别吗？"

孟子说："让一个人用胳膊挟着泰山跳越北海，这人对人说：'我不能办到。'这是真的做不到。让一个人给年长的人折树枝，这人对人说：'我不能办到。'这就是不愿意做，而不是不能做。所以，大王没有做到用仁德统一天下，不属于挟着泰山跳越北海一类；大王没有做到用仁德统一天下，是属于为长者折树枝一类。"

"敬爱自己的长辈，进而也敬爱别人的长辈；爱抚自己的孩子，进而也爱抚别人的孩子。（这样）整个天下就可以像在自己的掌心中随意转动一样容易治理了。《诗》上说：'先给妻子做榜样，再给兄弟好影响，凭这治家和安邦。'说的就是要把这样的用心推广到各个方面。所以，如果广施恩德就足以安抚天下，不施恩德，连妻子、儿女也安稳不住。古代的贤明君主之所以远远超过一般人，没有别的原因，只是善于将他们所做的贤明之举推广开罢了。现在（大王的）恩德已施行到了禽兽身上，而功德却表现不到百姓身上，偏偏是为什么呢？称一称，然后才知道轻重；量一量，然后才知道长短。万物都是这样，人心更是如此。大王请认真地考虑考虑吧！难道大王要兴师动众，使将士们身陷危险，与别的国家结下怨仇，然后心里才痛快吗？"

宣王说："不，对此我有什么痛快的呢？我想借此来实现我最大的心愿。"

孟子问："大王的最大心愿可以说给我听听吗？"

宣王笑而不答。

17

孟子问:"是肥美甘甜的食物不够口腹享受吗? 是轻软温暖的衣服不够身体穿着吗? 是艳丽的色彩不够眼睛观赏吗? 是美妙的音乐不够耳朵聆听吗? 是左右的侍从不够使唤吗? 这些,大王的臣下都足以供给,大王难道是为了这些吗?"

宣王说:"不,我不是为了这些。"

孟子说:"那么,大王的最大心愿可以知道了,就是想扩张疆土,使秦国、楚国来朝拜,君临中原统治中国,同时安抚四周的民族。(不过,)以您现在的做法想要实现您的心愿,真好比是爬上树去捉鱼一样。"

宣王说:"有这么严重吗?"

孟子说:"只怕比这还严重呢! 上树捉鱼,虽然捉不到鱼,不会有后患。按您的做法去实现您的心愿,费尽心力去做了,到头来必定有灾祸。"

宣王问:"(道理)能说给我听听吗?"

孟子说:"邹国跟楚国打仗,大王认为谁会获胜?"

宣王说:"楚国胜。"

孟子说:"是这样,小的一方本来不可以与大的一方敌对,人少的本来不可以与人多的敌对,势力弱的本来不可以与势力强的敌对。天下千里见方的地方有九块,齐国的土地截长补短凑集在一起,占有其中的一块。靠这一块地方去征服其他八块地方,这和邹国跟楚国打仗有什么区别呢? (大王)何不回到(施行仁政)的根本上来呢? 如果现在大王发布政令、施行仁政,使得天下做官的人都想到大王的朝廷里任职,农夫都想到大王的田野里耕作,商人都想来大王的市场上做买卖,旅客都想从大王的道路上来往,各国痛恨他们国君的人都想跑来向您诉说。果真做到这样,谁能阻挡大王统一天下?"

宣王说："我脑子昏乱，不能体会到这一步了。希望先生辅佐我实现大志，明白地教导我方法。我虽然迟钝，也请让我试一试。"

孟子说："没有固定的产业，却有稳定不变的心志，只有士人能做到。至于百姓，没有固定的产业，就没有稳定不变的心志。如果没有稳定不变的心志，就会胡作非为，坏事没有不干的了。等到犯了罪，然后就用刑法处置他们，这就像是安下罗网坑害百姓。哪有仁人做了君主可以用这种方法治理的呢？所以贤明的君主所规定的百姓的产业，一定要使他对上足够奉养父母，对下足够养活妻儿，好年成则终年能吃饱，坏年成也能免于饿死。这样之后督促他们一心向善，百姓也就乐于听从了。"

"而现在规定的百姓的产业，上不够奉养父母，下不够养活妻儿，好年成也还是一年到头受苦，坏年成则避免不了饿死。这（就使百姓）连维持生命都不够，哪有空闲去讲求礼义呢？"

"大王想行仁政，那么何不返回到根本上来呢？五亩的宅地，（房前屋后）栽上桑树，五十岁的人就能穿上丝棉袄了。鸡、狗、猪等禽畜，不要错过它们的繁殖时机，七十岁的人就能吃到肉了。一百亩的田，不要占夺农时，八口之家就可以不挨饿了。办好学校教育，反复说明孝顺父母、敬重兄长的道理，上了年纪的人就不会肩扛头顶着东西赶路了。老年人穿上丝棉吃到肉，一般百姓不挨饿受冻，这样还不能统一天下的，是从来不会有的。"

【故事】

高举仁义的刘备

刘备（公元161～223年），字玄德，是西汉中山靖王刘胜的后代，三国时期著名的政治家，蜀汉的开国皇帝。公元221～223年在位，谥号昭烈帝,庙号烈祖,史家又称他为先主。

汉献帝建安十三年,也就是公元 208 年,曹操派大将曹仁领兵南下,袭击新野,结果被刘备的军队击退。第二年,在平定了北方之后,曹操亲自率领军队南下,想一举征服荆州。

这年八月,荆州牧(荆州的最高长官)刘表病逝,他的二儿子刘琮即位。但是,不久之后,刘琮就不战而降,归顺曹操了。

当时,刘备正以刘表的客卿(在一国做官的外国人)的身份驻扎在樊城,听到这个消息后,连忙向江陵撤退,并通知关羽率领水军到江陵会合。

同年九月,曹操派大将曹纯领精骑兵五千急袭江陵,在当阳附近追上了刘备的军队。刘备一下子处于腹背受敌的状态,只能选择撤退。

但这一次的撤退却和以往有所不同,因为有数以万计的民众要追随刘备一起撤退,这是为什么呢? 因为之前,曹操有过徐州大屠杀和坑杀袁绍降兵的恶行,所以百姓和已投降的刘琮部下担心会难逃祸事;另一方面,当时刘备的仁义之名已经传播开来,所以民众自然选择追随宅心仁厚的刘备,不想留下来给曹操做待宰的羔羊。

但这支庞大的追随队伍对刘备的军队非但毫无用处,反而是个危险的累赘,他们让队伍的行进速度降到日行十余里,因为百姓混杂在军队之中,所以一旦曹军来袭击,刘备的军队连最基本的列阵都办不到。

于是,刘备的部下向刘备提出建议:“我们真正可用的部队很少,不如让主力部队先轻骑撤往江陵吧!”刘备却回答说:“凡是做大事的人都必定要以人为根本。现在别人来归顺于我,我怎么忍心弃他们而去呢?”其实,在当时的情形下,刘备根本没有力量保护那些百姓,但他却用实际行动表明愿与百姓生死相随的仁义之心。

当这支逃亡的队伍撤到襄阳城外时，刘备的部下建议攻击襄阳，然后坚守襄阳抵抗曹操。以当时刘备的兵力，攻下襄阳的胜算很大，而坚守襄阳城，在当时几乎也是刘备唯一的选择了。城内的刘琮已经毫无斗志，襄阳城内希望刘备进城的人也不在少数，而刘备再次选择了放弃。他感念刘表之恩，更不想再殃及无辜的百姓，于是下令不再进城，只是在襄阳城外，到刘表的墓前痛哭了一场，然后继续带着百姓缓慢南下，每日走十里便歇下。

诸葛亮说："关羽前往江夏一直没有回音，不知道怎么样了。"

刘备说："请军师亲自前往江陵，刘琦一定会感念你当日救他的恩情。"于是诸葛亮带领五百兵士前往江陵了。赵云保护刘备老小，张飞断后。庞大的队伍依然向前缓慢行进。

这时，曹纯率领的五千精骑兵用一天一夜跑了三百里，终于在当阳的长坂坡追上了刘备的军队，并立即发动进攻。刘备的军队果然如前面所说，连列队迎战都无法做到，所以一下子溃不成军。

刘备的部下护送刘备从乱军中突围，结果在混乱中，他的两位夫人和大儿子刘禅却走散了。赵云奋不顾身，单枪匹马杀回身去寻找。这时，曹操的大军也已经赶到，曹操率领大部分军队追杀刘备，让余部围杀赵云。赵云在曹军中七进七出，终于带着甘夫人和刘禅成功冲杀出了重围，与在长坂桥上断后的张飞会合。

张飞让赵云带着甘夫人和刘禅先走，自己带领二十个骑兵断后。但见张飞长矛横握，怒目圆睁，据水断桥，大声吼道："我就是张翼德，谁敢来决一死战？"曹军被他的气势震住，竟然没有一个人敢上前应战。就这样，张飞成功掩护了刘备及残余部队撤退。

刘备根据当时的形势，决定放弃前往江陵的计划，转往江夏，去与刘表的长子刘琦会合。这也为孙刘两家联合抗曹以及之后的赤壁之战奠定了坚实的基础。

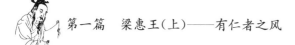

在长坂坡之战中,刘备虽然损失惨重,但是他的核心力量仍在,一员大将都没有折损,而曹操却彻底失去了荆州的民心。在这场战斗中,刘备向世人展示了他的仁义和勇气,赢得了大量的民心,也鼓舞了军队的士气。

【评论】

刘备出身贫寒,却能让一大批能人志士忠心追随,并且在经历多次挫折后终于成就大业,一个重要的原因就是他高举仁义的大旗。长阪坡之战的规模虽然不大,但是非常好地彰显了刘备的仁义之心。仁义一直是儒家推崇的正统思想,所以,刘备及蜀汉政权才能一直得到后世统治阶层及民间舆论的赞誉和推崇。

第二篇
梁惠王（下）——善为别人想

【原文】

　　庄暴①见孟子,曰:"暴见于王②,王语暴以好乐,暴未有以对也。"曰:"好乐何如?"

　　孟子曰:"王之好乐甚,则齐国其庶几乎!"

　　他日,见于王,曰:"王尝语庄子以好乐,有诸?"

　　王变乎色,曰:"寡人非能好先王之乐也,直好世俗之乐耳。"

　　曰:"王之好乐甚,则齐其庶几乎! 今之乐由古之乐也。"

　　曰:"可得闻与?"

　　曰:"独乐乐,与人乐乐,孰乐?"

　　曰:"不若与人。"

　　曰:"与少乐乐,与众乐乐,孰乐?"

　　曰:"不若与众。"

　　"臣请为王言乐。今王鼓乐于此,百姓闻王钟鼓之声,管籥③之音,举疾首蹙頞④而相告曰:'吾王之好鼓乐,夫何使我至于此极也? 父子不相见,兄弟妻子离散。'今王田猎于此,百姓闻王车马之音,见羽旄⑤之美,举疾首蹙頞而相告曰:'吾王之好田猎,夫何使我至于此极也? 父子不相见,兄弟妻子离散。'此无他,不与民同乐也。"

　　"今王鼓乐于此,百姓闻王钟鼓之声,管籥之音,举欣欣然有喜色而相告曰:'吾王庶几无疾病与,何以能鼓乐也?'今王田猎于此,百姓闻王车马之音,见羽旄之美,举欣欣然有喜色而相告曰:'吾王庶几无疾病与,何以能田猎也?'此无他,与民同乐也。今王与百姓同乐,则王矣。"

【注释】

① 庄暴:齐国大臣。

② 王:指齐宣王。

③ 管籥:古管乐器名。籥(yuè),似笛而短小。

④ 蹙(cù)頞(è):蹙,紧缩;頞,鼻梁。蹙頞,形容愁眉苦脸的样子。

⑤ 羽旄(máo):鸟羽和旄牛尾,古人用作旗帜上的装饰,可代指旗帜。

【译文】

庄暴来见孟子,说:"我被齐王召见,齐王告诉我,他喜爱音乐,我没有话回答他。"庄暴问道:"喜爱音乐怎么样?"

孟子说:"(如果)齐王非常喜爱音乐,齐国恐怕就有希望了!"

后来的某一天,孟子被齐王接见,问(齐王)道:"大王曾对庄暴说您喜爱音乐,有这回事吗?"

齐王(不好意思地)变了脸色,说:"我还不能喜爱古代先王的音乐,只是喜爱世俗的音乐罢了。"

孟子说:"大王非常喜爱音乐,齐国恐怕就有希望了! 现在的音乐如同古代的音乐。"

齐王说:"可以把道理讲给我听听吗?"

孟子问:"一个人欣赏音乐的快乐,和与别人一起欣赏音乐的快乐(相比),哪一种更快乐?"

齐王说:"不如与别人一起欣赏快乐。"

孟子问:"与少数人一起欣赏音乐的快乐,和与很多人一起欣赏音乐的快乐(相比),哪一种更快乐?"

齐王说:"不如与很多人一起欣赏快乐。"

(孟子说:)"请让我为大王谈谈欣赏音乐的道理。假如现在大王在这里奏乐,百姓听了大王钟鼓的声音、箫笛的曲调,全都头脑作痛,眉头紧皱,互相议论说:'我们君王喜爱音乐,为什么使我们痛苦到这样的极点?父子不能相见,兄弟妻儿离散。'假如现在大王在这里打猎,百姓听到大王车马的声音,看到旗帜的华美,全都头脑作痛,眉头紧皱,互相议论说:'我们君王喜欢打猎,为什么使我们痛苦到这样的极点?父子不能相见,兄弟妻儿离散。'这没有别的原因,是不与百姓共同快乐的缘故。"

"假如现在大王在这里奏乐,百姓听到钟鼓的声音、箫笛的曲调,都欢欣鼓舞、喜形于色,互相议论说:'我们君王大概没什么疾病吧!不然怎么能奏乐呢?'假如现在大王在这里打猎,百姓听到君王车马的声音,看到旗帜的华美,都欢欣鼓舞、喜形于色,互相议论说:'我们君王大概没什么病吧!不然怎么能打猎呢?'这没有别的原因,是和百姓共同快乐的缘故。如果大王能和百姓共同快乐,那就能称王于天下了。"

【原文】

齐宣王问曰:"文王之囿①方七十里,有诸?"

孟子对曰:"于传有之。"

曰:"若是其大乎?"

曰:"民犹以为小也。"

曰:"寡人之囿方四十里,民犹以为大,何也?"

曰:"文王之囿方七十里,刍荛者往焉,雉兔者往焉,与民同之,民以为小,不亦宜乎?臣始至于境,问国之大禁,然后敢入。臣闻郊关之内有囿方四十里,杀其麋鹿者如杀人之罪;则是方四十里为阱于国中,民以为大,不亦宜乎?"

① 圃（yòu）：古代畜养禽兽的园林。

【译文】

齐宣王问道："文王的园林有七十里见方，有这事吗？"

孟子答道："在文献上有这样的记载。"

宣王问："竟有这么大吗？"

孟子说："百姓还觉得小了呢！"

宣王说："我的园林四十里见方，百姓还觉得大，这是为什么呢？"

孟子说："文王的园林七十里见方，割草砍柴的可以去，捕鸟猎兽的可以去，是与百姓共同享用的，百姓认为太小，不也是很自然的吗？我初到齐国边境时，问明了齐国重要的禁令，这才敢入境。我听说国都郊区之内有个园林四十里见方，杀了其中的麋鹿，就如同犯了杀人罪；这就像是在国内设下了一个四十里见方的陷阱，百姓认为太大了，不也是应该的吗？"

【原文】

齐宣王问曰："交邻国有道乎？"

孟子对曰："有。惟仁者为能以大事小，是故汤事葛①，文王事混夷②。惟智者为能以小事大，故大王事獯鬻③，勾践事吴④。以大事小者，乐天者也；以小事大者，畏天者也。乐天者保天下，畏天者保其国。《诗》云：'畏天之威，于时保之⑤。'"

王曰："大哉言矣！寡人有疾，寡人好勇。"

对曰："王请无好小勇。夫抚剑疾视曰：'彼恶敢当我哉！'此匹夫之勇，敌一人者也。王请大之！《诗》云：'王赫斯怒，爰整其旅，以遏徂莒⑥，以笃周祜，以对于天下⑦。'此文王之勇也。文王一怒而安天下之民。《书》曰：'天降下民，作之君，作之师，惟曰其助上帝宠之，四方有罪无罪惟我在，天下曷敢有越厥志⑧？'一人衡行于天下⑨，武王耻之。此武王之勇也。而武王亦一怒而安天下之民。今王亦一怒而安天下之民，民惟恐王之不好勇也。"

【注释】

① 汤事葛：汤，即商朝的创建者成汤。葛，古国名，故城在今河南宁陵县北。"汤事葛"，其事详见本书《滕文公下》第五章。

② 混夷：即昆夷，殷末周初西戎国名。

③ 大(tài)王：也作"太王"，周文王的祖父古公亶父，周族首领。獯鬻(xūn yù)：古代北方的一个少数民族，周称猃狁(xiǎn yǔn)，秦汉时称匈奴。

④ 勾(gōu)践：春秋时越国君主。公元前 494 年，越被吴打败，勾践屈辱事吴，后卧薪尝胆，发愤图强，终于灭掉吴国。

⑤ 以上两句出自《诗经·周颂·我将》。

⑥ 莒：殷末国名(此从赵岐说)，非西周分封，公元前 431 年为楚所灭。

⑦ 以上五句出自《诗经·大雅·皇矣》。

⑧ 以上六句为《尚书》逸文，伪古文《尚书》放入《泰誓》上篇。

⑨ 一人：指殷纣王。周武王起兵伐纣灭殷。

【译文】

齐宣王问道："与邻国交往有什么原则吗？"

孟子答道："有。只有仁人能以大国的地位侍奉小国，所以商汤曾侍奉葛国，文王曾侍奉混夷。只有聪明的人能以小国的地位侍奉大国，所以周太王曾侍奉獯鬻，勾践曾侍奉吴国。

能以大国地位侍奉小国的,是乐于听从天命的人;能以小国地位侍奉大国的,是畏惧天命的人。乐于听从天命的能安定天下,畏惧天命的能保住他的国家。《诗经》上说:'畏惧上天的威严,才能得到安定'。"

宣王说:"讲得太好了!(不过)我有个毛病,我喜欢勇武。"

孟子答道:"大王请不要喜欢小勇。按着剑、瞪着眼说:'他哪敢抵挡我!'这是平常之人的小勇,只能对付一个人罢了。大王请把它扩大!《诗经》上说:'文王勃然发怒,于是整军备武,挡住侵犯莒国的敌人,增我周朝的威福,以此报答天下的期望。'这就是文王的勇武。文王一怒而安定了天下的百姓。《尚书》上说:'上天降生万民,为他们设君主,立师长,要他们协助上天爱护百姓,天下有罪和无罪的,都有我在(处罚或安抚他们),天下谁敢超越它的本分为非作歹?'有一个人横行天下,武王就感觉到耻辱。这就是武王的勇武。而武王也是一怒就安定了天下的百姓。如果现在大王也一怒就安定天下的百姓,那么百姓还唯恐大王不喜欢勇武呢!"

【原文】

齐宣王见孟子于雪宫①。王曰:"贤者亦有此乐乎?"

孟子对曰:"有。人不得,则非其上矣。不得而非其上者,非也;为民上而不与民同乐者,亦非也。乐民之乐者,民亦乐其乐;忧民之忧者,民亦忧其忧。乐以天下,忧以天下,然而不王者,未之有也。"

"昔者齐景公问于晏子②曰:'吾欲观于转附、朝儛③,遵海而南,放于琅邪④;吾何修而可以比于先王观也?'晏子对曰:'善哉问也!天子适诸侯曰巡狩。巡狩者,巡所守也。诸侯朝于天子曰述职。

述职者,述所职也。无非事者。春省耕而补不足,秋省敛而助不给。夏谚曰:'吾王不游,吾何以休? 吾王不豫,吾何以助? 一游一豫,为诸侯度。'今也不然,师行而粮食,饥者弗食,劳者弗息。睊睊胥谗,民乃作慝⑤。方命虐民,饮食若流;流连荒亡,为诸侯忧。从流下而忘反谓之流,从流上而忘反谓之连,从兽无厌谓之荒,乐酒无厌谓之亡。先王无流连之乐、荒亡之行。惟君所行也。'景公悦,大戒于国,出舍于郊。于是始兴发补不足。召大师曰:'为我作君臣相说之乐!'盖《徵招》、《角招》⑥是也。其诗曰:'畜君何尤?'畜君者,好君也。"

【注释】

① 雪宫:齐宣王的离宫(正宫之外临时居住的宫室)。

② 齐景公:春秋时齐国君主姜杵臼,公元前547年~公元前490年在位。晏子:即齐国著名贤臣晏婴。

③ 转附、朝儛:都是山名。

④ 琅邪(yé):山名,在今山东胶南县南部,面临黄海。

⑤ 慝(tè):恶。

⑥《徵(zhǐ)招》、《角招》:古代乐曲名。

【译文】

齐宣王在雪宫接见孟子。宣王问道:"贤人也有这种快乐吗?"

孟子答道:"有。人们得不到这种快乐,就会抱怨他们的君主了。得不到就抱怨他们的君主,是不好的;作为百姓的君主却不与百姓同乐,也是不好的。君主把百姓的快乐当作自己的快乐,百姓也就会把君主的快乐当作自己的快乐;君主把百姓的忧愁当作自己的忧愁,百姓也就会把君主的忧愁当作自己的忧愁。乐,同天下人一起乐,忧,与天下人一起忧,这样还不能称王天下的,是从来不会有的。"

　　"从前,齐景公问晏子道:'我想去游览转附、朝儛两座山,然后沿着海边往南,一直游览到琅琊山;我要怎样修养才能和先王的巡游相比呢?'晏子答道:'问得好啊!天子到诸侯那里去叫巡狩。所谓巡狩,就是巡视诸侯所守的疆土。诸侯去朝见天子叫述职。所谓述职,就是汇报履行职守的情况。都没有无事外出的。春天视察耕作情况,补助(种子、耕力)不足的人;秋天视察收获情况,周济歉收的人。夏朝的民谚说:'我王不出来巡游,我们哪会得到休息?我王不出来视察,我们哪会得到补助?巡游视察,成为诸侯的榜样。'现在却不是这样,出巡时兴师动众,征集粮食,使得饥饿的人没有饭吃,劳累的人不得休息。人人侧目而视,个个怨声不绝,百姓就会作乱造反。(这样的巡游)悖逆天意,祸害百姓,吃喝浪费如同流水;流连荒亡,成了诸侯的忧患。从上游顺流玩到下游,乐而忘返,这叫流;从下游逆水玩到上游,乐而忘返,这叫连;打猎不知尽兴,这叫荒;喝酒不知满足,这叫亡。先王没有流连的享乐、荒亡的行径。只看您怎么做了。'景公听了十分高兴,在都城内做好了充分的准备,然后离开宫室搬到郊外住。接着就开仓救济穷人。又召来乐官,吩咐道:'给我作一首君臣同乐的乐曲!'大概就是《徵招》《角招》这两首吧!其中有句歌词说:'畜君有什么过错?''畜君'就是爱护君主的意思。"

【原文】

　　齐宣王问曰:"人皆谓我毁明堂①,毁诸?已乎?"

　　孟子对曰:"夫明堂者,王者之堂也。王欲行王政,则勿毁之矣。"

王曰:"王政可得闻与?"

对曰:"昔者文王之治岐②也,耕者九一,仕者世禄,关市讥而不征,泽梁无禁,罪人不孥。老而无妻曰鳏,老而无夫曰寡,老而无子曰独,幼而无父曰孤。此四者,天下之穷民而无告者。文王发政施仁,必先斯四者。《诗》云:'哿矣富人,哀此茕独③!'"

王曰:"善哉言乎!"

曰:"王如善之,则何为不行?"

王曰:"寡人有疾,寡人好货。"

对曰:"昔者公刘④好货,《诗》云:'乃积乃仓,乃裹糇粮,于橐于囊⑤。思戢用光。弓矢斯张,干戈戚扬,爰方启行⑥。'故居者有积仓,行者有裹囊也,然后可以'爰方启行'。王如好货,与百姓同之,于王何有?"

王曰:"寡人有疾,寡人好色。"

对曰:"昔者太王好色,爱厥妃。《诗》云:'古公亶父,来朝走马,率西水浒,至于岐下,爰及姜女,聿来胥宇⑦。'当是时也,内无怨女,外无旷夫。王如好色,与百姓同之,于王何有?"

【注释】

① 明堂:周天子东巡时接受诸侯朝见的地方,在泰山脚下。

② 岐:地名,在今陕西省岐山县东北。相传周太王古公亶父自豳(bīn)(陕西旬邑)迁此建邑,成为周族居住之处。

③ 以上两句出自《诗经·小雅·正月》。哿(kě),同"可"。

④ 公刘:周族早期首领,曾率部落从邰迁至豳,周族从此兴旺起来。

⑤ 橐(tuó)、囊:盛东西的袋子。

⑥ 以上七句出自《诗经·大雅·公刘》。

⑦ 以上六句出自《诗经·大雅·绵》。

【译文】

齐宣王问道："人家都建议我毁掉明堂，毁掉它呢？还是不毁呢？"

孟子答道："明堂是（施行仁政的）王者的殿堂。大王如果打算施行王政，就不要毁掉它了。"

宣王说："什么是王政，能说给我听听吗？"

孟子说："从前周文王治理岐地，对农民只抽九分之一的税；做官的世代享受俸禄，关卡和市场（对商人）只稽查不征税；湖泊池沼不设禁令（任人捕鱼）；惩办罪人不牵连妻儿。年老无妻叫鳏，年老无夫叫寡，年老无子叫独，年幼无父叫孤。这四种人是天下最困难而又无所依靠的人。文王发布政令、施行仁政，必定先照顾这四种人。《诗经》上说：'富人的生活是称心的，要怜悯这些孤独无依的人！'"

宣王说："说得好啊，这话！"

孟子说："大王如果觉得好，那么为什么不照着去做呢？"

宣王说："我有个毛病，我爱财。"

孟子说："从前公刘爱钱财，《诗经》上说：'粮食积聚满囤仓，筹足干粮装橐囊。团结安定声威扬。箭上弦弓开张，干戈斧钺都带上，于是启程奔前方。'这就是说，留守故土的人粮食囤满仓，迁徙新地的人带足干粮，然后才启程远行。大王如果爱财，能和百姓共同享用，那么实行仁政有什么困难呢？"

宣王说："我还有个毛病，我好色。"

孟子说："从前太王也好色，宠爱他的妃子。《诗经》上说：'古公亶父,清晨骑马出发,沿着西边水滨,到了岐山脚下,带着宠妃姜氏女,来勘察可建宫室的地方。'在那时候,内无找不到丈夫的女子,外无打光棍的单身汉。大王如果好色,(同时)也让百姓都有配偶,那么,实行仁政会有什么困难呢?"

【原文】

孟子谓齐宣王曰:"王之臣有托其妻子于其友而之楚游者,比其反也,则冻馁其妻子,则如之何?"

王曰:"弃之。"

曰:"士师不能治士,则如之何?"

王曰:"已之。"

曰:"四境之内不治,则如之何?"

王顾左右而言他。

【译文】

孟子对齐宣王说:"假如大王有个臣子,把妻子、儿女托付给朋友照顾,自己到楚国去游历,等他回来时,妻子、儿女却在受冻挨饿,对这样的朋友该怎么办?"

宣王说:"和他绝交!"

孟子说:"司法官管不好他的下级,那该怎么办?"

宣王说:"罢免他。"

孟子说:"一个国家治理不好,那该怎么办?"

宣王转头去看左右的人,把话题扯到别的事情上去了。

孟子见齐宣王,曰:"所谓故国者,非谓有乔木之谓也,有世臣之谓也。王无亲臣矣,昔者所进,今日不知其亡也。"

王曰:"吾何以识其不才而舍之?"

曰:"国君进贤,如不得已,将使卑逾尊,疏逾戚,可不慎与?左右皆曰贤,未可也;诸大夫皆曰贤,未可也;国人皆曰贤,然后察之,见贤焉,然后用之。左右皆曰不可,勿听;诸大夫皆曰不可,勿听;国人皆曰不可,然后察之,见不可焉,然后去之。左右皆曰可杀,勿听;诸大夫皆曰可杀,勿听;国人皆曰可杀,然后察之,见可杀焉,然后杀之。故曰国人杀之也。如此,然后可以为民父母。"

【译文】

孟子谒见齐宣王,说:"所谓故国,不是说国土境内要有高大的树木,而是说要有世代(与国家休戚相关)的臣子。现在大王没有亲信的臣子了,过去任用的人,现在不知哪里去了。"

宣王说:"我怎样识别哪些人没有才干而不任用他们呢?"

孟子说:"国君进用人才,如果碰到不得已的情况,将会使地位低的超过地位高的,关系远的超过关系近的,对此能不慎重吗?(对于一个人,)左右侍臣都说他好,还不行;大夫们都说他好,也还不行;全国的人都说他好,这才去考察他,见他确实是好,这才任用他。左右侍臣都说不行,不要听信;大夫们都说不行,不要听信;全国的人都说不行,这才考察他,见他确实不行,这才罢免他。左右侍臣都说可杀,不要听信;大夫们都说可杀,不要听信;全国的人都说可杀,这才考察他,见他确实可杀,这才杀掉他。所以说,这是全国的人杀掉他的。这样,才可以算是百姓的父母。"

【原文】

齐宣王问曰："汤放桀①，武王伐纣②，有诸？"

孟子对曰："于传有之。"

曰："臣弑其君，可乎？"

曰："贼仁者谓之贼，贼义者谓之残；残贼之人谓之一夫。闻诛一夫纣矣，未闻弑君也。"

【注释】

① 汤放桀：桀，夏朝最后一个君主，暴虐无道。传说商汤灭夏后，把桀流放到南巢（据传在今安徽省巢县一带）。

② 武王伐纣：纣，商朝最后一个君主，昏乱残暴。周武王起兵讨伐，灭掉商朝，纣自焚而死。

【译文】

齐宣王问道："商汤流放夏桀，武王讨伐商纣，有这些事吗？"

孟子回答道："文献上有这样的记载。"

宣王问："臣子杀他的君主，可以吗？"

孟子说："败坏仁的人叫贼，败坏义的人叫残；残、贼这样的人叫独夫。我只听说杀了独夫纣罢了，没听说臣杀君啊！"

【原文】

孟子见齐宣王，曰："为巨室，则必使工师①求大木。工师得大木，则王喜，以为能胜其任也。匠人斫②而小之，则王怒，以为不胜其任矣。夫人幼而学之，壮而欲行之，王曰：'姑舍女所学而从我'，则何如？今有璞玉③于此，虽万镒④，必使玉人雕琢之。至于治国家，则曰：'姑舍女所学而从我'，则何以异于教玉人雕琢玉哉？"

① 工师：管理各种工匠的官员。

② 斫（zhuó）：砍、削的意思。

③ 璞玉：未雕琢加工过的玉。

④ 镒（yì）：古代重量单位，二十两（一说二十四两）为一镒。

【译文】

孟子谒见齐宣王，说："建造大房子，就一定要叫工师去寻找大木料。工师找到了大木料，大王就高兴，认为工师是称职的。木匠砍削木料，把木料砍小了，大王就发怒，认为木匠是不称职的。一个人从小学到了一种本领，长大了想运用它，大王却说：'暂且放弃你所学的本领来听我的'，那样行吗？设想现在有块璞玉在这里，虽然价值万金，也必定要叫玉匠来雕琢加工。至于治理国家，却说：'暂且放弃你所学的本领来听我的'，那么，这和非要玉匠（按您的办法）去雕琢玉石有什么不同呢？"

【原文】

齐人伐燕，胜之。宣王问曰："或谓寡人勿取，或谓寡人取之。以万乘之国伐万乘之国，五旬而举之，人力不至于此。不取，必有天殃。取之，何如？"

孟子对曰："取之而燕民悦，则取之。古之人有行之者，武王是也。取之而燕民不悦，则勿取。古之人有行之者，文王是也①。以万乘之国伐万乘之国，箪食壶浆以迎王师②，岂有他哉？避水火也。如水益深，如火益热，亦运而已矣。"

【注释】

① 文王是也：指周文王在三分天下有其二时，仍然服侍商纣王的事。

② 箪(dān)食壶浆：用箪装着食物用壶装着酒浆。箪，古代盛饭的圆形竹器。

【译文】

齐国攻打燕国，战胜了燕国。

齐宣王问道："有人劝我不要吞并燕国，有人劝我吞并燕国。以一个拥有万辆兵车的国家去攻打另一个拥有万辆兵车的国家，五十天就打了下来，光凭人力是做不到的。不吞并它，必定会有上天降下的灾祸。吞并它，怎么样？"

孟子回答说："吞并了，燕国人民高兴，那就吞并它。古代有人这么做过，武王就是这样。吞并了，燕国人民不高兴，那就不要吞并。古代也有人这么做过，文王就是这样。以拥有万辆兵车的国家去攻打另一个拥有万辆兵车的国家，百姓带着酒食来迎接大王的军队，难道有别的原因吗？只是想避开水深火热的统治罢了。如果水更深，火更热，那也不过是换个人来统治罢了。"

【原文】

齐人伐燕，取之。诸侯将谋救燕。宣王曰："诸侯多谋伐寡人者，何以待之？"

孟子对曰："臣闻七十里为政于天下者，汤是也。未闻以千里畏人者也。《书》曰：'汤一征，自葛始。'天下信之，东面而征，西夷怨，南面而征，北狄怨，曰：'奚为后我？'民望之，若大旱之望云霓也。归市者不止，耕者不变，诛其君而吊其民，若时雨降，民大悦。

《书》曰:'徯我后,后来其苏。'今燕虐其民,王往而征之,民以为将拯己于水火之中也,箪食壶浆以迎王师。若杀其父兄,系累其子弟,毁其宗庙①,迁其重器②,如之何其可也? 天下固畏齐之强也,今又倍地而不行仁政,是动天下之兵也。王速出令,反其旄倪,止其重器,谋于燕众,置君而后去之,则犹可及止也。"

【注释】

① 毁其宗庙:宗庙,天子、诸侯祭祀祖先的地方。国家保存,宗庙就得以保存。故"毁其宗庙"意味着灭其国家。

② 迁其重器:重器,古代君王所铸造的作为传国宝器的鼎之类的器物。迁其重器,意味着灭亡其国家。

【译文】

齐国攻打燕国,打下了燕国。别的诸侯国合谋去救燕国。宣王说:"很多诸侯谋划来攻打我,怎么对付他们呢?"

孟子回答道:"我听说凭七十里见方的一大块地方就统一了天下的,商汤就是这样。没有听说凭着千里见方的一大块地方来使天下人畏惧的。《尚书》上说:'商汤的征伐,从葛开始。'天下的人都信任商汤,他向东征伐,西边的民族就埋怨,向南征伐,北边的民族就埋怨,(他们埋怨)说:'为什么(不先征伐我们这里,而要)把我们放到后头呢?'人民盼望他,如同大旱时节盼望乌云虹霓一样。(汤的军队到了一地,)赶市集的照常做买卖,种田的照常做农活。杀了那里的暴君,慰问那里的百姓,像是及时雨从天而降,百姓欣喜若狂。《尚书》上又说:'等待我们的君王,君王来了,我们就得到新生。'现在,燕国虐待它的百姓,大王去征伐它,百姓都以为会把他们从水深火热中拯救出来,所以用竹筐盛了饭,瓦壶装了酒,迎接大王的军队。如果您杀戮他们的父兄,囚禁他们的子弟,毁坏他们的宗庙,搬走他们国家的宝器,那怎么行呢? 天下本来就畏忌齐国的强大,现在齐国扩大了一倍的土地却不施行仁政,这就使得天下的诸侯要出兵攻打您了。大王赶快发布命令,把被抓的老人、孩子遣送回去,停止搬运燕国的宝器,与燕国人商量,选立一个新国君,然后撤离燕国,那么还来得及阻止(各国动兵)。”

【原文】

邹与鲁哄①。穆公问曰:“吾有司死者三十三人,而民莫之死也。诛之,则不可胜诛;不诛,则疾视其长上之死而不救,如之何则可也?”

孟子对曰:“凶年饥岁,君之民老弱转乎沟壑、壮者散而之四方者,几②千人矣,而君之仓廪实,府库充,有司莫以告,是上慢而残下也。曾子③曰:‘戒之戒之! 出乎尔者,反乎尔者也。’夫民今而后得反之也。君无尤焉。君行仁政,斯民亲其上,死其长矣。”

【注释】

① 邹与鲁哄:邹,国名,其地在今山东省西南,国都在邹(今邹县),后为楚所灭。鲁,国名,其地在今山东省西南部,国都在曲阜,公元前256年为楚所灭。哄(hòng),斗。

② 几(jī):将近,几乎。

③ 曾子:即曾参,字子舆,孔子弟子。

【译文】

邹国与鲁国交战。邹穆公问孟子:“我的官员死了三十三人,而百姓没有一个肯为保护长官而死的。杀了他们吧,无法杀尽;不杀,又恨他们看着自己的长官死难而不去救,怎么办才好呢?”

孟子回答道:“饥荒年头,您的百姓,年迈体弱的辗转饿死在荒山沟里,壮年人逃往四方,都快上千人了,然而您的粮仓里粮食满满的,库房里财物足足的,官员们没有一个向您报告(这些情况),这就是身居上位的人怠慢,而残害百姓啊!曾子说过:‘警惕啊,警惕啊!你做出的事,后果会反加到你身上。’百姓从今以后可以反过来这样对待他们的长官了。您不要责怪他们了。(如果)您能施行仁政,百姓自然就会亲近他们的长官,愿为长官牺牲了。”

【原文】

滕文公①问曰:“滕,小国也,间于齐、楚。事齐乎? 事楚乎?”

孟子对曰:“是谋非吾所能及也。无已,则有一焉:凿斯池也,筑斯城也,与民守之,效死而民弗去,则是可为也。”

【注释】

① 滕文公:战国时滕国国君。滕立国于西周初,其地在今山东滕县西南。

【译文】

滕文公问道:“滕国是个小国,夹在齐国和楚国的中间。是侍奉齐国呢? 还是侍奉楚国呢?”

孟子回答道:“谋划这个问题不是我力所能及的。一定要我说,就只有一个办法:深挖护城河,筑牢城墙,与百姓共同守卫,百姓宁可献出生命也不逃离,这样就好办了。”

【原文】

滕文公问曰:"齐人将筑薛①,吾甚恐,如之何则可?"

孟子对曰:"昔者大王居邠②,狄③人侵之。去,之岐山④之下居焉。非择而取之,不得已也。苟为善,后世子孙必有王者矣。君子创业垂统,为可继也。若夫成功,则天也。君如彼何哉? 强为善而已矣。"

【注释】

① 薛:国名,其地在今山东滕县东南,战国初期为齐所灭,后成为齐权臣田婴、田文的封邑。

② 邠(bīn):地名,在今陕西郴县。

③ 狄:即獯鬻(xūn yù),参阅本篇第三章注。

④ 岐山:在今陕西省岐山县东北。

【译文】

滕文公问道:"齐国要修筑薛城,我很害怕,怎么办才好呢?"

孟子回答道:"从前,太王居住在邠地,狄人侵犯那里。他便离开,迁到岐山下居住。不是愿意选择那里居住,迫不得已罢了。(一个君主)如果能施行善政,后代子孙中必定会有称王于天下的。君子创立基业,传给后世,是为了可以继承下去。至于能否成功,那就由天决定了。您怎样对付齐国呢?只有努力推行善政罢了。"

【原文】

滕文公问曰:"滕,小国也,竭力以事大国,则不得免焉,如之何则可?"

孟子对曰:"昔者大王居邠,狄人侵之。事之以皮币,不得免焉；事之以犬马，不得免焉；事之以珠玉，不得免焉。乃属其耆老而告之曰：'狄人之所欲者，吾土地也。吾闻之也，君子不以其所以养人者害人。二三子何患乎无君？我将去之。'去邠，逾梁山，邑于岐山之下居焉。邠人曰：'仁人也，不可失也。'从之者如归市。

或曰：'世守也，非身之所能为也，效死勿去。'

君请择于斯二者。"

【译文】

滕文公问道："滕国是个小国，竭力去侍奉大国，却不能免除威胁，怎么办才好呢？"

孟子回答道："从前，太王居住在邠地，狄人侵犯那里。（太王）拿皮裘丝绸送给狄人，不能免遭侵犯；拿好狗良马送给狄人，不能免遭侵犯；拿珠宝玉器送给狄人，还是不能免遭侵犯。于是召集邠地的父老，对他们说：'狄人想要的是我们的土地。我听说过这样一句话：君子不拿用来养活人的东西害人。你们何必担心没有君主？我要离开这里了。'于是离开邠地，越过梁山，在岐山下建城邑定居下来。邠地的人说：'是个仁人啊！不能失去他啊！'追随他迁居的人，多得像赶市集一般。

也有人说：'（土地）是必须世世代代守护的，不是自己可以做主的，拼了命也不能舍弃它。'

请您在这两种办法中选择吧！"

【原文】

鲁平公①将出，嬖②人臧仓者请曰："他日君出，则必命有司所之。今乘舆已驾矣，有司未知所之，敢请。"

公曰:"将见孟子。"

曰:"何哉,君所为轻身以先于匹夫者? 以为贤乎? 礼义由贤者出,而孟子之后丧逾前丧。君无见焉!"

公曰:"诺。"

乐正子③入见,曰:"君奚为不见孟轲也?"

曰:"或告寡人曰:'孟子之后丧逾前丧',是以不往见也。"

曰:"何哉,君所谓逾者? 前以士,后以大夫;前以三鼎④,而后以五鼎与?"

曰:"否,谓棺椁衣衾之美也。"

曰:"非所谓逾也,贫富不同也。"

乐正子见孟子,曰:"克告于君,君为来见也。嬖人有臧仓者沮⑤君,君是以不果来也。"

曰:"行,或使之;止,或尼之。行止,非人所能也。吾之不遇鲁侯,天也。臧氏之子焉能使予不遇哉?"

【注释】

① 鲁平公:名叔,鲁景公的儿子,公元前 314～294 年在位。

② 嬖(bì):宠爱。

③ 乐正子:名克,孟子的学生,当时正在鲁国做官。

④ 鼎:用金属或陶土等材料做成,有三足两耳圆腹的,也有方形四足的,盛行于殷周时期。

⑤ 沮:阻止。

⑥ 尼:制止。

【译文】

鲁平公将要外出,他宠爱的近臣臧仓请示说:"往日君王外出,都要令有关官员知道。今天车马已经备好，有关官员还不知道要去哪里，胆敢请君王明示。"

鲁平公说："要去见孟子。"

臧仓说："这是为什么呀？您为什么要降低身份去见一个读书人呢？您以为他贤能吗？礼义是贤者所提倡的，而孟子后来为母亲操办的丧事超过先前为父亲操办的丧事。君王还是不要见他的好。"

鲁平公说："好吧！"

乐正子入宫见鲁平公，说："君王为什么不去见孟轲呢？"

鲁平公说："有人告诉寡人说：'孟子后来为母亲操办的丧事超过先前为父亲操办的丧事。'所以我不去见他。"

乐正子说："这是为什么呀？君王所谓的超过，是前面用士的丧礼，后面用大夫的丧礼？还是前面用三鼎礼，后面用五鼎礼？"

鲁平公说："不是，我所说的是棺椁和寿衣的精美不同。"

乐正子说："这不叫超过，这是前后家境贫富不同而已。"

后来乐正子见到孟子时说："我告诉了君王，君王本来要来见你的，但有一个他宠爱的近臣臧仓阻止了他，鲁君因此没有来。"

孟子说："人要做事，是有人促进它；不做事，是有人制止它。行动和停止，不是一个人所能左右的。我之所以不能与鲁君相见，天意呀！臧仓那小子怎么能使我们不能相见呢？"

【故事】

善为别人想的子罕

在春秋时期的宋国有一个著名的贤臣，叫乐喜，字子罕。宋平公时，子罕任司城（即司空，宋武公名司空，因此改名为"司城"）一职。这个职位是主管工程建筑、制造车服器械、监督手工业奴隶的，在当时属于高官。但是身居其位的子罕却清正廉明，不但没有利用职位为自己攫取好处，相反，他还一心为别人着想。

宋国有个人得到了一块宝玉，听说子罕是个"好官"，就想把这块宝玉献给他。子罕知道这块玉的价值，但还是谢绝了。献玉的人说："我把这块玉给做玉器的师傅看过，他们都说是件宝物，我才来献给你的。"子罕开导他说："天下的宝物有很多种，在不同人的眼中，宝物也是不一样的。我把不贪心作为宝，你把宝玉作为宝。我现在如果收下了你这块宝玉，那么我们都失去了自己的宝，所以，还是各自留着自己的宝物比较好！"子罕的一番话，让献宝的人豁然开朗，同时也更加敬佩子罕。他跪在地上一边磕头一边说："我只是一个普通的百姓，家里藏着这么贵重的东西，实在不安全，把它献给你也是为了自家的平安啊！"于是，子罕就找了个地方让献玉的人住下，并给他找玉商把那块宝玉雕琢好，然后卖了个好价钱，这才让他带着钱回家去了。

子罕的心中，装着的不是个人的得失，而是天下老百姓的利益。

鲁襄公十七年，宋国的皇国父当了太宰，打算为宋平公建造一座高台，这妨碍了老百姓进行农业收割。子罕向宋平公请求，在农事完毕之后再进行高台的建造，宋平公不答应。

鲁襄公二十九年，郑国发生了饥荒，老百姓的生活困苦不堪。当时担任上卿的子皮根据父亲子展的遗命，给郑国的人分发粮食，每户一钟（古代一种计量单位），这一举措让郑国的百姓避免了被饿死的惨剧，子皮也因此得到了百姓的拥护。

子罕听到这件事后，说："身居高位的人多做一些善事，这是老百姓非常期待的。"恰巧宋国这时也发生了饥荒。子罕便向宋平公请示，把国库里的粮食借给老百姓，同时让大夫们也把粮食借给老百姓。子罕的家人把自家的粮食借给挨饿的人，不要借据，也不要求别人归还。有些大夫家里也缺粮,无法借给百姓,子罕就以他们的名义,把自家的粮食借出去。宋国人在子罕和家人的努力下,也渡过了难关,没有让百姓挨饿。

晋国的重要人物叔向听说这些情况后,称赞说:"郑国的罕氏(即子展、子皮的家族)、宋国的乐氏(即子罕的家族)肯定会长盛不衰的,他们都能够执掌国家的政权,因为民心都已经归向他们了。以其他大夫的名义施舍,不只是考虑树立自己的德望名声,在这方面,子罕更胜一筹。"

【评论】

综观历史,胸怀大志、品德高尚的人才能够真正青史留名。"子罕弗受玉"的故事展现了子罕洁身自好和善为别人着想的高尚品格。从"子罕献粮"的故事中,可以看出他心怀天下百姓。不管身处什么地位,在有能力帮助别人时,一定不要袖手旁观。"施而不德"是一种高尚的品德,善为别人想的子罕值得我们后人尊敬和学习。

第三篇
公孙丑（上）——养浩然之气

公孙丑①问曰:"夫子当路于齐,管仲②、晏子之功,可复许乎?"

孟子曰:"子诚齐人也,知管仲、晏子而已矣。或问乎曾西③曰:'吾子与子路④孰贤?'曾西蹴然曰:'吾先子之所畏也。'曰:'然则吾子与管仲孰贤?'曾西艴然不悦,曰:'尔何曾比予于管仲?管仲得君如彼其专也,行乎国政如彼其久也,功烈如彼其卑也。尔何曾比予于是?'"曰:"管仲,曾西之所不为也,而子为我愿之乎?"

曰:"管仲以其君霸,晏子以其君显。管仲、晏子犹不足为与?"

曰:"以齐王,由反手也。"

曰:"若是,则弟子之惑滋甚。且以文王之德,百年而后崩,犹未洽于天下;武王、周公⑤继之,然后大行。今言王若易然,则文王不足法与?"

曰:"文王何可当也。由汤至于武丁⑥,贤圣之君六七作,天下归殷久矣,久则难变也。武丁朝诸侯,有天下,犹运之掌也。纣之去武丁未久也,其故家遗俗,流风善政,犹有存者;又有微子、微仲、王子比干、箕子、胶鬲⑦,皆贤人也,相与辅相之,故久而后失之也。尺地,莫非其有也;一民,莫非其臣也;然而文王犹方百里起,是以难也。齐人有言曰:'虽有智慧,不如乘势;虽有镃基⑧,不如待时。'今时则易然也。夏后、殷、周之盛,地未有过千里者也,而齐有其地矣;鸡鸣狗吠相闻,而达乎四境,而齐有其民矣。地不改辟矣,民不改聚矣,行仁政而王,莫之能御也。且王者之不作,未有疏于此时者也;民之憔悴于虐政,未有甚于此时者也。饥者易为食,渴者易为饮。孔子曰:'德之流行,速于置邮⑨而传命。'当今之时,万乘之国行仁政,民之悦之,犹解倒悬也。故事半古之人,功必倍之,惟此时为然。"

【注释】

① 公孙丑:姓公孙,名丑,孟子弟子。

② 管仲:名夷吾,字仲,春秋初期政治家,曾任齐桓公的相,在齐国进行许多改革,增强了齐国的国力,辅佐齐桓公,使之成为春秋时第一个霸主。

③ 曾西:名申,字子西,曾参之子。

④ 子路:姓仲,名由,字子路,孔子弟子。

⑤ 周公:姓姬,名旦,周武王之弟,因采邑在周(今陕西岐山北),称为周公。曾辅佐武王伐纣灭商,统一天下;后又辅佐成王,巩固了周初的统治。

⑥ 武丁:商朝帝王,后被称为高宗。

⑦ 微子……胶鬲:微子,商纣王的庶兄,名启。微仲,微启的弟弟。王子比干,纣王叔父,因多次劝谏,被纣王剖心而死。箕子,纣王叔父。胶鬲,纣王之臣。

⑧ 镃(zī)基:锄头。

⑨ 置邮:驿站。

【译文】

公孙丑问道:"如果您在齐国掌权,管仲、晏子那样的功业,能再次建立起来吗?"

孟子说:"你真是个齐国人啊!只知道管仲、晏子罢了。曾有人问曾西说:'你和子路相比,谁贤?'曾西不安地说:'子路是我的先人所敬畏的人。'那人又问:'那么你和管仲相比谁贤?'曾西顿时很不高兴地说:'你为什么竟拿我与管仲相比?管仲得到齐桓公的信任是那样专一,执掌国政是那样长久,而功业却是那样卑微。你为什么竟拿我与这个人相比?'"(孟子接着)说:"管仲那样的人是曾西不愿做的,而你以为我会愿意吗?"

公孙丑说:"管仲使他的君主称霸,晏子使他的君主扬名,管仲、晏子还不值得效仿吗?"

孟子说:"凭齐国的条件称王天下,真是易如反掌。"

公孙丑说:"如果是这样,我这个学生就更糊涂了。凭文王的德行,寿近百岁才去世,尚且没能统一天下;武王、周公继承他的事业,这才(使仁政)遍及天下。现在您说起称王天下,似乎很容易的样子,那么文王也不值得效法了吗?"

孟子说:"哪可以与文王相比呢? 从商汤到武丁,贤圣的君主出了六七个,天下归顺殷朝很久了,久了就难改变了。武丁使诸侯来朝拜,统治天下,就像将它放在手掌中转动一样容易。商纣距武丁的时代不算长,(武丁时代)勋旧世家遗留的习俗,及当时流行的良好风气和仁惠的政教措施,还有留存下来的,又有微子、微仲、王子比干、箕子、胶鬲,这些都是贤臣,一起辅佐他,所以过了很长的时间才失掉天下。(那时,)没有一尺土地不是他的疆土,没有一个人不是他的臣民,然而文王还是在百里见方的地方兴起,所以是很困难的。齐国人有俗谚说:'虽然有智慧,不如趁形势;虽然有锄头,不如等农时。'现在(要称王天下)却是很容易的。夏、殷、周三朝兴盛时,土地没有超过纵横一千里的,而现在齐国有那么大的地方了;鸡鸣狗叫互相听到,一直传到四周的国境,齐国已经有那么多的百姓了。土地不必再扩大,百姓不必再招聚,施行仁政称王天下,没有人能阻挡得了。况且,仁德的君王没有出现,没有比现在隔得更长的了;百姓受暴政折磨的痛苦,没有比现在更严重的了。饥饿的人什么都吃不挑拣,干渴的人什么都喝不挑拣。孔子说:'德政的流行,比驿站传递政令还要快。'当今这个时候,拥有万辆兵车的大国施行仁政,百姓对此感到喜悦,就像在倒悬着时被解救下来一样。所以,事情

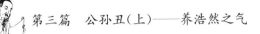

只要做古人的一半，功效必定是古人的一倍，这只有现在这个时候才能办到。"

【原文】

公孙丑问曰："夫子加齐之卿相，得行道焉，虽由此霸王，不异矣。如此，则动心否乎？"

孟子曰："否，我四十不动心。"

曰："若是，则夫子过孟贲①远矣。"

曰："是不难，告子②先我不动心。"

曰："不动心有道乎？"

曰："有。北宫黝③之养勇也：不肤桡，不目逃；思以一豪挫于人，若挞之于市朝；不受于褐宽博，亦不受于万乘之君；视刺万乘之君，若刺褐夫；无严诸侯，恶声至，必反之。孟施舍④之所养勇也，曰：'视不胜犹胜也；量敌而后进，虑胜而后会，是畏三军者也。舍岂能为必胜哉？能无惧而已矣。'孟施舍似曾子，北宫黝似子夏⑤。夫二子之勇，未知其孰贤，然而孟施舍守约也。昔者曾子谓子襄⑥曰：'子好勇乎？吾尝闻大勇于夫子矣：自反而不缩，虽褐宽博，吾不惴焉；自反而缩，虽千万人，吾往矣。'孟施舍之守气，又不如曾子之守约也。"

曰："敢问夫子之不动心与告子之不动心，可得闻与？"

"告子曰：'不得于言，勿求于心；不得于心，勿求于气。'不得于心，勿求于气，可；不得于言，勿求于心，不可。夫志，气之帅也；气，体之充也。夫志至焉，气次焉。故曰：'持其志，无暴其气。'"

"既曰'志至焉，气次焉'，又曰'持其志，无暴其气'，何也？"

曰："志壹则动气，气壹则动志也。今夫蹶者趋者，是气也，而反动其心。"

"敢问夫子恶乎长？"

曰："我知言，我善养吾浩然之气。"

"敢问何谓浩然之气？"

曰："难言也。其为气也，至大至刚，以直养而无害，则塞于天地之间。其为气也，配义与道；无是，馁也。是集义所生者，非义袭而取之也。行有不慊于心，则馁矣。我故曰，告子未尝知义，以其外之也。必有事焉，而勿正；心勿忘，勿助长也。无若宋人然：宋人有闵其苗之不长而揠之者，芒芒然归，谓其人曰：'今日病矣！予助苗长矣！'其子趋而往视之，苗则槁矣。天下之不助苗长者寡矣。以为无益而舍之者，不耘苗者也；助之长者，揠苗者也，非徒无益，而又害之。"

"何谓知言？"

曰："诐辞知其所蔽，淫辞知其所陷，邪辞知其所离，遁辞知其所穷。生于其心，害于其政；发于其政，害于其事。圣人复起，必从吾言矣。"

"宰我、子贡⑦善为说辞，冉牛、闵子、颜渊⑧善言德行。孔子兼之，曰：'我于辞命，则不能也。'然则夫子既圣矣乎？"

曰："恶！是何言也！昔者子贡问于孔子曰：'夫子圣矣乎？'孔子曰：'圣则吾不能，我学不厌而教不倦也。'子贡曰：'学不厌，智也；教不倦，仁也。仁且智，夫子既圣矣。'夫圣，孔子不居——是何言也？"

"昔者窃闻之：子夏、子游、子张⑨皆有圣人之一体，冉牛、闵子、颜渊则具体而微。敢问所安。"

曰："姑舍是。"

曰："伯夷、伊尹⑩何如？"

曰："不同道。非其君不事，非其民不使；治则进，乱则退，伯夷也。何⑪事非君，何使非民；治亦进，乱亦进，伊尹也。可以仕则仕，可以止则止，可以久则久，可以速则速，孔子也。皆古圣人也，吾未能有行焉；乃所愿，则学孔子也。"

"伯夷、伊尹于孔子，若是班乎？"

曰："否。自有生民以来，未有孔子也。"

曰："然则有同与？"

曰："有。得百里之地而君之，皆得以朝诸侯，有天下；行一不义，杀一不辜，而得天下，皆不为也。是则同。"

曰："敢问其所以异。"

曰："宰我、子贡、有若⑫，智足以知圣人，污不至阿其所好。宰我曰：'以予观于夫子，贤于尧、舜⑬远矣。'子贡曰：'见其礼而知其政，闻其乐而知其德；由百世之后，等百世之王，莫之能违也。自生民以来，未有夫子也。'有若曰：'岂惟民哉！麒麟之于走兽，凤凰之于飞鸟，太山之于丘垤，河海之于行潦，类也；圣人之于民，亦类也。出于其类，拔乎其萃。自生民以来，未有盛于孔子也。'"

【注释】

① 孟贲：古代著名勇士。

② 告子：战国时人，名不详。

③ 北宫黝（yǒu）：姓北宫，名黝，齐国人，事迹不详。

④ 孟施舍：姓孟，名施舍；一说姓孟施，名舍。事迹不详。

⑤ 子夏：姓卜，名商，字子夏，孔子弟子。

⑥ 子襄:曾参弟子。

⑦ 宰我、子贡:都是孔子弟子。宰我,姓宰,名予,字子我。子贡,姓端木,名赐,字子贡。

⑧ 冉牛、闵子、颜渊:都是孔子弟子。冉牛,姓冉,名耕,字伯牛。闵子,姓闵,名损,字子骞。颜渊,姓颜,名回,字子渊。

⑨ 子游、子张:都是孔子弟子。子游,姓言,名偃,字子游。子张,姓颛(zhuān)孙,名师,字子张。

⑩ 伯夷、伊尹:伯夷,商末孤竹国君的长子。初孤竹君以次子叔齐为继承人;死后,叔齐让位给伯夷,伯夷不受,后两人都投奔到周。周武王伐纣时,伯夷兄弟两人拦马谏阻武王;周灭商后,两人隐居首阳山,不食周粟而死。伊尹,商汤之相,曾辅汤灭夏。

⑪ 何:通"可"。

⑫ 有若:姓有,名若,孔子弟子。

⑬ 尧、舜:传说中父系氏族社会后期部落联盟的两个首领,儒家推崇他们是古代的圣君。

【译文】

公孙丑问道:"如果让您担任齐国的卿相,能够实行您的主张,那么即使因此而建立了霸业或王业,也不必感到奇怪了。如果这样,您动心不动心呢?"

孟子说:"不,我四十岁起就不动心了。"

公孙丑说:"如果这样,老师就远远超过孟贲了。"

孟子说:"做到这点不难,告子在我之前就做到不动心了。"

公孙丑问:"做到不动心有什么方法吗?"

孟子说:"有。北宫黝这样培养勇气:肌肤被刺不退缩,双目被刺不转睛;但他觉得,受了他人一点小委屈,就像在大庭广众之下被人鞭打了一般;既不受平民百姓的羞辱,也不受大国君主的羞辱;把行刺大国君主看得跟行刺普通百姓一样;毫不畏惧诸侯,听了恶言,一定回击。孟施舍这样培养勇气,他说:'把不能取胜的形势看作能够取胜;估量了势力相当才前进,考虑到能够取胜再交战,这是畏惧强大的敌人。我哪能做到战无不胜呢?只是能无所畏惧罢了。'(培养勇气的方法,)孟施舍像曾子,北宫黝像子夏。这两人的勇气,不知道谁强些,但孟施舍是把握住了要领。从前,曾子对子襄说:'你喜欢勇敢吗?我曾经在孔子那里听到过关于大勇的道理:反省自己觉得理亏,那么即使对普通百姓,我也不去恐吓;反省自己觉得理直,纵然面对千万人,我也勇往直前。'孟施舍的保持勇气,又不如曾子能把握住要领。"

公孙丑说:"请问,您的不动心和告子的不动心,可以讲给我听听吗?"

(孟子说:)"告子曾说:'言论上有所不通,心里不必去寻求道理;心里有所不安,不必求助于意气。'心里有所不安,不必求助意气,这是可以的;言论上有所不通,心里不寻求道理,这不可以。心志是意气的主帅,意气是充满体内的。心志关注到哪里,意气就停留到哪里。所以说:'要把握住心志,不要妄动意气。'"

(公孙丑问:)"既说'心志关注到哪里,意气就停留到哪里',又说'要把握住心志,不要妄动意气',这是为什么呢?"

孟子说:"心志专一就能调动意气,意气专一也能触动心志。譬如跌倒和奔跑,这是意气专注的结果,反过来也会使他的心志受到触动。"

(公孙丑问:)"请问,老师擅长哪方面?"

孟子说:"我能识别各种言论,我善于培养我的浩然之气。"

(公孙丑说:)"请问什么叫浩然之气?"

孟子说:"这很难说清楚啊!它作为一种气,最为盛大,最为刚强,靠正义去培养它而不伤害它,就会充塞天地之间。它作为一种气,要和义与道配合;没有这些,它就会萎缩。它是不断累积义而产生的,不是偶然有过正义的举动就能取得的。如果行为有愧于心,气就萎缩了。因此我说,告子不曾懂得义,因为他把义看作外在的东西。(对浩然之气,)一定要培养它,不能停止下来;心里不能忘记它,也不妄自助长它。不要像宋国人那样:宋国有个担心他的禾苗不长而去拔高它的人,昏昏沉沉地回到家中,对家里人说:'今天累极了,我帮助禾苗长高啦!'他的儿子赶忙跑到田里去看,禾苗已经枯死了。天下不助苗生长的人实在少见啊!以为(培养浩然之气)没有用处而放弃的人,就像不给禾苗锄草的懒汉;妄自帮助它生长的人,就像揠苗助长一样,非但没有好处,反而害了它。"

(公孙丑问:)"什么叫能识别各种言论?"

(孟子)说:"偏颇的言论,知道它不全面的地方;过激的言论,知道它陷入错误的地方;邪曲的言论,知道它背离正道的地方;躲闪的言论,知道它理屈词穷的地方。(这些言论)从心里产生出来,会危害政治;从政令措施上表现出来,会危害各种事业。如果有圣人再次出现,一定会赞成我所说的。"

(公孙丑说:)"宰我、子贡擅长言谈辞令,冉牛、闵子、颜渊擅长阐述德行。孔子兼有这两方面的特长,(却还)说:'我对于辞令,是不擅长的。'(老师既然说擅长识别言论,)那么老师已经是圣人了吧?"

孟子说:"哎呀!这是什么话!从前子贡问孔子道:'老师是圣人了吧?'孔子说:'圣人,我不能做到,我只是学习不觉满足,教人不知疲倦。'子贡说:'学习不觉满足,这样就有智慧;教人不知疲倦,这是实践仁德。既有仁德又有智慧,老师已经是圣人了。'圣人,孔子尚且不敢自居——(你说我是圣人了,)这是什么话呀?"

(公孙丑说:)"以前我听说过这样的话:子夏、子游、子张都有圣人的一部分特点，冉牛、闵子、颜渊具备了圣人所有的特点，只是还嫌微浅。请问您处于哪种情况？"

孟子说："暂且不谈这个问题。"

公孙丑问："伯夷、伊尹怎么样？"

孟子说："处世的方法不同。不是理想的君主不去侍奉，不是理想的百姓不去使唤；天下安定就入朝做官，天下动乱就辞官隐居，这是伯夷的处世方法。可以侍奉不好的君主，可以使唤不好的百姓，天下安定去做官，天下动乱也去做官，这是伊尹的处世方法。该做官就做官，该辞官就辞官，该任职长一些就任职长一些，该赶快辞职就赶快辞职，这是孔子的处世方法。（他们）都是古代的圣人，我还做不到他们那样；至于我所希望的，那就是学习孔子。"

（公孙丑问：）"伯夷、伊尹相对于孔子来说，是同等的吗？"

孟子说："不。自有人类以来，没有比得上孔子的。"

公孙丑问："那么他们有共同之处吗？"

孟子说："有。如果有方圆百里的一块地由他们做君主，他们都能使诸侯来朝见而拥有天下；如果要他们做一件不义的事情，杀一个无辜的人而让他们得到天下，他们都是不愿去做的。这些是共同的。"

公孙丑说："请问孔子和他们有什么不同的地方？"

孟子说："宰我、子贡、有若，他们的智慧足以了解孔子，即使有所夸大，也不至于阿谀吹捧他们所敬爱的人。宰我说：'根据我对老师的观察，老师远远超过尧、舜了。'子贡说：'见了一国礼制，就能知道一国的政治；听了一国的音乐，就能了解一国的德教。即使从一百代以后来评价这一百代的君主，也没有谁能违背孔子这个道理的。自有人类以来，没有比得上孔子的。'有若说：'岂只是人类有这样的不同！麒麟对于走兽，凤凰对于飞鸟，泰山对于土丘，河海对于水沟,都是同类的;圣人对于一般的人,也是同类的。(这些)都高出了同类,超出了同群。自有人类以来,没有比孔子更伟大的了。'"

孟子曰:"以力假仁者霸,霸必有大国;以德行仁者王,王不待大。汤以七十里,文王以百里。以力服人者,非心服也,力不赡也;以德服人者,中心悦而诚服也,如七十子①之服孔子也。《诗》云:'自西自东,自南自北,无思不服②。'此之谓也。"

【注释】

① 七十子:孔子办学多年,传说有弟子三千,其中优秀者七十二人,这里是举其整数。

② 以上三句出自《诗经·大雅·文王有声》。

【译文】

孟子说:"凭借武力假托仁义可以统一天下的叫作'霸',称霸必须具备大国的国力;依靠道德施行仁义而统一天下的叫作'王',称王不必要有大国的条件——商汤凭七十里见方的地方,文王凭百里见方的地方就称王了。靠武力使人服从,不是真心服从,只是力量不够(反抗)罢了;靠道德使人服从,是心里高兴,真心服从,就像七十位弟子敬服孔子那样。《诗经》上说:'从西从东,从南从北,无不心悦诚服。'就是说的这种情况。"

【原文】

孟子曰:"仁则荣,不仁则辱。今恶辱而居不仁,是犹恶湿而居下也。如恶之,莫如贵德而尊士,贤者在位,能者在职。国家闲暇,及是时,明其政刑,虽大国必畏之矣。《诗》云:'迨天之未阴雨,彻彼桑土,绸缪牖户。今此下民,或敢侮予①?'孔子曰:'为此诗者,其知道乎!能治其国家,谁敢侮之?'今国家闲暇,及是时,般乐②怠敖,是自求祸也。祸福无不自己求之者。《诗》云:'永言配命,自求多福③。'《太甲》④曰:'天作孽,犹可违;自作孽,不可活。'此之谓也。"

【注释】

① 以上五句出自《诗经·豳风·鸱鸮》。

② 般(pán)乐:作乐。

③ 以上两句出自《诗经·大雅·文王》。

④《太甲》:《尚书》中的一篇,已失传;现在《尚书》中的《太甲》,系晋人伪作。

【译文】

孟子说:"实行仁就获得尊荣,不仁就招来耻辱。如今有人厌恶耻辱却又安于不仁,这就像厌恶潮湿却又安于居住在低洼的地方一样。如果真的厌恶耻辱,就不如崇尚道德、尊重士人,让贤人在位做官,让能人在职办事。国家太平无事,趁这时候修明政教刑法,(这样,)即使大国也必然会怕它了。《诗经》上说:'趁着天气没阴雨,取来桑皮拌上泥,窗洞门户细修葺。从今下面的人,有谁再敢把我欺?'孔子说:'做这篇诗的人,真懂得道啊!能治理好他的国家,谁还敢欺侮他?'如果国家太平无事,趁这时候寻欢作乐,怠惰傲慢,这是自找灾祸啊。祸与福,没有不是自己找来的。《诗经》上说:'永远配合天命,自己求来众多的幸福。'《太甲》说:'上天降下灾祸,还有办法可躲;自己造下罪孽,那就别想再活。'就是说的这个道理。"

孟子曰:"尊贤使能,俊杰在位,则天下之士皆悦,而愿立于其朝矣;市,廛而不征^①,法而不廛,则天下之商皆悦,而愿藏于其市矣;关,讥而不征,则天下之旅皆悦,而愿出于其路矣;耕者,助^②而不税,则天下之农皆悦,而愿耕于其野矣;廛^③,无夫里之布^④,则天下之民皆悦,而愿为之氓矣。信能行此五者,则邻国之民仰之若父母矣。率其子弟,攻其父母,自有生民以来未有能济者也。如此,则无敌于天下。无敌于天下者,天吏也。然而不王者,未之有也。"

【注释】

① 廛而不征:廛(chán),市中储藏、堆放货物的场所。征,征税。

② 助:指助耕公田。相传殷周时代实行一种叫"井田制"的土地制度。一里见方的土地划作"井"字形,成九块,每块百亩,其中一块作为公田,其余八块分给八家,八家同养公田。

③ 廛:这里指民居,与"廛而不征"里的"廛"所指不同。

④ 夫里之布:即"夫布"、"里布"。"夫布",一夫的劳役税;"里布",一户的地税。布,古代的一种货币。

【译文】

孟子说:"尊重贤人,任用能人,杰出的人在位,那么天下的士人都会高兴,而且愿意到那个朝廷去做官;市场,提供场地存放货物而不征租赁税,依照规定价格收购滞销货物,不使货物积压在货场,那么天下的商人都会高兴,愿意把货物存放在那个市场里了;关卡,只检查不征税,那么天下的旅客都会高兴,愿意经过那条道路了;对于种田的人,只要他们助耕公田,不征收私田的赋税,那么天下的农夫都会高兴,愿意在那样的田野里耕种了;人们居住的地方,没有劳役税和额外的地税,那么天下的人都会高兴,愿意来做那里的百姓了。真能做到这五个方面,那么邻国的百姓就会像敬仰父母一样敬仰他了。(邻国要想率领这样的百姓来攻打他,那正像是)率领子弟去攻打他们的父母,自有人类以来,没有能成功的。像这样就能无敌于天下。无敌于天下的人,是奉了上天使命的人。这样还不能称王的,是从来没有过的事。”

【原文】

　　孟子曰:“人皆有不忍人之心①。先王有不忍人之心,斯有不忍人之政矣。以不忍人之心,行不忍人之政,治天下可运之掌上。所以谓人皆有不忍人之心者,今人乍②见孺子将入于井,皆有怵惕恻隐③之心,非所以内交④于孺子之父母也,非所以要誉⑤于乡党朋友也,非恶其声而然也。由是观之,无恻隐之心,非人也;无羞恶之心,非人也;无辞让之心,非人也;无是非之心,非人也。恻隐之心,仁之端也;羞恶之心,义之端也;辞让之心,礼之端也;是非之心,智之端也。人之有是四端也,犹其有四体也。有是四端而自谓不能者,自贼者也;谓其君不能者,贼其君者也。凡有四端于我者,知皆扩而充之矣,若火之始然,泉之始达。苟能充之,足以保四海;苟不充之,不足以事父母。”

【注释】

① 不忍人之心:怜悯心,同情心。

② 乍:突然、忽然。

③ 怵惕(chù tì):惊恐畏惧;恻隐:哀痛、同情。

④ 内交:内,同“纳”。内交即结交的意思。

⑤ 要(yāo)誉:要,同“邀”。要誉即博取名誉的意思。

孟子说:"人都有不忍伤害别人的心。先王有不忍伤害别人的心,才有不忍伤害别人的政治。用不忍伤害别人的心,施行不忍伤害别人的政治,那么治理天下就会像在手掌中转动它那么容易。之所以说人都有不忍伤害别人的心,(根据在于,)假如现在有人忽然看到一个孩子要掉到井里去了,都会有惊恐同情的心情——不是想借此与孩子的父母攀交情,不是要在乡邻朋友中博取名声,也不是讨厌那孩子惊恐的哭叫声才这么做的。由此看来,没有同情心的,不算人;没有羞耻心的,不算人;没有谦让心的,不算人;没有是非心的,不算人。同情心是仁的开端,羞耻心是义的开端,谦让心是礼的开端,是非心是智的开端。人有这四种开端,就像他有四肢一样。有这四种开端却说自己不能行善的人,这是自己害自己;说他的君主不行,这是害他的君主。凡自身保有这四种开端的,就该懂得扩大充实它们,(它们就会)像火刚刚燃起,泉水刚刚涌出一样,(不可遏止。)如果能扩充它们,就足以安定天下;如果不扩充它们,那就连侍奉父母都做不到。"

【原文】

孟子曰:"矢人①岂不仁于函人②哉?矢人唯恐不伤人,函人唯恐伤人。巫匠③亦然。故术④不可不慎也。孔子曰:'里仁为美。择不处仁,焉得智?'夫仁,天之尊爵也,人之安宅也。莫之御⑤而不仁,是不智也。不仁、不智,无礼、无义,人役也。人役而耻为役,由⑥弓人而耻为弓,矢人而耻为矢也。如耻之,莫如为仁。仁者如射:射者正己而后发;发而不中,不怨胜己者,反求诸己而已矣。"

【注释】

① 矢人：造箭的人。

② 函人：造铠甲的人。

③ 巫：以装神弄鬼替人祈祷为职业的人。有的兼给人治病，称为"巫医"。匠，匠人，这里特别指做棺材的木匠。

④ 术：这里指选择谋生之术，也就是选择职业的意思。

⑤ 御：阻挡。

⑥ 由：同"犹"，好像的意思。

【译文】

孟子说："造箭的人难道比造铠甲的人不仁吗？造箭的唯恐(造的箭不尖锐)不能射伤人，造铠甲的唯恐(铠甲不坚硬)使人被射伤。(求神治病的)巫医和(做棺材的)木匠之间的关系也是这样。所以谋生的职业不能不慎重选择啊！孔子说：'住在有仁德的地方才好。经过选择却不住在有仁德的地方，哪能算聪明？'仁，是天(给人)设定的最尊贵的爵位，是人最安定的住所。没有谁阻挡他(行仁)，他却不仁，这是不明智。不仁、不智，无礼、无义，只配当别人的仆役。当了仆役而觉得当仆役羞耻，就像造弓的觉得造弓可耻，造箭的觉得造箭可耻一样。果真觉得可耻，不如就行仁。行仁的人就如比赛射箭：射箭手先要端正自己的姿势，然后放箭；射不中，不怨恨赢了自己的人，只有反过来在自己身上找原因罢了。"

【原文】

孟子曰："子路，人告之以有过，则喜。禹①闻善言，则拜。大舜有大焉，善与人同，舍己从人，乐取于人以为善。自耕稼、陶、渔以至为帝，无非取于人者。取诸人以为善，是与②人为善者也。故君子莫大乎与人为善。"

【注释】

① 禹：传说中古代部落联盟的领袖，曾奉舜命治理洪水，后成为夏朝开国君主。

② 与(yǔ)：说明，赞许。

【译文】

孟子说："子路，别人指出他的过错，他就高兴。禹听到善言，就拜谢。伟大的舜又超过了他们，好品德愿和别人共有，抛弃缺点，学人长处，乐于汲取别人的优点来修养自己的品德。舜从当农夫、陶工、渔夫，直到成为天子，没有哪一点长处不是从别人那里学来的。汲取众人的长处来修养自己的品德，这又有助于别人培养品德。所以，君子没有比帮助别人培养好品德更好的了。"

【原文】

孟子曰："伯夷，非其君不事，非其友不友。不立于恶人之朝，不与恶人言。立于恶人之朝，与恶人言，如以朝衣朝冠坐于涂炭。推恶恶之心，思与乡人立，其冠不正，望望然去之，若将浼焉。是故诸侯虽有善其辞命而至者，不受也。不受也者，是亦不屑就已。柳下惠①不羞污君，不卑小官；进不隐贤，必以其道；遗佚而不怨，厄穷而不悯。故曰：'尔为尔，我为我，虽袒裼裸裎②于我侧，尔焉能浼我哉？'故由由然与之偕而不自失焉，援而止之而止。援而止之而止者，是亦不屑去已。"孟子曰："伯夷隘，柳下惠不恭。隘与不恭，君子不由也。"

【注释】

① 柳下惠：春秋时鲁国大夫，姓展，名获，字禽；因封邑在柳下

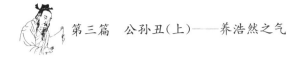

（地名），谥号"惠"，故称为柳下惠。

②袒裼(xī)裸裎(chéng)：袒裼，肉体袒露；裸裎，露身。

【译文】

孟子说："伯夷，不是他理想的君主就不去侍奉，不是他中意的朋友就不去结交。不在恶人的朝廷里做官，不与恶人交谈。在恶人的朝廷里做官，与恶人交谈，就觉得像穿戴着上朝的衣帽坐在泥土炭灰上一样。把这种厌恶恶人的心情推广，他就会想，如果与一个乡下人站在一起，假如那人帽子戴得不正，就该生气地离开他，就像会被他玷污似的。因此，诸侯即使有用动听的言辞来请他做官的，他也不接受。不接受，就是不屑于接近他们。柳下惠不认为侍奉坏君主是羞耻的事，也不因为别人官职小而瞧不起人；到朝廷做官，不掩藏自己的贤能，一定按自己的原则行事；被国君遗弃而不怨恨，处境穷困而不忧伤。所以他说：'你是你，我是我，即使你赤身裸体地在我身旁，你又哪能玷污我呢？'所以他能高高兴兴地与这样的人处在一起而不失去自己的风度，拉他留下，他就留下。拉他留下他就留下，这也就是不屑于离开罢了。"孟子又说："伯夷狭隘，柳下惠不严肃。狭隘与不严肃，君子是不效仿的。"

【故事】

包拯一身正气

包拯是北宋重臣，一生清明廉洁。在当上了开封知府后，他决心为当地的老百姓做一些好事。

在包拯那个年代，老百姓要想打官司，得先在衙门的外面击鼓喊冤。等到公差走出来，接过状子，将它转交给办案的官员，案子才能够开堂审理。这样的流程就给了公差们收小费的便利。告状的人如果不给他们钱，公差们就会扣着状子不送。穷苦的老百姓要想打官司还要受到公差们的盘剥。实在拿不出钱的人，往往会有冤无处诉。

就任开封知府之后，包拯就贴出了告示，宣布凡是办公的日子，衙门的大门都是开着的。要告状的老百姓可以直接上公堂向他诉说冤情。从此以后，那些贫苦的老百姓就告状有门了。这件事之后，老百姓们就更加信任包拯了。

有一天，包拯刚刚来到公堂，就有一个人跌跌撞撞地跑上来告状。原来，这个人和朋友喝酒时，带了几两银子，因为他酒量小，害怕喝醉酒后把银子弄丢，就把银子放在朋友那里请他帮忙保管。喝酒时，这个人果然喝醉了；当他酒醒后向朋友讨取银子时，那个朋友却说自己并没有替他保管。两个人就吵了起来。丢银子的人没有办法，只好来找包拯打官司了。弄清原委后，包拯就传唤被告。被告矢口否认帮原告保管银子的事，原告、被告在公堂上争吵起来。

包拯想出了一个办法。他把这两个人留在公堂上，让公差偷偷地到被告家里去，对被告的家人说："你们家的主人已经说了真话了，他让你们把银子交出来。"被告的家人信以为真，乖乖地把银子交出来。包拯拿到银子重新开堂。被告看到银子，也只好低头认罪了。

包拯类似这样的断案实在太多了。他断案公道，为很多人申了冤，所以名声越来越大，"包青天"的绰号也在老百姓之中慢慢传开了。

包拯不仅断案如神，在为人处事方面也有着不畏强权的优秀品格。

当时东京城有一条惠民河。很多有钱有势的人为了让自己花园里有山有水，就侵占河岸两边的土地，不断修建亭台花园，使得河道渐渐变窄。一下雨,河水就会上涨,两岸百姓的民房就会被水淹,百姓苦不堪言。

包拯了解到这个情况之后,就发出一道政令:沿河的花园庭院一律拆毁,官府准备治理惠民河。那些有钱有势的人听到后都很不高兴,但也认为包拯就是说说,不会认真去做,于是就都拖着不办。

一天,包拯把这些人都传到了公堂,责令他们拆毁自家沿河的建筑。有一个宦官倚仗着自己的权势公然对抗,声称他家的花园占的是自家的土地,没有理由拆除。包拯命令他拿出地契为证。经过检查,包拯发现地契上面有涂改的痕迹。原来,这个宦官为了占公地,私自改了地契上的数字。包拯非常气愤,立即写了一份奏章,报告给皇帝宋仁宗。宋仁宗眼看洪水威胁了京城的安全,也支持包拯惩办这些人。包拯惩罚了那个宦官,别的人也就都害怕了,赶紧拆了花园,把多占的土地让了出来。随后,包拯又组织民工开始对惠民河的彻底治理。

包拯无论为官还是断案,都不畏权势,在有权势的人面前,他甚至很少露出笑容。当时的人们传诵着这样的歌谣:"黄河水难清,包拯笑比黄河清还难啊!"

古代人把家里长辈对晚辈的教导,叫作家训。包拯到了晚年,就立下一条家训:"凡是做官的子孙,如果有贪图钱财犯王法的,生前不许回到家乡,死后也不许葬在家族的坟地里。不听我的这些话,就不是我的子孙。"包拯很看重这条家训,他还亲自找来石匠,把这条家训刻在石碑上,竖在堂屋里,以警示后人。

包拯的家人知道包拯说话算数、痛恨亲人做犯法的事。望着石碑上的家训,包家人又想起了以前发生的一件事情。

这一年,包拯到庐州去做官。庐州是他的家乡,有许多亲戚朋友。有的人认为包拯当了官,一定会为自己撑腰,想当然地认为做点坏事没有关系。包拯的一个叔伯舅舅就仗势欺人，干了坏事犯了法，被人告到包拯那里。这个叔伯舅舅觉得包拯能够袒护他，结果包拯不但没有这样做，反而狠狠惩治了他。这件事情传了出去，老百姓都称赞包拯公事公办，他的亲戚朋友也都老实了，再也没有人去求包拯。在当地流传着这样的话：关节不到，有阎罗包老。意思是什么关节也打不动包拯，他不讲情面，就像阎罗王一样。

公元 1062 年 5 月的一天，包拯还在公堂上办事，突然感到身体不太舒服。他手下的人就赶紧把他送回家休息。但是没过几天，包拯就病逝了。得知包拯过世的消息，东京城里很多人都叹息连连，有些人还伤心地痛哭起来。宋仁宗停止上朝，亲自到包家慰问，还派人将包拯的遗体护送回老家安葬。

纵观包拯的一生，可谓是两袖清风、公正清廉，生前得到了人们的赞扬，死后也被当作清官的典型，被人们尊称为"包公"。包拯的一身正气，在历史上留下了光辉的一笔。

【评论】

历史上的包拯是一个充满了浩然之气的朝廷重臣，舞台上的包公则画了个大黑脸，显得很威严，这表达了后人对包拯铁面无私品格的尊敬。一个人只有不断努力，持之以恒，将道义融入心中，才能够积聚浩然之气。

第四篇

公孙丑（下）——道义的力量无穷大

孟子曰："天时①不如地利,地利②不如人和③。三里之城④,七里之郭⑤,环而攻之而不胜。夫环而攻之,必有得天时者矣,然而不胜者,是天时不如地利也。城非不高也,池⑥非不深也,兵革非不坚利也,米粟⑦非不多也,委⑧而去之,是地利不如人和也。故曰:域⑨民不以封疆之界,固⑩国不以山谿之险,威天下不以兵革之利。得道者多助,失道者寡助。寡助之至,亲戚畔⑪之;多助之至,天下顺之。以天下之所顺,攻亲戚之所畔,故君子有不战⑫,战必胜矣。"

【注释】

① 天时:指有利于战争的时令、气候、天象等。

② 地利:指城高池深、山川险要等对攻守有利的地理环境。

③ 人和:指人心所向、上下团结。

④ 城:古代城市有内外之分,内城称"城"。

⑤ 郭:古代城市有内外之分,外城称"郭"。

⑥ 池:护城河。

⑦ 米粟:米,去皮壳的谷物,特别指稻米;粟,谷子,去皮壳后称小米。米粟,泛指粮食。

⑧ 委:放弃。

⑨ 域:区域,范围。此处指限定范围。

⑩ 固:巩固。

⑪ 畔:通"叛",背叛。

⑫ 有不战:意指不应或不必用战争的手法解决问题时就不用战争。

【译文】

孟子说:"有利的天时不如有利的地势,有利的地势不如人心的团结。三里的内城,七里的外城,包围起来攻打它,却不能取胜。包围起来攻打它,必定有得天时的战机,然而却不能取胜,这是有利的天时不如有利的地势。城墙不是不高,护城河不是不深,兵器铠甲不是不坚利,粮食不是不多,(可是敌人一来却)弃城逃离,这便是有利的地势不如人心的团结。所以说,留住人民不迁逃,不靠国家的疆界,巩固国家不靠山川的险阻,威服天下不靠兵器铠甲的坚利。得到仁义的人,帮助他的就多;失掉仁义的人,帮助他的就少。帮助他的人少到极点,连家里人都背叛他;帮助他的人多到极点,天下的人都归顺他。让天下人都归顺他的人去攻打连家里人都背叛他的人(必然所向无敌);所以君子不战则罢,战则必胜。"

【原文】

孟子将朝王①,王使人来曰:"寡人如②就见者也,有寒疾,不可以风。朝,将视朝③,不识④可使寡人得见乎?"

对曰:"不幸而有疾,不能造⑤朝。"

明日,出吊于东郭氏⑥。公孙丑曰:"昔者辞以病,今日吊,或者不可乎?"

曰:"昔者疾,今日愈,如之何不吊?"

王使人问疾,医来。

孟仲子⑦对曰:"昔者有王命,有采薪之忧⑧,不能造朝。今病小愈,趋造于朝,我不识能至否乎?"

使数人要⑨于路,曰:"请必无归,而造于朝!"

不得已而之景丑氏⑩宿焉。

景子曰："内则父子,外则君臣,人之大伦也。父子主恩,君臣主敬。丑见王之敬子也,未见所以敬王也。"

　　曰："恶!是何言也!齐人无以仁义与王言者,岂以仁义为不美也?其心曰:'是何足与言仁义也'云尔,则不敬莫大乎是。我非尧、舜之道,不敢以陈于王前,故齐人莫如我敬王也。"

　　景子曰："否,非此之谓也。《礼》曰:'父召,无诺⑪;君命召,不俟驾⑫。'固将朝也,闻王命而遂不果,宜⑬与夫《礼》若不相似然。"

　　曰："岂谓是与?曾子曰:'晋楚之富,不可及也;彼以其富,我以吾仁;彼以其爵,我以吾义,吾何慊⑭乎哉?'夫岂不义而曾子言之?是或一道也。天下有达尊三:爵一,齿一,德一。朝廷莫如爵,乡党莫如齿,辅世长民莫如德。恶得有其一以慢其二哉?故将大有为之君,必有所不召之臣;欲有谋焉,则就之。其尊德乐道,不如是,不足与有为也。故汤之于伊尹,学焉而后臣之,故不劳而王;桓公之于管仲,学焉而后臣之,故不劳而霸。今天下地丑德齐,莫能相尚,无他,好臣其所教,而不好臣其所受教。汤之于伊尹,桓公之于管仲,则不敢召。管仲且犹不可召,而况不为管仲者乎?"

【注释】

① 王:指齐王。

② 如:宜,当,应当。

③ 朝,将视朝:第一个"朝"读 zhāo,即"清晨"的意思;第二个"朝"读 cháo,意即"朝廷"。视朝,即在朝廷处理政务。

④ 不识:不知。

⑤ 造:到,上。

⑥ 东郭氏:齐国的大夫。

⑦ 孟仲子:孟子的堂兄弟,跟随孟子学习。

⑧ 采薪之忧:本意是说有病不能去打柴,引申为自称生病的代名词。薪,柴草。

⑨ 要(yāo):拦截。

⑩ 景丑氏:齐国的大夫。

⑪ 父召无诺:《礼记·曲礼》:"父召无诺,先生召无诺,唯而起。""唯"和"诺"都是表示应答,急时用"唯",缓时用"诺"。父召无诺的意思是听到父亲叫,不等说"诺"就要起身。

⑫ 不俟驾:不等到车马备好就起身。

⑬ 宜:义同"殆",大概,恐怕。

⑭ 慊(qiàn):不满足,以为少。

【译文】

孟子准备去朝见齐王,恰巧齐王派了个人来转达说:"我本应该来看您,但是感冒了,吹不得风。明早我将上朝处理政务,不知您能否来朝廷上,让我见到您?"

孟子回答说:"不幸得很,我也有病,不能上朝廷去。"

第二天,孟子要到东郭大夫家里去吊丧。公孙丑说:"昨天您托辞生病谢绝了齐王的召见,今天却又去东郭大夫家里吊丧,这或许不太好吧?"

孟子说:"昨天生病,今天好了,为什么不可以去吊丧呢?"

齐王打发人来问候孟子的病,并且带来了医生。孟仲子应付说:"昨天大王命令来时,他正生着病,不能上朝廷去。今天病刚好了一点,已经上朝廷去了,但我不知道他能否到达。"

孟仲子又立即派人到路上去拦孟子,转告孟子说:"请您无论如何不要回家,而赶快上朝廷去!"

孟子不得已而到景丑的家里去住宿。景丑说:"在家庭里有父子,在家庭外有君臣,这是人与人之间最重要的伦理关系。父子之间以慈恩为主,君臣之间以恭敬为主。我只看见齐王尊敬您,却没看见您尊敬齐王。"

孟子说:"哎!这是什么话!在齐国人中,没有一个与齐王谈论仁义的。难道是他们觉得仁义不好吗?(不是。)他们心里想:'这样的王哪里配和他谈论仁义呢?'这才是他们对齐王最大的不恭敬。至于我,不是尧、舜之道就不敢拿来向齐王陈述。所以,齐国人没有谁比我更对齐王恭敬了。"

景丑说:"不,我不是说的这个方面。《礼》经上说过,父亲召唤,不等到应'诺','唯'一声就起身;君王召唤,不等到车马备好就起身。可是您呢?本来就准备朝见齐王,听到齐王的召见反而不去了,这似乎和《礼》经上所说的不大相合吧!"

孟子说:"原来你说的是这个呀!曾子说过:'晋国和楚国的财富,没有人赶得上。不过,他有他的财富,我有我的仁;他有他的爵位,我有我的义。我有什么不如他的呢?'曾子说这些话难道没有道理吗?应该是有道理的吧!天下有三样最尊贵的东西:一样是爵位,一样是年龄,一样是德行。在朝廷上最尊贵的是爵位;在乡里最尊贵的是年龄;至于辅助君王治理百姓,最尊贵的是德行。他怎么能够凭爵位就来怠慢我的年龄和德行呢?所以,大有作为的君主一定有他不能召唤的大臣,如果他有什么事情需要出谋划策,就亲自去拜访他们。这就叫尊重德行喜爱仁道,不这样,就不能够做到大有作为。因此,商汤对于伊尹,先向伊尹学习,然后才以他为臣,于是不费大力气就统一了天下;桓公对于管仲,也是先向他学习,然后才以他为臣,于是不费大力气就称霸于诸侯。现在,天下各国的土地都差不多,君主的德行也都不相上下,相互之间谁也不能高出一筹,没有别的原因,就是因为君王们只喜欢用听他们的话的人为臣,而不喜欢用能够教导他们的人为臣。商汤对于伊尹,桓公对于管仲就不敢召唤。管仲尚且不可以被召唤,更何况连管仲都不屑于做的人呢?"

【原文】

陈臻①问曰:"前日于齐,王馈兼金②一百而不受;于宋,馈七十镒③而受;于薛,馈五十镒而受。前日之不受是,则今日之受非也;今日之受是,则前日之不受非也。夫子必居一于此矣。"

孟子曰:"皆是也。当在宋也,予将有远行,行者必以赆,辞曰:'馈赆。'予何为不受? 当在薛也,予有戒心,辞曰:'闻戒,故为兵馈之。'予何为不受? 若于齐,则未有处也。无处而馈之,是货之也。焉有君子而可以货取乎?"

【注释】

① 陈臻:孟子弟子。

② 金:古代所说的金,多是指黄铜。

③ 镒(yì):古代的重量单位之一,二十两为一镒。

【译文】

陈臻说:"以前在齐国,齐王送您一百镒好金您不接受;在宋国,送您七十镒,您接受了;在薛,送您五十镒,您接受了。如果以前不接受是对的,那么后来接受就是错的;后来接受如果是对的,那么以前不接受就是不对的。在这两种情况中,您必定处于其中的一种了。"

孟子说:"都是对的。当在宋国的时候,我将要远行,远行的人必然要用些路费,宋君说:'送点路费(给你)。'我为什么不接受? 当在薛地的时候,我有防备(在路上遇害)的打算,主人说:'听说需要防备,所以送点钱给你买兵器。'我为什么不接受? 至于在齐国,就没有(送钱的)理由。没有理由而赠送,这是收买我啊! 哪有君子可以用钱收买的呢?"

【原文】

孟子之平陆①,谓其大夫②曰:"子之持戟之士,一日而三失伍,则去之否乎?"

曰:"不待三。"

"然则子之失伍也亦多矣。凶年饥岁,子之民,老羸转于沟壑,壮者散而之四方者,几千人矣。"

曰:"此非距心之所得为也。"

曰:"今有受人之牛羊而为之牧之者,则必为之求牧与刍矣。求牧与刍而不得,则反诸其人乎? 抑亦立而视其死与?"

曰:"此则距心之罪也。"

他日,见于王曰:"王之为都者,臣知五人焉。知其罪者,惟孔距心。"为王诵之。

王曰:"此则寡人之罪也。"

【注释】

① 平陆:齐国边境的邑,在今山东汶上县北。

② 大夫:这里指地方上的行政长官。

【译文】

孟子到了平陆,对那里的长官(孔距心)说:"如果你的卫士一天三次擅离职守,开除不开除他呢?"

孔距心说:"不必等三次。"

(孟子说:)"那么您失职的地方也够多的了。荒年饥岁,您的百姓里,年老体弱抛尸露骨在山沟的,年轻力壮逃荒到四方的,将近一千人了。"

孔距心说:"这个问题不是我能够解决的。"

孟子说:"假如现在有个人,接受了别人的牛羊而替他放牧,那么必定要为牛羊寻找牧场和草料了。如果找不到牧场和草料,那么是把牛羊还给那个人呢?还是就站在那儿眼看着牛羊饿死呢?"

孔距心说:"这是我的罪过。"

往后的某一天,孟子朝见齐王说:"大王的地方长官我认识五个,能认识自己罪过的,只有孔距心。"(孟子)给齐王复述了一遍他与孔距心的谈话。

齐王说:"这是我的罪过啊!"

【原文】

孟子谓蚳蛙①曰:"子之辞灵丘②而请士师③,似也,为其可以言也。今既数月矣,未可以言与?"

蚳蛙谏于王而不用,致为臣而去。齐人曰:"所以为蚳蛙则善矣;所以自为,则吾不知也。"

公都子④以告。

曰:"吾闻之也:有官守者,不得其职则去;有言责者,不得其言则去。我无官守,我无言责也,则吾进退,岂不绰绰然有余裕哉?"

【注释】

① 蚳(chí)蛙:齐国大夫。

② 灵丘:齐国边境邑名。

③ 士师:官名,管禁令、狱讼、刑罚等,是法官的通称。

④ 公都子:孟子的学生。

【译文】

孟子对蚳鼃说:"您辞去灵丘县长而请求做法官,这似乎有道理,因为可以向齐王进言。可现在你已经做了好几个月的法官了,还不能向齐王进言吗?"

蚳鼃向齐王进谏,齐王不听,蚳鼃因此辞职而去。齐国人说:"孟子为蚳鼃的考虑倒是有道理,但是他怎样替自己考虑呢?我们就不知道了。"

公都子把齐国人的议论告诉了孟子。

孟子说:"我听说过:有官位的人,如果无法尽其职责就应该辞官不干;有进言责任的人,如果进言不听,计不从,就应该辞职不干。至于我,既无官位,又无进言的责任,那我的进退去留,岂不是非常宽松而有自由的回旋余地吗?"

【原文】

孟子为卿于齐,出吊于滕,王使盖大夫王骥为辅行。王骥朝暮见,反齐、滕之路,未尝与之言行事也。

公孙丑曰:"齐卿之位,不为小矣;齐、滕之路,不为近矣,反之而未尝与言行事,何也?"

曰:"夫既或治之,予何言哉?"

【译文】

孟子在齐国担任国卿,受命到滕国吊丧,齐王派盖地的长官王骥为孟子的副使。王骥早晚与孟子相见,一起往返于齐国至滕国的路

上,孟子却从来没有与他商量过怎样办理公事。

公孙丑说:"王驩作为齐国国卿的职位不算小了,从齐国到滕国的路程也不算近了,但往返途中未曾与他谈过公事,这是为什么呢?"

孟子说:"他既然已经自作主张办事了,我还有什么话可说呢?"

【原文】

孟子自齐葬于鲁①,反于齐,止于嬴②。

充虞③请曰:"前日不知虞之不肖,使虞敦匠事④。严⑤,虞不敢请。今愿窃有请也:木若以⑥美然。"

曰:"古者棺椁无度⑦,中古⑧棺七寸,椁称之。自天子达于庶人,非直为观美也,然后尽于人心。不得⑨,不可以为悦;无财,不可以为悦。得之为⑩有财,古之人皆用之,吾何为独不然?且比⑪化者⑫无使土亲肤,于人心独无恔⑬乎?吾闻之也:君子不以天下俭其亲。"

【注释】

① 自齐葬于鲁:孟子在齐国时,随行的母亲去世,孟子从齐国把母亲的遗体送回鲁国安葬。

② 嬴:地名,故城在今山东莱芜西北。

③ 充虞:孟子的学生。

④ 敦:治,管。匠事:木匠制作棺材的事。

⑤ 严:急,忙。

⑥ 以:太。

⑦ 棺椁(guǒ)无度:古代棺材分内外两层,内层叫棺,外层的套棺叫椁。棺椁无度是说棺与椁都没有固定的尺寸规定。

⑧ 中古：指周公治礼以后的时代。

⑨ 不得：指礼制规定所不允许。

⑩ 为：这里是"与"的意思。

⑪ 比(bì)：为了。

⑫ 化者：死者。

⑬ 恔(xiào)：快慰，满足。

【译文】

孟子从齐国到鲁国安葬母亲后返回齐国，住在嬴县。

学生充虞请教说："前些日子承蒙老师您不嫌弃我，让我管理做棺椁的事。当时大家都很忙碌，我不敢来请教。现在我想把心里的疑问提出来请教老师：棺木似乎太好了一点吧！"

孟子回答说："上古对于棺椁用木的尺寸没有规定；中古时规定棺木厚七寸，椁木以与棺木的厚度相称为准。从天子到老百姓，讲究棺木的品质并非仅仅为了美观，而是因为要这样才能尽到孝心。为礼制所限不能用上等木料做棺椁，不能够称心；没有钱不能用上等木料做棺椁，也不能够称心。既为礼制所允许，又有财力，古人都会这么做，我又怎么不可以呢？况且，这样做不过是为了不让泥土沾上死者的尸体，难道孝子之心就不可以有这样一点满足吗？我听说过：君子不因为天下大事而节省应该用在父母身上的钱财。"

【原文】

沈同①以其私问曰："燕可伐与？"

孟子曰："可。子哙不得与人燕，子之不得受燕于子哙②。有仕③于此，而子悦之，不告于王而私与之吾子之禄爵；夫士也，亦无王命而私受之于子，则可乎？何以异于是？"

齐人伐燕。

或问曰："劝齐伐燕，有诸？"

曰："未也。沈同问'燕可伐与'，吾应之曰'可'，彼然而伐之也。彼如曰：'孰可以伐之？'则将应之曰：'为天吏，则可以伐之。'今有杀人者，或问之曰：'人可杀与？'则将应之曰：'可。'彼如曰：'孰可以杀之？'则将应之曰：'为士师，则可以杀之。'今以燕伐燕，何为劝之哉？"

【注释】

① 沈同：齐国大臣。

② 其事参见《梁惠王下》第十、十一章及本篇下一章。

③ 仕：同"士"。

【译文】

沈同以个人名义问道："燕国可以讨伐吗？"

孟子说："可以。子哙不得把燕国让给别人，子之不得从子哙那里接受燕国。比方说，这里有个士人，您喜欢他，就不禀告君王而私自把自己的俸禄、爵位让给他，那个士人也不经君王同意，私自从您那里接受俸禄和爵位，这样行吗？（子哙）让君位的事，与这有什么两样？"

齐国攻打燕国。

有人问道："（您）鼓励齐国攻打燕国，有这回事吗？"

孟子说："没有。沈同问'燕国可以征伐吗？'我答复他说'可以'，他们认为这个说法对，便去征伐燕国。他如果问'谁能去征伐燕国？'那我将答复他说：'奉了上天使命的人才可以去征伐。'就好比这里有个杀人犯，如果有人问我：'这个人该杀吗？'我就回答说：'可以。'他如果再问：'谁可以去杀这个杀人犯？'那我就会回答他：'做法官的才可以杀他。'现在，让一个跟燕国一样无道的国家去征伐燕国，我为什么要鼓励它呢？"

燕人畔。王曰："吾甚惭于孟子①。"

陈贾②曰："王无患焉。王自以为与周公孰仁且智？"

王曰："恶！是何言也！"

曰："周公使管叔监殷，管叔以殷畔③。知而使之，是不仁也；不知而使之，是不智也。仁智，周公未之尽也，而况于王乎？贾请见而解之。"

见孟子，问曰："周公何人也？"

曰："古圣人也。"

曰："使管叔监殷，管叔以殷畔也，有诸？"

曰："然。"

曰："周公知其将畔而使之与？"

曰："不知也。"

"然则圣人且有过与？"

曰："周公，弟也；管叔，兄也。周公之过，不亦宜乎？且古之君子，过则改之；今之君子，过则顺之。古之君子，其过也，如日月之食，民皆见之；及其更也，民皆仰之。今之君子，岂徒顺之，又从为之辞。"

【注释】

① 齐国占领燕国时，孟子曾向齐宣王提出，为燕立一君主而后撤离，齐王不听。两年内，燕人不服；赵国等诸侯国也反对齐吞并

燕,怕齐国因此而变得更强大,于是立燕昭王,燕人拥护,迫使齐军败退撤回。

②陈贾:齐国大夫。

③周武王灭商后,封纣王之子武庚于其旧都,派其弟管叔、蔡叔、霍叔去监视殷的遗民。武王死后,成王幼,周公执政,管叔等和武庚反叛,后周公平定了叛乱。

【译文】

燕国人反抗(齐国的占领)。齐王说:"对孟子我感到很惭愧。"

陈贾说:"大王不必发愁。大王如果在仁和智方面与周公相比较,自己觉得谁强一些?"

齐王说:"哎!这是什么话!"

陈贾说:"周公派管叔去监察殷人,管叔却带着殷人叛乱。(如果周公)知道他会反叛还派他去,这是不仁;如果不知道他会反叛而派他去,这是不智。仁和智,周公还未能完全具备,何况您大王呢?请允许我见到孟子时向他做些解释。"

陈贾见到孟子,问道:"周公是怎样一个人?"

孟子说:"古代的圣人。"

陈贾说:"他派管叔监察殷人,管叔却带着殷人叛乱,有这回事吗?"

孟子说:"是这样。"

陈贾说:"周公是知道他会反叛而派他去的吗?"

孟子说:"(周公)不知道。"

"既然这样,那么(岂不是)圣人也会有过错吗?"

孟子说:"周公是弟弟,管叔是哥哥,(谁能料到哥哥会背叛呢?)周公的过错,不也是情有可原的吗?况且,古代的君子,犯了过错就改正;现在的君子,犯了过错却照样犯下去。古代的君子,他的过错就像日食、月食一样，人民都能看到；等他改正后，人民都仰望着他。现在的君子，岂止是坚持错误，竟还为错误做辩解。"

【原文】

孟子致为臣而归。王就见孟子，曰："前日愿见而不可得，得侍同朝，甚喜；今又弃寡人而归，不识可以继此而得见乎？"

对曰："不敢请耳，固所愿也。"

他日，王谓时子①曰："我欲中国而授孟子室，养弟子以万钟②，使诸大夫国人皆有所矜式。子盍为我言之？"

时子因陈子③而以告孟子，陈子以时子之言告孟子。

孟子曰："然，夫时子恶知其不可也？如使予欲富，辞十万而受万，是为欲富乎？季孙④曰：'异哉子叔疑⑤！使己为政，不用，则亦已矣，又使其子弟为卿。人亦孰不欲富贵？而独于富贵之中有私龙断焉。'古之为市也，以其所有易其所无者，有司者治之耳。有贱丈夫焉，必求龙断而登之，以左右望，而罔市利。人皆以为贱，故从而征之。征商自此贱丈夫始矣。"

【注释】

① 时子：齐国大夫。

② 钟：古代容量单位，一钟合古代的六石四斗。

③ 陈子：即陈臻，孟子弟子。

④ 季孙：人名，事迹不详。

⑤ 子叔疑：人名，事迹不详。

【译文】

孟子辞掉齐国的官职要回乡。齐王到孟子住处去见他，说："过去想见您而不可能，(后来)能在一个朝廷里共事，我非常高兴；现在您要撇下我回去了,不知今后还能见到您吗?"

孟子回答道:"我不敢要求(与大王相见)罢了,这本来就是我所希望的。"

过后的某一天,齐王对时子说:"我打算在都城里给孟子一所房屋,用一万钟粮食供养他的弟子,让大夫和百姓都有个效法的榜样。你何不替我去对孟子谈谈这件事呢?"

时子透过陈子把(齐王的打算)告诉给孟子,陈子就把时子的话告诉了孟子。

孟子说:"是啊,时子哪知道这件事是不能做的呢? 如果我想富,辞掉了十万钟的俸禄却来接受这一万钟的赏赐,这是想要富吗? 季孙说:'真奇怪啊! 子叔疑这个人! 想让自己做官,没被任用,那也就算了,却又叫他的子弟去做卿。人们谁不想富贵? 而偏偏在富贵之中有人想独自垄断。'古时候做买卖,是拿自己所有的东西交换所没有的东西,有关部门的官吏管理这种事罢了。有个品格下贱的汉子,总要找块高地登上去,用来左右张望,(企图)把市集贸易的好处都捞到。人人都认为他卑鄙,于是就对他征税。对商人征税就是从这个汉子开始的。"

【原文】

孟子去齐,宿于昼①。有欲为王留行者,坐而言。不应,隐几而卧。

客不悦曰:"弟子齐②宿而后敢言,夫子卧而不听,请勿复敢见矣。"

曰:"坐! 我明语子。昔者鲁缪公无人乎子思之侧,则不能安子思③;泄柳、申详无人乎缪公之侧,则不能安其身④。子为长者虑,而不及子思。子绝长者乎? 长者绝子乎?"

【注释】

① 昼:齐国邑名,在今山东临淄附近。

② 齐:同"斋",斋戒。古人在有重大事情前的一日,沐浴更衣,不饮酒,不吃荤,以示诚敬,称斋戒。

③ 缪同"穆",即鲁穆公,是鲁国国君,名显,公元前 409 年—前 377 年在位。子思,名孔伋,孔子之孙。鲁缪公尊敬子思,常派人在子思身边伺候致意,使子思安心。

④ 泄柳、申详:同为鲁缪公时贤人。泄柳亦称子柳;申详,孔子弟子子张之子。他们二人认为,如果没有贤者在左右维护君主,自身就感到不安。

【译文】

孟子离开齐国,在昼邑宿夜。有个想为齐王挽留孟子的人,恭敬地坐着跟孟子说话。孟子不搭理他,靠着小桌子打盹。

客人不高兴地说:"我先斋戒了一天,然后才敢来与您说话,您却睡觉不听我说,今后再不敢来见您了。"(说完,起身要走。)

孟子说:"坐下,我明白地告诉你,从前,鲁缪公要是没有人在子思身边(伺候致意),就不能使子思安心留下;要是泄柳、申详没有贤人在鲁缪公身边,就不能使自己(在鲁国)安心。你替我这个长辈着想,却想不到为子思考虑的那些贤人。(光劝我留下而不去劝齐王改变态度,)这是你跟我这个长辈绝情呢? 还是让我这个长辈跟你绝情呢?"

【原文】

孟子去齐。尹士①语人曰:"不识王之不可以为汤武,则是不明也;识其不可,然且至,则是干②泽也。千里而见王,不遇故去,三宿而后出昼,是何濡滞也? 士则兹不悦。"

高子③以告。

曰:"夫尹士恶知予哉？千里而见王,是予所欲也;不遇故去,岂予所欲哉？予不得已也。予三宿而出昼,于予心犹以为速,王庶几改之,王如改诸,则必反予。夫出昼,而王不予追也,予然后浩然有归志。予虽然,岂舍王哉？王由足用为善。王如用予,则岂徒齐民安,天下之民举安。王庶几改之! 予日望之! 予岂若是小丈夫然哉？谏于其君而不受,则怒,悻悻然见于其面,去则穷日之力而后宿哉？"

尹士闻之,曰:"士诚小人也。"

【注释】

① 尹士:齐国人。

② 干:求。

③ 高子:齐国人,孟子弟子。

【译文】

孟子离开齐国。尹士对人说:"不知道齐王不能成为商汤、周武王那样的君主,那就是不明智;知道齐王不可能,然而还是到齐国来,那就是为着来求好处。不远千里地来见齐王,不相投合而离开,在昼邑住了三夜才走,为什么这样滞留迟缓呢？我对(孟子)这一点很不高兴。"

高子把这番话告诉了孟子。

孟子说:"那尹士哪会懂得我(的想法)呢？千里迢迢来见齐王,这是我自己愿意的;不相投合而离开,难道也是我希望的吗？我是不得已罢了。我住了三夜才离开昼邑,在我心里还觉得太快了,(心想)齐王或许会改变态度的,齐王如果改变了态度,一定会召我回去。(等到)离开了昼邑,齐王没有(派人)追我回去,我这才毅然下定决心回老家去。我虽然这么做了,难道肯舍弃齐王吗?齐王还是完全可以行善政的。齐王如果任用我,那岂止是齐国的百姓得到安宁,天下的百姓都能得到安宁。齐王或许会改变态度的!我天天期望着他能改变!我难道像那种气度狭小的人吗?向君主进谏不被接受,就怒气冲冲,脸上显露出不满的表情,离开时就非得拼尽一天的气力赶路,然后才歇宿吗?"

尹士听了这话,说:"我真是个小人啊!"

孟子去齐,充虞①路问曰:"夫子若有不豫色然。前日虞闻诸夫子曰:'君子不怨天,不尤人。'②"

曰:"彼一时,此一时也。五百年必有王者兴,其间必有名世者。由周而来,七百有余岁矣。以其数,则过矣;以其时考之,则可矣。夫天未欲平治天下也,如欲平治天下,当今之世,舍我其谁也?吾何为不豫哉?"

【注释】

① 充虞:孟子弟子。

② 此句是孔子之语,见《论语·宪问》。

【译文】

孟子离开齐国,充虞在路上问道:"老师似乎有些不愉快的样子。以前我听您说过:'君子不抱怨天,不责怪人。'"

孟子说:"那是一个时候,现在又是一个时候。每过五百年必定会有圣王出现,这期间也必定会有闻名于世的贤才。从周以来,已经七百多年了。按年数说,已经超过了;按时势来考察,该出现圣君贤臣了。上天还不想让天下太平罢了,如果想让天下太平,在当今这个时代,除了我,还有谁(能担当这个重任)呢? 我为什么不愉快呢?"

【原文】

孟子去齐,居休①。公孙丑问曰:"仕而不受禄,古之道乎?"

曰:"非也。于崇②,吾得见王,退而有去志,不欲变,故不受也。继而有师命,不可以请。久于齐,非我志也。"

【注释】

① 休:地名,在今山东滕县北部,距孟子家约百里。

② 崇:地名,不可考。

【译文】

孟子离开齐国,停在休地。公孙丑问道:"做了官却不接受俸禄,这是古代的规矩吗?"

孟子回答道:"不是的。在崇地,我见到了齐王,回来后就有了离开齐国的想法,我不想改变(这个想法),所以不接受(俸禄)。接着齐国有战事,不便请求离开。长时间待在齐国,不是我的意愿。"

【故事】

诸葛亮七擒孟获有道义

刘备是一个很讲义气的人,公元221年7月,他率领军队征伐东吴,为好兄弟关羽报仇。因为准备不充分,行动仓促,身边也缺少有力的干将,于公元222年7月败北,退到永安修养生息。在永安,刘备的病一天比一天重,他知道自己的日子不多了,于是把诸葛亮从成都召到了永安,嘱咐完后事没多久就死了。诸葛亮赶紧回到了成都,扶助刘禅继承了帝位,历史上称为蜀汉后主。刘禅虽然当了皇帝,但朝廷的大小事都由诸葛亮来决定。诸葛亮治理国家兢兢业业,目的是想使蜀汉兴盛起来,这也是先主刘备的最大愿望。

蜀国统治的地区位于中国的西南一方,当地有很多少数民族。刘备在位时期,他们归服于蜀;听说刘备死了,南中地区的几个郡就起来闹事了。当时有一个叫雍闿的人,是益州郡的豪强。他发动了叛变,杀死了益州太守,投靠蜀国的对手吴国,又拉拢了另一个少数民族的首领孟获,蛊惑他联络西南一些部族起来造反。

当时的情势较为危急,蜀国一半的领土处于不稳定的状态。诸葛亮心急如焚,思前想后,认为首先要稳住自己的阵脚。在外交上,他主动与东吴讲和;在国内,他奖励生产,兴修水利,积蓄粮食,训练兵马。两三年之后,蜀国的局面已经稳定,诸葛亮决定出兵南征。

公元 225 年 3 月,诸葛亮率领大军出发。参军马谡一直送行了几十里地。在最后临别的时候,诸葛亮诚恳地向他征求意见。马谡建议,对待南中的人应以攻心为上,攻城为下,只有让他们从内心敬服,才能够一劳永逸地征服那里。他的这番话正合诸葛亮的心意。

在征伐叛乱的初期,蜀军节节胜利,四个郡的叛乱很快就平定了。但是酋长孟获集聚了一些散兵游勇,继续与蜀国对抗。孟获并非等闲之辈,他骁勇善战,在当地各族民众中很有威望。对付这样的人,采取强硬的方式效果并不好。诸葛亮想起马谡说过的话,就决心让孟获归服于自己。为了达到这个目的,诸葛亮下令要活捉孟获,不许伤害他。

与孟获的军队交战,蜀军故意败退下来。孟获一看蜀军也不过如此,于是就仗着人多一股劲向前冲,结果中了蜀军的埋伏。孟获的军队被打得四处逃散,孟获也被俘虏了。

孟获刚一被押进蜀军的大营,诸葛亮就叫人给他松绑,并好言规劝他归服蜀国。孟获对这次交战的结果很不服气,说:"我这次输了,是因为不小心中了你们的计。"诸葛亮看他不服输,就陪他在军营外转了一圈,让孟获看看蜀军的军营和阵容。

看完之后,诸葛亮问他:"你觉得我们的军队怎么样?"

孟获说:"以前没有弄清虚实就与你们打仗,结果败了。承蒙你让我看了你们的军队,也不过如此,打赢你们不成问题。"

诸葛亮笑道:"既然你不服气,你就回去,好好准备一下,择日再战。"

孟获回到自己的部落重整旗鼓,但他是一个有勇少谋之人,所以第二回又被蜀军捉住了。然后又有第三回、第四回……捉了放,放了捉,如此这般,一直到了第七次。

孟获第七次被捉住的时候,诸葛亮还要放他走,这次孟获却再也不愿走了。他被诸葛丞相的诚意所打动,流着眼泪说:"丞相七擒七纵,待我仁至义尽。我从心底里敬服,今后再也不敢造反了。"回去之后,孟获不但不造反,还说服了其他部落的人一起归服蜀汉。

诸葛亮让孟获和各部落的首领照旧管理他们原来的地区。有人不理解,就问他:"征服南中地区多不容易啊! 为什么朝廷不派官吏来,而让这些头领来管理呢?"

诸葛亮说:"如果我们派官吏来管理,不但没有好处,而且非常不方便。要派官,就要在当地驻扎军队。刚刚打完仗,当地需要休养生息,减少不必要的负担。让各部落自己管理自己,汉人与他们平安相处,不是非常好吗?"诸葛亮的一番话让众人敬佩不已。

安排妥当之后,诸葛亮率领蜀军回到成都。七擒孟获让诸葛亮很好地稳住了自己的大后方。自此,诸葛亮广积财富,训练军队,准备大举北伐。

【评论】

诸葛亮是一个奇才,他上知天文,下晓地理,熟悉兵法,用兵如神,有安邦治国的雄才大略。他与孟获打仗的故事告诉我们:以德服人,才能真正让人心服;以力服人,必有后患。七擒孟获的事是不是民间传说不重要,重要的是我们从中明白了一个道理:宽容待人,才能获得别人的真心。为人处事讲道义,结果自然会朝着最好的方向发展。

第五篇

滕文公（上）——心中要有善念

滕文公为世子^①，将之楚，过宋而见孟子。孟子道性善，言必称尧、舜。

世子自楚反，复见孟子。孟子曰："世子疑吾言乎？夫道一而已矣。成覸^②谓齐景公曰：'彼，丈夫也；我，丈夫也；吾何畏彼哉？'颜渊曰：'舜，何人也？予，何人也？有为者亦若是。'公明仪^③曰：'文王，我师也；周公岂欺我哉？'今滕，绝长补短，将五十里也，犹可以为善国。《书》^④曰：'若药不瞑眩，厥疾不瘳^⑤。'"

【注释】

① 世子：即太子，天子或诸侯的嫡长子。

② 成覸(gàn)：齐国勇士。

③ 公明仪：曾参弟子。

④《书》：伪古文《尚书》之《说命》上篇。

⑤ 瘳(chōu)：病痊愈。

【译文】

滕文公做太子时，(有一次)到楚国去，路过宋国时会见了孟子。孟子给他讲人性天生善良的道理，句句都要提到尧、舜。

太子从楚国返回，又来见孟子。孟子说："太子怀疑我的话吗？道理就这么一个罢了。成覸对齐景公说：'他是个大丈夫；我也是个大丈夫。我怕他什么呢？'颜渊说：'舜是什么样的人？我是什么样的人？(但是)有作为的人也能像他这样。'公明仪说：'文王是我的老师；(说这话的)周公难道会欺骗我吗？'现在滕国的土地，如果截长补短，将近五十里见方，仍然可以治理成一个好国家。《尚书》上说：'如果药力不能使病人头晕目眩，那病是治不好的。'"

【原文】

滕定公①薨②。世子谓然友③曰："昔者孟子尝与我言于宋,于心终不忘。今也不幸至于大故④,吾欲使子问于孟子,然后行事。"

然友之邹问于孟子。

孟子曰："不亦善乎! 亲丧,固所自尽⑤也。曾子曰:'生,事之以礼;死,葬之以礼,祭之以礼,可谓孝矣⑥。'诸侯之礼,吾未之学也;虽然,吾尝闻之矣。三年之丧⑦,齐疏之服⑧,饘粥⑨之食,自天子达于庶人,三代共之。"

然友反命,定为三年之丧。父兄百官皆不欲,曰："吾宗国⑩鲁先君莫之行,吾先君亦莫之行也,至于子之身而反之,不可。且《志》⑪曰:'丧祭从先祖。'"曰："吾有所受之也。"

谓然友曰："吾他日未尝学问,好驰马试剑。今也父兄百官不我足也,恐其不能尽于大事。子为我问孟子!"

然友复之邹问孟子。

孟子曰："然。不可以他求者也。孔子曰:'君薨,听于冢宰⑫。歠⑬粥,面深墨,即位而哭,百官有司莫敢不哀,先之也。上有好者,下必有甚焉者矣。君子之德,风也;小人之德,草也。草尚之风,必偃⑭。'是在世子。"

然友反命。

世子曰："然。是诚在我。"

五月居庐⑮,未有命戒。百官族人可,谓曰知。及至葬,四方来观之,颜色之戚,哭泣之哀,吊者大悦。

【注释】

① 滕定公:滕文公的父亲。

② 薨(hōng)：死。古代称诸侯王死叫"薨"，唐朝以后用于指二品以上官员的死。

③ 然友：人名，太子的老师。

④ 大故：重大的事故，指大丧、凶灾之类。

⑤ 自尽：尽自己最大的心力。

⑥ 曾子曰：这几句话在《论语·为政》中是孔子对樊迟说的。

⑦ 三年之丧：指子女为父母、臣下为君主守孝三年。

⑧ 齐(zī)疏之服：用粗布做的缝边的丧服。齐，指衣服缝边。古代的丧服叫作衰(cuī)，不缝衣边的叫"斩衰"，缝衣边的叫"齐衰"。

⑨ 饘(zhān)粥：饘，指稠的粥；粥，指稀的粥。这里是偏义复词，指稀粥。

⑩ 宗国：鲁、滕诸国的始封祖都是周文王的儿子，而周公封鲁，于行辈较长，所以其余姬姓诸国都以鲁为宗国。

⑪ 《志》：记国家世系等的一种书。

⑫ 冢宰：官名。在君王居丧期间代理朝政。

⑬ 歠(chuò)：饮。

⑭ 君子之德……必偃：这几句出自《论语·颜渊》篇孔子的话。"尚"与"上"同；偃，倒下。

⑮ 五月居庐：居住在丧庐中五个月。

【译文】

滕定公死了，太子对老师然友说："上次在宋国的时候孟子和我谈了许多，我记在心里久久不忘。今天不幸父亲去世，我想请您先去请教孟子，然后再办丧事。"

然友便到邹国去向孟子请教。

孟子说："好得很啊！父母的丧事本来就应该尽心竭力。曾子说：'父母活着的时候，依照礼节侍奉他们；父母去世，依照礼节安葬他们，依照礼节祭祀他们，就可以叫作孝了。'诸侯的礼节，我不曾专门学过，但也听说过。三年的丧期，穿着粗布做的孝服，喝稀粥，从天子一直到百姓，夏、商、周三代都是这样的。"

然友回国报告了太子，太子便决定实行三年的丧礼。滕国的父老官吏都不愿意。他们说："我们的宗国鲁国的历代君主没有这样实行过，我们自己的历代祖先也没有这样实行过，到了您这一代便改变祖先的做法，这是不应该的。而且《志》上说过：'丧礼、祭祖一律依照祖先的规矩。'"他们还说："道理就在于我们是有所根据的。"

太子对然友说："我过去不曾做过什么学问，只喜欢跑马舞剑。现在父老官吏们都对我实行三年丧礼不满，恐怕我处理不好这件大事，请你再去替我问问孟子吧！"

然友再次到邹国请教孟子。

孟子说："要这样做，但这是不能强求别人的。孔子说过：'君王死了，太子把一切政务都交给冢宰代理，自己每天喝稀粥，脸色深黑，临孝子之位便哭泣，大小官吏没有谁敢不悲哀。这是因为太子带了头。上面的人爱好什么，下面的人一定爱好得更厉害。领导人的德行是风，老百姓的德行是草。草受风吹，必然随风倒。'所以，这件事完全取决于太子。"

然友回国报告了太子。

太子说："是啊，这件事确实取决于我。"

于是太子在丧庐中住了五个月，没有颁布过任何命令和禁令。大小官吏和同族的人都很赞成，认为太子知礼。等到下葬的那一天，四面八方的人都来观看，太子面容的悲伤、哭泣的哀痛，使前来吊丧的人都非常满意。

滕文公问为国。

孟子曰："民事不可缓也。《诗》云：'昼尔于茅，宵尔索绹；亟其乘屋，其始播百谷①。'民之为道也，有恒产者有恒心，无恒产者无恒心。苟无恒心，放辟邪侈，无不为已。及陷于罪，然后从而刑之，是罔民也。焉有仁人在位罔民而可为也？是故贤君必恭俭礼下，取于民有制。阳虎②曰：'为富不仁矣，为仁不富矣。'"

"夏后氏五十而贡，殷人七十而助，周人百亩而彻，其实皆什一也。彻者，彻也③；助者，藉也④。龙子⑤曰：'治地莫善于助，莫不善于贡。'贡者，校数岁之中以为常。乐岁，粒米狼戾，多取之而不为虐，则寡取之；凶年，粪⑥其田而不足，则必取盈焉。为民父母，使民盼盼然，将终岁勤动，不得以养其父母，又称贷而益之，使老稚转乎沟壑，恶在其为民父母也？夫世禄，滕固行之矣。《诗》云：'雨我公田，遂及我私⑦。'惟助为有公田。由此观之，虽周亦助也。"

"设为庠、序、学、校以教之。庠者，养也；校者，教也；序者，射也。夏曰校，殷曰序，周曰庠，学则三代共之，皆所以明人伦也。人伦明于上，小民亲于下。有王者起，必来取法，是为王者师也。《诗》云：'周虽旧邦，其命惟新⑧。'文王之谓也。子力行之，亦以新子之国。"

使毕战问井地⑨。

孟子曰："子之君将行仁政，选择而使子，子必勉之！夫仁政，必自经界始。经界不正，井地不钧，谷禄不平，是故暴君污吏必慢其经界。经界既正，分田制禄可坐而定也。"

"夫滕,壤地褊小,将为君子焉,将为野人焉。无君子,莫治野人;无野人,莫养君子。请野九一而助,国中什一使自赋。卿以下必有圭田,圭田五十亩,余夫二十五亩。死徙无出乡,乡田同井,出入相友,守望相助,疾病相扶持,则百姓亲睦。方里而井,井九百亩,其中为公田。八家皆私百亩,同养公田;公事毕,然后敢治私事,所以别野人也。此其大略也;若夫润泽之,则在君与子矣。"

【注释】

① 以上四句出自《诗经·豳风·七月》。

② 阳虎:又作阳货,春秋末鲁国大夫季氏的家臣。

③ 彻者,彻也:彻,通也。是说这种税制在周是天下通行的税制。

④ 助者,藉也:藉,借也。意思是借助民力来耕种公田。

⑤ 龙子:古代贤人。

⑥ 粪:扫除。

⑦ 以上两句出自《诗经·小雅·大田》。

⑧ 以上两句出自《诗经·大雅·文王》。

⑨ 毕战:滕国的臣子。井地:即井田,相传为古代奴隶社会的一种土地制度。以方九百亩的土地作为一个单位,划成九区,中间一百亩为公田,八家各受私田百亩,同养公田。因形如井字,故名。参见下文所述。

【译文】

滕文公问怎样治理国家。

孟子说:"治理百姓的事是不能松劲的。《诗经》上说:'白天去割茅草,晚上把绳搓好;赶紧上房修屋,就要播种百谷。'老百姓中形成这样一条准则,有固定产业的人会有稳定不变的思想,没有固定产业的就不会有稳定不变的思想。如果没有稳定不变的思想,那么违礼犯法、为非作歹的事,就没有不去做的了。等到他们陷入犯罪的泥坑,然后便用刑罚处置他们,这就像是布下罗网陷害百姓。哪有仁人做了君主却做陷害百姓的事的呢?所以贤明的君主必定要恭敬、节俭,以礼对待臣下,向百姓征收赋税有一定的制度。阳虎曾说:'要发财就顾不上仁爱,要仁爱就不能发财。'"

"夏朝每户五十亩地,赋税采用'贡'法;商朝每户七十亩地,赋税采用'助'法;周朝每户一百亩地,赋税采用'彻'法。其实税率都是十分抽一。'彻'是'通'的意思,'助'是'藉'的意思。龙子说:'管理土地的税法,没有比助法更好的,没有比贡法更差的。'贡法是比较若干年的收成,取平均数作为常数,按常数收税。丰年,粮食多得狼藉满地,多征些粮不算暴虐,(相对说来)贡法却征收得少;荒年,即使把落在田里的粮粒扫起来凑数,也不够缴税的,而贡法却非要足数征收。(国君)作为百姓的父母,却使百姓一年到头劳累不堪,结果还不能养活父母,还得靠借贷来补足赋税,使得老人孩子四处流亡,死在沟壑,(这样的国君)哪能算是百姓的父母呢?做官的世代享受俸禄,滕国本来就实行了,(何不再实行助法,使百姓也得到好处呢?)《诗经》上说:'雨下到我们的公田里,于是也下到我们的私田里。'只有助法才有公田。由此看来,就是周朝也实行助法的。"

"要设立庠、序、学、校来教导百姓。'庠'是教养的意思;'校'是教导的意思;'序'是习射的意思。(地方学校,)夏朝称'校',商朝称'序',周朝称'庠';'学'(是中央的学校),三代共用这个名称。(这些学校)都是用来教人懂得伦理关系的。在上位的人明白了伦理关系,百姓在下自然就会相亲相爱。(您要这么做了,)如果有圣王出现,必然会来效法的,这样就成了圣王的老师了。《诗经》上说:'歧周

101

虽是古老的诸侯国，却新接受了天命。'这讲是的文王。您努力实行吧！也以此来使您的国家面貌一新。"

（滕文公）派毕战来问井田的问题。

孟子说："您的国君打算施行仁政，选派你（到我这里来），你一定要努力啊！行仁政，一定要从划分、确定田界开始。田界不正，井田（的面积）就不均，作为俸禄的田租收入就不公平，因此暴君、污吏必定会弄乱田地的界限。田界划分正确了，那么分配井田，制订俸禄标准，就可轻而易举地办妥了。"

"滕国虽然土地狭小，但也要有人做君子，也要有人做农夫。没有（做官的）君子，就没有人来治理农夫；没有农夫，就没有人来供养君子。请考虑在农村实行九分抽一的助法，在都市自行缴纳十分抽一的赋税。卿以下（的官吏）一定要有可供祭祀费用的五十亩田，对家中未成年的男子，另给二十五亩。（百姓）丧葬迁居都不离乡。乡里土地在同一井田的各家，出入相互结伴，守卫防盗相互帮助，有病相互照顾，那么百姓之间就亲近和睦。一里见方的土地定为一方井田，每一井田九百亩地，中间一块是公田。八家都有一百亩私田，（首先）共同耕作公田；公田农事完毕，才敢忙私田上的农活，这就是使君子和农夫有所区别的办法。这是井田制的大概情况；至于如何改进完善，那就在于你的国君和你（的努力）了。"

【原文】

有为神农之言者许行[1]，自楚之滕，踵门而告文公曰："远方之人闻君行仁政，愿受一廛而为氓。"

文公与之处。其徒数十人，皆衣褐，捆屦织席以为食。

陈良②之徒陈相与其弟辛,负耒耜③而自宋之滕,曰:"闻君行圣人之政,是亦圣人也,愿为圣人氓。"

　　陈相见许行而大悦,尽弃其学而学焉。

　　陈相见孟子,道许行之言曰:"滕君则诚贤君也;虽然,未闻道也。贤者与民并耕而食,饔飧④而治。今也,滕有仓廪府库,则是厉民而以自养也,恶得贤?"

　　孟子曰:"许子必种粟而后食乎?"

　　曰:"然。"

　　"许子必织布而后衣乎?"

　　曰:"否,许子衣褐。"

　　"许子冠乎?"

　　曰:"冠。"

　　曰:"奚冠?"

　　曰:"冠素。"

　　曰:"自织之与?"

　　曰:"否,以粟易之。"

　　曰:"许子奚为不自织?"

　　曰:"害于耕。"

　　曰:"许子以釜甑爨⑤,以铁耕乎?"

　　曰:"然。"

　　"自为之与?"

　　曰:"否,以粟易之。"

　　"以粟易械器者,不为厉陶冶;陶冶亦以其械器易粟者,岂为厉农夫哉?且许子何不为陶冶,舍皆取诸其宫中而用之?何为纷纷然与百工交易?何许子之不惮烦?"

曰："百工之事，固不可耕且为也。"

"然则治天下独可耕且为与？有大人之事，有小人之事。且一人之身而百工之所为备，如必自为而后用之，是率天下而路也。故曰：或劳心，或劳力。劳心者治人，劳力者治于人；治于人者食人，治人者食于人。天下之通义也。"

"当尧之时，天下犹未平，洪水横流，氾滥于天下，草木畅茂，禽兽繁殖，五谷不登，禽兽偪人，兽蹄鸟迹之道，交于中国。尧独忧之，举舜而敷治焉。舜使益⑥掌火，益烈山泽而焚之，禽兽逃匿。禹疏九河，瀹济、漯而注诸海；决汝、汉，排淮、泗而注之江。然后中国可得而食也。当是时也，禹八年于外，三过其门而不入，虽欲耕，得乎？"

"后稷⑦教民稼穑，树艺五谷；五谷熟而民人育。人之有道也：饱食、暖衣、逸居而无教，则近于禽兽。圣人有忧之，使契⑧为司徒，教以人伦——父子有亲，君臣有义，夫妇有别，长幼有叙，朋友有信。放勋⑨曰：'劳之来之，匡之直之，辅之翼之，使自得之，又从而振德之。'圣人之忧民如此，而暇耕乎？"

"尧以不得舜为己忧，舜以不得禹、皋陶⑩为己忧。夫以百亩之不易为己忧者，农夫也。分人以财谓之惠，教人以善谓之忠，为天下得人者谓之仁。是故以天下与人易，为天下得人难。孔子曰：'大哉，尧之为君！惟天为大，惟尧则之。荡荡乎，民无能名焉！君哉，舜也！巍巍乎，有天下而不与焉！'尧、舜之治天下，岂无所用其心哉？亦不用于耕耳。"

"吾闻用夏变夷者⑪，未闻变于夷者也。陈良，楚产也，悦周公、仲尼之道，北学于中国，北方之学者，未能或之先也，彼所谓豪杰之士也。子之兄弟事之数十年，师死而遂倍之。昔者，孔子没，三年之外，门人治任将归，入揖于子贡，相向而哭，皆失声，然后归。子贡反，筑室于场，独居三年，然后归。他日，子夏、子张、子游以有若似圣人，欲以所事孔子事之，强曾子。曾子曰：'不可。江、汉以濯之，秋阳⑫以暴之，皜皜乎不可尚已！'今也，南蛮鴃舌之人，非先王之道，子倍子之师而学之，亦异于曾子矣！吾闻'出于幽谷，迁于乔木'者，未闻下乔木而入于幽谷者。《鲁颂》曰：'戎狄是膺，荆舒是惩⑬。'周公方且膺之，子是之学，亦为不善变矣。"

"从许子之道，则市贾不贰，国中无伪；虽使五尺之童适市，莫之或欺。布帛长短同，则贾相若；麻缕丝絮轻重同，则贾相若；五谷多寡同，则贾相若；屦大小同，则贾相若。"

曰："夫物之不齐，物之情也。或相倍蓰，或相什百，或相千万。子比而同之，是乱天下也。巨屦小屦同贾，人岂为之哉？从许子之道，相率而为伪者也，恶能治国家？"

【注释】

① 神农：上古传说中的人物，相传他首先制造农具，教导人民种田。战国时，提倡重视农业的学派标榜自己奉行神农学说。许行：战国时农家学派的代表人物。

② 陈良：楚国的儒者。

③ 耒耜（lěi sì）：古代一种像犁的农具，木柄叫"耒"，犁头叫"耜"。

④ 饔飧（yōng sūn）：早饭叫"饔"，晚饭叫"飧"，这里用作动词，做饭。

⑤ 甑（zèng）：古代做饭用的一种陶器。爨（cuàn）：烧火做饭。

⑥ 益：舜的臣子。

⑦　后稷：古代周族的始祖，名弃。善于种植各种粮食作物，曾在尧、舜时代做农官，教民耕种。

⑧　契(xiè)：传说中商的始祖，曾任舜的司徒，掌管教化。

⑨　放勋：尧的名字。

⑩　皋陶(gāo yáo)：相传是舜时掌管刑法的官。

⑪　夏：指当时居住在中原地区的民族。夷：古代对东部各族的统称，这里泛指居住于中原地区以外的部族。

⑫　秋阳：秋天的太阳。周历比现在的农历早两个月，故"秋阳"相当于农历夏季的太阳。

⑬　以上两句出自《诗经·鲁颂·闷宫》。

【译文】

有一个奉行神农氏学说的人叫许行的，从楚国来到滕国，登门谒见滕文公，说："我这个远方来的人，听说您施行仁政，愿能得到一处住所，做您的百姓。"

文公给了他一处住所。他的门徒有几十个人，都穿粗麻布衣，靠编草鞋织席子为生。

陈良的弟子陈相和他的弟弟陈辛，背着农具从宋国来到滕国，（对滕文公）说："听说您施行圣人的政治，这样，您也就是圣人了，我愿做圣人的百姓。"

陈相见到许行后大为高兴，就完全抛弃了自己原来所学的东西，改向许行学习。

陈相见到了孟子，转述许行的话说："滕文公倒确实是贤明的君主；虽然如此，他还不懂得（贤君治国的）道理。贤君与人民一起耕作养活自己，一面烧火做饭，一面治理天下。现在，滕国有堆满粮食钱财的仓库，这是侵害百姓来供养自己，哪能称得上贤明呢？"

孟子问："许子一定是自己种了粮食才吃饭的吗？"

陈相说："是的。"

孟子问："许子一定是自己织了布才穿衣的吗？"

答道："不是，许子穿粗麻编织的衣服。"

孟子问："许子戴帽子吗？"

答道："戴的。"

孟子问："戴什么样的帽子？"

答道："戴生丝织的帽子。"

孟子问："自己织的吗？"

答道："不，用粮食换来的。"

孟子问："许子为什么不自己织呢？"

答道："会妨碍农活。"

孟子又问："许子用锅、甑烧饭，用铁农具耕田吗？"

答道："是的。"

孟子问："自己造的吗？"

答道："不是，用粮食换来的。"

孟子说："农夫拿粮食交换（生活、生产所需的）器具，不算是侵害陶工冶匠；陶工冶匠也拿他们的器具交换粮食，难道就是侵害了农夫利益了吗？再说，许子为什么不自己制陶冶铁，停止交换，样样东西都从自家屋里取来用？为什么要忙忙碌碌与各种工匠交换呢？为什么许子这样不怕麻烦呢？"

陈相答道："各种工匠的活计本来就不可能边耕作边做的。"

孟子说："既然是这样的道理，那么治理天下的事偏能边耕作边做吗？有官吏们的事，有小民们的事。再说一个人身上（所需的用品）要靠各种工匠来替他制备，如果一定要自己制作而后使用，这是导致天下的人疲于奔走。所以说，有些人动用心思，有些人动用体力。动用心思的人治理别人，动用体力的人被人治理；被人治理的人养活别人，治理人的人靠别人养活。这是天下通行的道理。"

"在尧的时代，天下还不太平，洪水横流，到处泛滥，草木遍地丛生，禽兽大量繁殖，庄稼没有收成，禽兽威逼人类，印满兽蹄鸟迹的道路遍布中原各地。尧为此独自忧虑，提拔舜来全面治理。舜派益掌管用火，益在山岗沼泽燃起大火，烧掉草木，禽兽逃窜躲藏。大禹疏通九条河道，治理济水、漯水，将它们导流入海；开通汝水、汉水，疏浚淮水、泗水，将它们导入长江。这样，中原百姓才能（耕种收获）吃到饭。在那时候，大禹八年在外，三次经过自己家的门口都没有进去，即使想亲自耕种，能办到吗？"

"后稷教人民各种农事，种植五谷；五谷成熟了，人民才能养育。人类生活的天性是吃饱、穿暖、安居，但没有教育，便与禽兽差不多。圣人又忧虑这件事，任命契担任司徒，把伦理道理教导人民——父子讲亲爱，君臣讲礼义，夫妇讲内外之别，长幼讲尊卑次序，朋友讲真诚守信。放勋说：'慰劳他们，纠正他们，帮助他们，使他们自得其所，随后引导他们给他们恩惠。'圣人为人民操心到这般程度，还有空闲耕作吗？"

"尧把得不到舜当作自己的忧虑，舜把得不到禹、皋陶当作自己的忧虑。把耕种不好百亩田地当作自己忧虑的，是农夫。把财物分给人叫惠，教人行善叫忠，为天下物色贤才叫仁。因此，把天下让给别人是容易的，为天下物色到贤才是困难的。孔子说：'尧作为君主真是伟大啊！只有天是伟大的，只有尧能效法天。（尧的功德）浩荡无边啊！人民简直无法用言语来形容！真是个好君主啊！帝舜！多么崇高啊！拥有天下却毫不利己！'尧、舜治理天下，难道是无所用心的吗？只是不用在耕作上罢了。"

"我只听说过用中原的文明去改变蛮夷的，没听说过被蛮夷改变的。陈良出生于楚国，爱好周公、孔子的学说，到北边的中原地区来学习，北方的学者没有人超过他的，他真称得上是杰出人物了。你们兄弟拜他为师几十年，老师一死就背叛了他。从前，孔子逝世，（弟子们服丧）三年后，收拾行李将要各自回去，走进子贡住处行礼告别，相对痛哭，泣不成声，这才回去。子贡又回到墓地，在祭场上搭了间房子，独居三年，然后才回家。后来的某一天，子夏、子张、子游认为有若像孔子，要用侍奉孔子的礼节侍奉有若，硬要曾子同意。曾子说：'不行！（老师的人品）如同经江汉之水洗涤过，盛夏的太阳曝晒过一般，洁白明亮得无人可以比得上！'现在，那个话语难听得像伯劳鸟叫似的南方蛮子，攻击先王之道，你却背叛自己的老师去向他学习，这跟曾子相差太远了。我听说'（鸟雀）从幽暗的山谷飞出来迁到高树上'，没听说从高树飞下来迁进幽暗山谷的。《诗经·鲁颂》上说：'征讨戎狄，惩罚荆舒。'周公尚且要防范楚国人，你却还向楚国人学习，也真是不懂得用中国来改变蛮夷的道理啊！"

陈相说："（如果）依照许子的学说实行，那么市场上物价就不会有两样，国中就没有弄虚作假的；哪怕叫小孩上市场（买东西），也不会有人欺骗他。布和绸长短相同，价钱就一样；麻线丝绵轻重相同，价钱就一样；各种粮食多少相同，价钱就一样；鞋子大小相同，价钱就一样。"

孟子说："物品千差万别，这是客观情形。（它们的价值）有的相差一倍、五倍，有的相差十倍、百倍，有的相差千倍、万倍。你把它们放在一起等同看待，这是扰乱天下罢了。做工粗糙的鞋与做工精细的鞋同一个价钱，人们难道还肯做（做工好的鞋）吗？依从了许子的主张，便会使大家一个跟着一个地做虚假欺骗的勾当，哪还能治理好国家？"

【原文】

墨者夷之因徐辟①而求见孟子。孟子曰:"吾固愿见,今吾尚病,病愈,我且往见,夷子不来。"

他日,又求见孟子。孟子曰:"吾今则可以见矣。不直,则道不见,我且直之。吾闻夷子墨者,墨之治丧也,以薄为其道也。夷子思以易天下,岂以为非是而不贵也? 然而夷子葬其亲厚,则是以所贱事亲也。"

徐子以告夷子。

夷子曰:"儒者之道,古之人若保赤子②,此言何谓也? 之则以为爱无差等,施由亲始。"

徐子以告孟子。

孟子曰:"夫夷子信以为人之亲其兄之子为若亲其邻之赤子乎? 彼有取尔也。赤子匍匐将入井,非赤子之罪也。且天之生物也,使之一本,而夷子二本故也。盖上世尝有不葬其亲者,其亲死,则举而委之于壑。他日过之,狐狸食之,蝇蚋姑嘬之。其颡有泚,睨而不视。夫泚也,非为人泚,中心达于面目,盖归反虆梩而掩之。掩之诚是也,则孝子仁人之掩其亲,亦必有道矣。"

徐子以告夷子。夷子怃然为间,曰:"命之矣。"

【注释】

① 墨者:墨家学派的人。墨家学派的创始人是墨翟。墨家主张"兼爱"、"尚贤""尚同"等,提倡"节用"、"节葬",反对"厚葬"。墨家学说反映了当时小生产者的利益。夷之:姓夷名之,其人已无考。徐辟:孟子弟子。

② "若保赤子"一语见于《尚书·康诰》。

【译文】

墨家学派的夷之通过徐辟求见孟子。孟子说："我本来愿意接见，可是现在我还病着，等病好了，我将去见他，夷子不必来。"

过了些日子，夷之又来求见孟子。孟子说："我现在可以接见他了。(不过,)说话不直接了当，道理就显现不出来，我直截了当地说吧！我听说夷子是墨家学者，墨家办理丧事是以薄葬作为原则的。夷子想用它来改变天下的习俗，岂不是认为不薄葬就不值得称道吗？然而夷子却厚葬了自己的父母，那是用他自己所鄙薄的方式来对待双亲了。"

徐辟把孟子的话告诉了夷子。

夷子说："按儒家的说法，古代的圣人(爱护百姓)就像爱护初生的婴儿，这句话什么意思呢？我认为是说，对人爱是不分差别等级的，只是施行起来是从自己的父母开始。"

徐辟又把这话转告给孟子。

孟子说："夷子真认为爱自己的侄子就像爱邻人的婴儿一样吗？他只抓住了这一点：婴儿在地上爬，就要掉进井里了，这不是婴儿的过错，(所以人人去救。他以为这就是爱不分差别等级。)再说天生万物，使它们只有一个本源，(人只有父母一个本源。)然而夷子(主张爱不分差别等级,)是他认为有两个本源的缘故。大概上古曾有个不安葬父母的人，父母死了，就抬走抛弃在山沟里。后来有一天路过那里，看见狐狸在啃他父母的尸体，苍蝇、蚊虫叮咬着尸体。那人额头上不禁冒出汗来，斜着眼不敢正视。那汗，不是流给人看的，而是内心的悔恨表露在脸上，因此他就回家拿来筐和锹把尸体掩埋了。掩埋尸体确实是对的，那么孝子仁人掩埋他们亡故的父母，也就必然有(讲究方式的)道理了。"

徐子把这番话转告给夷子。夷子怅惘了一会儿，说："我受到教诲了。"

【故事】

心中永存善意的郭林宗

东汉末年，特别是东汉末桓、灵二帝时期，皇帝昏庸无能，导致大权旁落，宦官专权。当时政局混乱，人民生活困苦。

就是在这样黑暗的时代，依然有一些人能够秉承人生的信条，始终心存善念。他们如莲花般"出淤泥而不染，濯清涟而不妖"。郭泰（128—169）就是这样的人，他字林宗，东汉太原介休（今属山西）人。

面对黑暗时局，一些有志之士与腐败的宦官集团进行了激烈的斗争。郭林宗是士人中的著名代表，也是太学生的主要首领之一。郭林宗与其他太学生一起，对当时的宦官专权、肆行无道的腐败朝政进行了大力鞭挞。他不愿意到腐败的朝廷当官，被当时的人称为"有道先生"。

在关心时局的同时，郭林宗还提携和帮助一些被称为"不仁"的人。当时有一个人叫左原，因为犯了法，被众人排斥，没人愿意与他交往。左原感到非常苦闷，到哪里都是一个人，很是孤独落寞。看到这样的情景，郭林宗用美酒佳肴款待他，并好言相劝，希望左原痛改前非。一些人不理解郭林宗的做法，甚至还讥笑他。

面对这样的情景，郭林宗感叹说："对于犯错误的人理应热情说明，劝其从善。若对他们疏远甚至忌恨，那无异于继续促使恶行的发生。"通过这件事，人们就能够感受到郭林宗心中的善意。

世道黑暗，郭林宗于是选择不做官，回到家乡专心教学。在教学方面,郭林宗继承和发展了孔子"有教无类"的思想。他的弟子有数千之多,身份五花八门。不管身份高低,郭林宗都平等相待,悉心培养。这种不计出身、奖掖后辈的精神,一直到今天也依然弥足珍贵。

郭林宗没有士人的架子,与乡民平等相处、交流,把文化学术、道德文章的影响力渗透到民间。介休的当地人称呼他都亲切地称他的字"郭林宗",而不叫他的名"郭泰"。从这种现象中,也能推断出他有多么受当地人的爱戴和欢迎。

建宁二年(169年),汉灵帝被专政的宦官挟持,被迫下令捕杀当时的一些名士,陆续被杀的有几百人之多。郭林宗在家乡讲学,因此躲过了这场灾难。但是,他听说了这件事后,心中异常悲痛。再加上又得了病,于是,在四十二岁那年,郭林宗去世了。他的死讯传出后,海内的名士、四方的文人都纷纷前来吊唁,送葬的达到一千多人。

与郭林宗同时代的蔡邕是大学士,而且是闻名海内的文学家兼书法家,他在为郭林宗撰写碑文后感叹说:"我这一辈子为别人撰写的碑文很多,但多是一些虚夸之词,只有为'郭有道'写的碑文,是文如其人,我写起来丝毫没有愧疚。"

作为东汉著名学者、思想家及教育家,郭林宗的一生可谓熠熠生辉,他与春秋时晋国的介子推、宋朝时的宰相文彦博一起,被后人合称"介休三贤"。

【评论】

在东汉末年的动荡与黑暗中,郭林宗心中的善意犹如一颗暗夜里的星星,凭着执着与信念,让与他同时代和之后的人都感受到了温暖。"有道先生"也为我们年轻人指明了人生的方向:心怀正义和善念,用不懈的努力去实现人生的目标。

第六篇

滕文公（下）——为人有大丈夫风范

陈代①曰:"不见诸侯,宜若小然;今一见之,大则以王,小则以霸。且《志》曰:'枉尺而直寻',宜若可为也。"

孟子曰:"昔齐景公田,招虞人以旌,不至,将杀之。志士不忘在沟壑,勇士不忘丧其元。孔子奚取焉?取非其招不往也②。如不待其招而往,何哉?且夫枉尺而直寻者,以利言也。如以利,则枉寻直尺而利,亦可为与?昔者赵简子使王良与嬖奚③乘,终日而不获一禽。嬖奚反命曰:'天下之贱工也。'或以告王良。良曰:'请复之。'强而后可,一朝而获十禽。嬖奚反命曰:'天下之良工也。'简子曰:'我使掌与女乘。'谓王良。良不可,曰:'吾为之范我驰驱,终日不获一;为之诡遇,一朝而获十。《诗》云:"不失其驰,舍矢如破"。我不贯与小人乘,请辞!'御者且羞与射者比;比而得禽兽,虽若丘陵,弗为也。如枉道而从彼,何也?且子过矣:枉己者,未有能直人者也。"

【注释】

① 陈代:孟子弟子。

② 古代君子召唤臣下,按规定要有相当的物件作象征,如齐景公召管园圃的小吏应用打猎的皮冠,他不遵守规定,小吏就不应召。

③ 赵简子:晋国大夫,名赵鞅。王良:春秋末年著名的驾车能手。奚:人名。

【译文】

陈代说:"您不愿谒见诸侯,似乎气量小了些;如果现在谒见一下诸侯,大则凭借他们推行仁政使天下归服,小则凭借他们称霸天下。何况《志》上说:'委屈一尺却能伸直八尺',好像是值得去做的。"

孟子说:"从前,齐景公打猎,用旌旗召唤看护园囿的小吏,小吏不来,景公要杀他。志士不怕弃尸山沟,勇士不怕丢掉脑袋。孔子(称赞那个小吏,)取他哪一点呢? 取的是,不是他应该接受的召唤象征他就是不去。如果我不等诸侯的召唤就主动去谒见,那算什么呢? 而且所谓委屈一尺可以伸直八尺,是根据利益来说的。如果只讲利益,那么假使委屈了八尺能伸直一尺而获利,也可以去做吗? 从前赵简子派王良给自己宠幸的小臣奚驾车去打猎,一整天打不到一只鸟。奚回来报告说:'(王良)是天下最无能的驾车人。'有人把这话告诉了王良。王良说:'请让我再驾一次。'经强求后奚才同意,结果一个早晨就猎获了十只鸟。奚回来报告说:'王良是天下最能干的驾车人。'简子说:'我就叫他专门给你驾车。'也对王良说了。王良不肯,说道:'我为他按规矩驾车,整天打不到一只;不按规矩驾车,一个早上就打到了十只。《诗经》上说:"不违反驾车规矩,箭一出手就能射中。"我不习惯给小人驾车,请同意我辞掉这差使。'驾车的人尚且耻于与(不守规矩的)射手合作,即使这样的合作能猎获堆积如山的禽兽,也不愿去做。如果背离正道去屈从他们诸侯,那算什么呢? 而且你错了:自己变得不正直,是不能够使别人正直的。"

【原文】

景春①曰:"公孙衍、张仪②岂不诚大丈夫哉? 一怒而诸侯惧,安居而天下熄。"

孟子曰:"是焉得为大丈夫乎? 子未学礼乎? 丈夫之冠也③,父命之;女子之嫁也,母命之,往送之门,戒之曰:'往之女家,必敬必戒,无违夫子!'以顺为正者,妾妇之道也。居天下之广居,立天下之正位,行天下之大道;得志,与民由之;不得志,独行其道。富贵不能淫,贫贱不能移,威武不能屈,此之谓大丈夫。"

① 景春：战国时纵横家。

② 公孙衍：魏国人，号犀首，当时著名的说客。张仪：战国时纵横家的代表人物，主张连横，为秦扩张势力。

③ 古时男子年二十行加冠礼，表示成年。

【译文】

景春说："公孙衍、张仪难道不是真正的大丈夫吗？他们一发怒，诸侯就害怕，他们安居家中，天下就太平无事。"

孟子说："这哪能算是大丈夫呢？你没有学过礼吗？男子行加冠礼时，父亲训导他；女子出嫁时，母亲训导她，送她到门口，告诫她说：'到了你家，一定要恭敬，一定要谨慎，不要违背丈夫！'把顺从当作正理，是妇人家遵循的道理。（公孙衍、张仪在诸侯面前竟也像妇人一样！）居住在天下最宽广的住宅'仁'里，站立在天下最正确的位置'礼'上，行走在天下最宽广的道路'义'上；能实现理想时，就与人民一起走这条正道；不能实现理想时，就独自行走在这条正道上。富贵不能迷乱他的思想，贫贱不能改变他的操守，威武不能压服他的意志，这才叫作大丈夫。"

【原文】

周霄①问曰："古之君子仕乎？"

孟子曰："仕。《传》曰：'孔子三月无君，则皇皇如也；出疆必载质。'公明仪②曰：'古之人三月无君则吊。'"

"三月无君则吊，不以急乎？"

曰："士之失位也，犹诸侯之失国家也。《礼》曰：'诸侯耕助③，以供粢盛；夫人④蚕缫，以为衣服。牺牲不成，粢盛不洁，衣服不备，不敢以祭。惟士无田，则亦不祭。'牲杀、器皿、衣服不备，不敢以祭，则不敢以宴，亦不足吊乎？"

"出疆必载质，何也？"

曰："士之仕也，犹农夫之耕也；农夫岂为出疆舍其耒耜哉？"

曰："晋国亦仕国也，未尝闻仕如此其急。仕如此其急也，君子之难仕，何也？"

曰："丈夫生而愿为之有室，女子生而愿为之有家；父母之心，人皆有之。不待父母之命、媒妁之言，钻穴隙相窥，逾墙相从，则父母国人皆贱之。古之人未尝不欲仕也，又恶不由其道。不由其道而往者，与钻穴隙之类也。"

【注释】

① 周霄：战国时魏人。

② 公明仪：鲁国贤人。

③ 耕助：即"耕藉"。藉，藉田，帝王亲耕之田。古代每到开春，都有耕藉之礼，以示重视农业。其礼先由天子亲耕，然后三公、九卿、诸侯、大夫等依次躬耕。

④ 夫人：诸侯的正妻。

【译文】

周霄问道："古代的君子做官吗？"

孟子说："做官。古代的《传》记载说：'孔子三个月没有被君主任用，就惶惶不安；离开这个国家时，必定要带着谒见另一个国家君主的见面礼'。公明仪说过：'古代的人如果三个月不被君主任用，那就要去安慰他。'"

（周霄说：）"三个月不被君主任用，就要去安慰，不是求官太迫切了吗？"

孟子说："士人失掉了官位，就像诸侯失掉了国家。〈礼〉上说：'诸侯亲自耕种，用来供给祭品；他们的夫人养蚕缫丝，用来供给祭服。（用作祭祀的）牛羊不肥壮，谷米不洁净，礼服不齐备，就不敢用来祭祀。士（失掉了官位就）没有田地俸禄，也就不能祭祀。'（祭祀用的）牲畜、祭器、祭服都不齐备，不敢祭祀，也就不敢宴请，（就像遇到丧事的人一样，）还不该去安慰他吗？"

（周霄问道：）"离开一国时，一定要带着谒见别的国君的礼物，为什么呢？"

孟子说："士做官，就像农夫种田；农夫难道会因为离开一个国家就丢弃他的农具吗？"

周霄说："我们魏国也是个有官可做的国家，却不曾听说想做官这样急迫。想做官是这样急迫，君子却又不轻易去做官，为什么呢？"

孟子说："男孩一出生，就希望给他找妻室，女孩一出生，就希望给她找婆家；父母的这种心情，人人都是有的。（但是，如果）不等父母的同意，媒人的说合，就钻洞扒门缝互相偷看，翻过墙头相会，那么父母和社会上的人都会认为这种人下贱。古代的君子不是不想做官，但又厌恶不从正道求官。不从正道求官，是与钻洞扒门缝之类行径一样的。"

【原文】

彭更①问曰："后车数十乘，从者数百人，以传食于诸侯，不以泰乎？"

孟子曰："非其道，则一箪食不可受于人；如其道，则舜受尧之天下，不以为泰，子以为泰乎？"

曰："否，士无事而食，不可也。"

曰："子不通功易事，以羡补不足，则农有余粟，女有余布；子如通之，则梓、匠、轮、舆②皆得食于子。于此有人焉，入则孝，出则悌，守先王之道，以待③后之学者，而不得食于子，子何尊梓、匠、轮、舆而轻为仁义者哉？"

曰："梓、匠、轮、舆，其志将以求食也。君子之为道也，其志亦将以求食与？"

曰："子何以其志为哉？其有功于子，可食而食之矣。且子食志乎？食功乎？"

曰："食志。"

曰："有人于此，毁瓦画墁④，其志将以求食也，则子食之乎？"

曰："否。"

曰："然则子非食志也，食功也。"

【注释】

① 彭更：孟子弟子。

② 梓、匠、轮、舆：分别是制造木器、宫室、车轮、车厢的木匠。这里代指各类工匠。

③ 待：通"持"，扶持。

④ 画墁：画，通"划"。墁，墙壁的粉饰。

【译文】

彭更问道："跟随的车子几十辆，随从的人员几百个，从这个诸侯国吃到那个诸侯国，不也太过分了吗？"

孟子说："不合道理的，那么一小竹筐饭也不能接受人家的；如果是合理的，那么就是舜接受尧的天下，也不能认为是过分，你认为过分了吗?"

彭更说:"不,士无所事事吃人白食是不可以的。"

孟子说:"假设你不让各种行当互通有无、交换产品成果,用多余的弥补不足的,那么农夫就会有多余的粮食,织女就会有多余的布匹;如果你互通有无,那么各类工匠都能在你这里(凭工作)换到饭吃。假定这里有个人,在家孝顺父母,在外尊敬兄长,恪守先王之道,以此来教育后辈求学的人,但他在你这里却得不到饭吃,你为什么看重各类工匠而轻视遵行仁义的人呢?"

彭更说:"各种工匠的动机,就是透过工作找口饭吃。君子修行仁义,动机也是找口饭吃吗?"

孟子说:"你何必讨论他们的动机呢? 他们为你做事,可以给饭吃才给他们饭吃。再说,你是根据动机给饭吃呢? 还是根据他们所做的事给饭吃呢?"

彭更说:"根据动机给饭吃。"

孟子说:"假定有人在这里毁坏了屋瓦,画脏了新刷的墙,他的动机是找口饭吃,那么你给他饭吃吗?"

彭更说:"不给。"

孟子说:"既然这样,你就不是根据动机,而是根据所做的事给饭吃的了。"

【原文】

万章①问曰:"宋,小国也,今将行王政,齐、楚恶而伐之②,则如之何?"

孟子曰:"汤居亳③,与葛为邻。葛伯放而不祀。汤使人问之曰:'何为不祀?'曰:'无以供牺牲也。'汤使遗之牛羊。葛伯食之,又不以祀。汤又使人问之曰:'何为不祀?'曰:'无以供粢盛也。'

汤使亳众往为之耕，老弱馈食。葛伯率其民，要其有酒食黍稻者夺之，不授者杀之。有童子以黍肉饷，杀而夺之。《书》曰：'葛伯仇饷。'此之谓也。为其杀是童子而征之，四海之内皆曰：'非富天下也，为匹夫匹妇复仇也。''汤始征，自葛载。'十一征而无敌于天下。东面而征，西夷怨；南面而征，北狄怨，曰：'奚为后我？'民之望之，若大旱之望雨也。归市者弗止，芸者不变，诛其君，吊其民，如时雨降，民大悦。《书》曰：'傒我后，后来其无罚。''有攸不惟臣，东征，绥厥士女。篚厥玄黄，绍我周王见休，惟臣附于大邑周。'其君子实玄黄于篚以迎其君子，其小人箪食壶浆以迎其小人。救民于水火之中，取其残而已矣。《太誓》曰：'我武惟扬，侵于之疆，则取于残，杀伐用张，于汤有光。'不行王政云尔，苟行王政，四海之内皆举首而望之，欲以为君；齐、楚虽大，何畏焉？"

【注释】

① 万章：孟子弟子。

② 指宋王偃早期想实行仁政以图强兴国的事，后宋发生内乱，诸大国觊觎，宋为齐所灭。

③ 亳（bó）：邑名，在今河南商丘县境内。

【译文】

万章问道："宋国是个小国，现在打算施行仁政，如果齐、楚两国憎恨它，出兵攻打，那该怎么办？"

孟子说："从前汤居住在亳地，与葛国是邻国。葛伯放纵无道，不祭祀先祖。汤派人问他：'为什么不祭祀？'（葛伯）说：'没有供祭祀用的牲畜。'汤就派人送给他牛羊。葛伯把牛羊吃了，并不用来祭祀。汤又派人问他：'为什么不祭祀？'（葛伯）说：'没有供祭祀用的谷物。'汤就叫亳地的群众去替他耕种，年老体弱的送饭。葛伯带领自己的人拦截带有酒肉饭菜的人进行抢夺，不肯给的就杀掉。有个孩子拿着饭和肉去送给耕种的人，（葛伯）杀了孩子，抢走了饭和肉。《尚书》上说：'葛伯仇视送饭的人。'说的就是这件事。因为葛伯杀了这个孩子，汤才去征讨他，普天下的人都说：'不是要把天下变为自己的财富，是为了给平民百姓报仇。''汤王征讨，从葛国开始。'汤征讨十一次，天下无敌。向东征讨，西面的民族就埋怨；向南征讨，北面的民族就埋怨。（他们埋怨）说：'为什么把我们这里放在后面？'人民盼望他来，就像大旱之年盼望下雨一样。（汤所到之处，）赶集的人络绎不绝，种田的人照常工作，杀掉那里的暴君，安抚那里的人民，就像及时雨从天而降，人民万分喜悦。《尚书》上又说：'等待我们君王，君王来了我们不再受折磨。'（又说：）'攸国不称臣，（周武王）向东征讨它，安抚那里的人们。（人们）用竹筐装着黑色、黄色的绢帛迎接周王，愿意侍奉周王而受他恩泽，称臣归附大周国。'那里的官吏用筐装满黑色、黄色的绢帛迎接周王的官吏，那里的百姓抬着饭筐提着酒壶迎接周王的士卒。（就因为周王）把那里的人民从水深火热中拯救出来，除掉他们的暴君罢了。《太誓》上说：'我军威武要发扬，攻到于国疆土上，诛除暴君去凶残，杀伐之功震四方，伟绩辉煌胜成汤。'不行仁政便罢了，如果行仁政，普天下的人都将仰起头来盼望他，要拥护他做自己的君主；齐、楚两国尽管强大，有什么可怕的呢？"

【原文】

　　孟子谓戴不胜①曰："子欲子之王之善与？我明告子。有楚大夫于此，欲其子之齐语也，则使齐人傅诸？使楚人傅诸？"

曰:"使齐人傅之。"

曰:"一齐人傅之,众楚人咻之,虽日挞而求其齐也,不可得矣。引而置之庄岳②之间数年,虽日挞而求其楚,亦不可得矣。子谓薛居州③,善士也,使之居于王所。在于王所者,长幼卑尊皆薛居州也,王谁与为不善? 在王所者,长幼卑尊皆非薛居州也,王谁与为善? 一薛居州,独如宋王何?"

【注释】

① 戴不胜:宋国大夫。

② 庄岳:庄,街名;岳,里名,都在齐都城临淄城内。这里代指齐都中的闹市区。

③ 薛居州:宋国人。

【译文】

孟子对戴不胜说:"你希望你的君王学好吗? 我明白地告诉你。假定有个楚国大夫在这里,想让他的儿子学齐国话,那么请齐国人教他呢? 还是请楚国人教他呢?"

戴不胜说:"请齐国人教他。"

孟子说:"一个齐国人教他,许多楚国人哇啦哇啦干扰他,即使天天鞭打他,逼他学会齐国话,也不可能学会了。如果带他到齐国都城的闹市上住上几年,即使天天鞭打他,要他讲楚国话,也不可能了。你说薛居州是个好人,让他住在宋王宫中。如果在王宫中的人,不论年龄大小、地位高低,都是薛居州那样的人,宋王还能与谁一起做坏事呢? 如果在王宫中的人,不论年龄大小、地位高低,都不是薛居州那样的人,宋王又能与谁一起做好事呢? 仅仅一个薛居州,能对宋王发挥什么作用呢?"

公孙丑问曰:"不见诸侯何义?"

孟子曰:"古者不为臣不见。段干木①逾垣而辟之,泄柳②闭门而不纳,是皆已甚。迫,斯可以见矣。阳货欲见孔子而恶无礼。大夫有赐于士,不得受于其家,则往拜其门。阳货瞰孔子之亡也,而馈孔子蒸豚;孔子亦瞰其亡也,而往拜之。当是时,阳货先,岂得不见?曾子曰:'胁肩谄笑③,病于夏畦。'子路曰:'未同而言,观其色赧赧④然,非由之所知也。'由是观之,则君子之所养,可知已矣。"

【注释】

① 段干木:战国初期人,孔子弟子子夏的弟子,曾做过魏文侯的老师。

② 泄柳:鲁缪公时的贤者。

③ 胁肩:耸起肩来故作恭敬的样子。谄笑:勉强装出讨好的笑容。

④ 赧赧:羞惭得满面涨红的样子。

【译文】

公孙丑问道:"您不去求见诸侯,有什么道理吗?"

孟子说:"古时候,不是诸侯的臣下,就不去谒见诸侯。段干木越墙躲避(魏文侯的来访),泄柳关门不接待(鲁穆公),这么做都太过分了。如果对方主动来见,这样也是可以见见的。阳货想要孔子来见他,又怕被说成不懂礼数。(按礼节规定,)大夫赠赐礼物给士,(士因故)不能在家接受礼物,(事后)就应该前往大夫家拜谢。阳货探听到孔子不在家时,给孔子送一只蒸熟的小猪;孔子探听到阳货不在家时,才上门拜谢。当时,阳货先(送了礼物来),孔子哪能不去见他呢?曾子说:'耸起肩膀,装出笑脸,去巴结人,真比大热天在田里工作还难受。'子路说:'明明合不来还要交谈,看他脸色羞惭得通红的样子,这不是我能理解的。'由此看来,君子所要培养的道德操守,就可以知道了。"

【原文】

戴盈之①曰:"什一,去关市之征,今兹未能,请轻之,以待来年,然后已,何如?"

孟子说:"今有人日攘其邻之鸡者,或告之曰:'是非君子之道。'曰:'请损之,月攘一鸡,以待来年,然后已。'如知其非义,斯速已矣,何待来年?"

【注释】

① 戴盈之:宋国大夫。

【译文】

戴盈之说:"地租实行十分抽一的税率,免去关卡和市场上对商品的征税,今年不能实行,就先减轻一些,等到明年再废止(现行的税制),怎么样?"

孟子说:"假定有个人天天偷邻居的鸡,有人正告他说:'这不是君子的行为。'那人却说:'请允许少偷一些,每月偷一只鸡,等到明年再停止偷鸡。'如果知道那样事是不该做的,就该赶快停止,为什么要等到明年?"

【原文】

公都子①曰:"外人皆称夫子好辩,敢问何也?"

孟子曰:"予岂好辩哉? 予不得已也! 天下之生久矣,一治一乱。当尧之时,水逆行,泛滥于中国,蛇龙居之,民无所定;下者为巢,上者为营窟。《书》曰：'洚水警余。'洚水者，洪水也。使禹治之。禹掘地而注之海，驱蛇龙而放之菹；水由地中行，江、淮、河、汉是也。险阻既远，鸟兽之害人者消，然后人得平土而居之。"

"尧、舜既没，圣人之道衰，暴君代作。坏宫室以为污池，民无所安息；弃田以为园囿，使民不得衣食。邪说暴行又作，园囿、污池、沛泽多而禽兽至。及纣之身，天下又大乱。周公相武王诛纣，伐奄②三年讨其君，驱飞廉③于海隅而戮之。灭国者五十。驱虎、豹、犀、象而远之，天下大悦。《书》曰：'丕显哉，文王谟！丕承者，武王烈！佑启我后人，咸以正无缺。'"

"世衰道微，邪说暴行有作，臣弑其君者有之，子弑其父者有之。孔子惧，作《春秋》。《春秋》，天子之事也。是故孔子曰：'知我者其惟《春秋》乎！罪我者其惟《春秋》乎！'"

"圣王不作，诸侯放恣，处士横议，杨朱④、墨翟之言盈天下。天下之言不归杨，则归墨。杨氏为我，是无君也；墨氏兼爱，是无父也。无父无君，是禽兽也。公明仪曰：'庖有肥肉，厩有肥马；民有饥色，野有饿莩，此率兽而食人也！'杨墨之道不息，孔子之道不著，是邪说诬民，充塞仁义也。仁义充塞，则率兽食人，人将相食。吾为此惧，闲先圣之道，距杨墨，放淫辞，邪说者不得作。作于其心，害于其事；作于其事，害于其政。圣人复起，不易吾言矣。"

"昔者禹抑洪水而天下平，周公兼夷狄，驱猛兽而百姓宁，孔子成《春秋》而乱臣贼子惧。《诗》云：'戎狄是膺，荆舒是惩，则莫我敢承。'无父无君，是周公所膺也。我亦欲正人心，息邪说，距诐行，放淫辞，以承三圣者，岂好辩哉？予不得已也。能言距杨墨者，圣人之徒也。"

【注释】

① 公都子：孟子弟子。

② 奄：国名，原附属商，其地在今山东省曲阜附近。周公伐奄是周成王时的事。

③ 飞廉：商纣王的宠臣。此处所记驱杀飞廉事，与《史记·秦本纪》所记不同。

④ 杨朱：战国初期思想家，魏国人，字子居，又称杨子、阳子或阳生。他主张"为我"、"全性葆真"、"一毛以利天下"，与墨翟的"兼爱"主张相反。

【译文】

公都子说："外面的人都说老师您喜欢辩论，请问，这是为什么呢？"

孟子说："我难道是喜欢辩论吗？我是不得已而辩论啊！天下有人类很久了，总是一时安定，一时动乱。在尧的时候，水势倒流，在中国泛滥，蛇龙到处盘踞，人们无处居住；地势低的地方，就在树上搭窝栖身，地势高的地方，就打相连的洞穴居住。《尚书》上说：'洚水警戒我们。'洚水，就是洪水。尧派禹治水。禹开挖河道，让洪水流注进大海；驱逐蛇龙，把它们赶进荒草丛生的沼泽；水都顺着地中间的河道流泻，这就是长江、淮河、黄河和汉水。险阻排除了，危害人类的鸟兽消灭了，然后人们才能够在平地上居住。"

"尧、舜去世后，圣人之道衰微了，暴君相继出现。他们毁坏民房开挖成深池，使人民无处安身；废弃农田改作园林，使人民断了衣食来源。这时荒谬的学说、暴虐的行为纷纷出现，园林、深池、沼泽多了，禽兽又聚集来了。到了商纣时，天下又大乱了。周公辅佐武王杀掉纣王，讨伐奄国，三年后除掉了奄君，把飞廉驱逐到海边杀掉,消灭的国家达五十个。他又把老虎、豹子、犀牛、大象驱赶到很远的地方,普天之下人心大快。《尚书》上说:'多么辉煌啊! 文王的谋略! 后继有人啊! 武王的功业! 庇佑、启迪我们后人,都正确完美、没有欠缺。'"

"太平盛世和圣人之道又一次衰微了,荒谬的学说、暴虐的行为又纷纷出现了,有臣子杀君主的,有儿子杀父亲的。孔子感到忧惧,编写了《春秋》。《春秋》,(纠正君臣父子的名分,褒贬诸侯大夫的善恶,)这是天子的职权。所以孔子说:'了解我的,恐怕就在于这部《春秋》吧! 怪罪我的,恐怕也就在于这部《春秋》吧!'"

"(如今)圣王不出现,诸侯放纵恣肆,隐居不仕的人横发议论,杨朱、墨翟的言论充塞天下。天下的言论,不是归向杨朱一派,就是归向墨翟一派。杨朱宣扬一切为自己,这是心目中没有君王;墨翟宣扬对人一样地爱,这是心目中没有父母。心目中无父无君,这就成了禽兽。公明仪说过:'厨房里有肥肉,马棚里有肥马,而百姓面黄肌瘦,野外有饿死的尸体,这好比率领着野兽来吃人啊!'杨朱、墨翟的学说不灭亡,孔子的学说就不能光大,这会使邪说蒙骗人民,堵塞仁义。仁义的道路被堵塞了,就等同率领野兽吃人,人与人将互相残食。我为此忧惧,决心捍卫古代圣人的思想,批驳杨朱、墨翟的学说,抵制荒诞的言论,使邪说不能产生。邪说从心里产生,就会危害事业;在事业上发挥了作用,就会危害政治。如果再有圣人出现,也不会改变我这话的。"

"从前大禹制服了洪水而使天下太平,周公兼并了夷狄,赶跑了猛兽而使百姓安宁,孔子编写了《春秋》而使犯上作乱的人畏惧。《诗经》上说:'打击戎狄,严惩荆舒,就没有谁能抵御我。'目无父母、君主的人,正是周公所要讨伐的。我也想端正人心,扑灭邪说,批判放纵、偏激的行为,排斥荒诞的言论,以此来继承(禹、周公、孔子)三位圣人的事业,我难道是喜欢辩论吗? 我是不得已啊! 能够用言论批驳杨朱、墨翟的,才是圣人的信徒啊!"

【原文】

匡章①曰:"陈仲子②岂不诚廉士哉? 居於陵③,三日不食,耳无闻,目无见也。井上有李,螬④食实者过半矣,匍匐往,将⑤食之,三咽,然后耳有闻,目有见。"

孟子曰:"于齐国之士,吾必以仲子为巨擘⑥焉。虽然,仲子恶能廉? 充仲子之操,则蚓而后可者也。夫蚓,上食槁壤,下饮黄泉。仲子所居之室,伯夷之所筑与? 抑亦盗跖⑦之所筑与? 所食之粟,伯夷之所树与? 抑亦盗跖之所树与? 是未可知也。"

曰:"是何伤哉? 彼身织屦,妻辟纑⑧,以易之也。"

曰:"仲子,齐之世家也,兄戴,盖⑨禄万钟。以兄之禄为不义之禄而不食也,以兄之室为不义之室而不居也,辟兄离母,处于於陵。他日归,则有馈其兄生鹅者,己频顣⑩:'恶用是鶃鶃⑪者为哉?'他日,其母杀是鹅也,与之食之。其兄自外至,曰:'是鶃鶃之肉也!'出而哇⑫之。以母则不食,以妻则食之;以兄之室则弗居,以於陵则居之。是尚为能充其类也乎? 若仲子者,蚓而后充其操者也。"

【注释】

① 匡章:齐国名将,其言行见于《战国策·齐策·燕策》和《吕氏春秋·不屈·爱类》。

② 陈仲子:齐国人,又称田仲、陈仲、於(yú)陵仲子等。

③ 於(wū)陵:地名,在今山东长山县南,距临淄约两百里。

④ 蟛(cáo)：即蛴螬,俗称"地蚕"、"大蚕",是金龟子的幼虫。

⑤ 将：拿。取。

⑥ 巨擘(bò)：大拇指,引申为在某一方面杰出的人或事物。

⑦ 盗跖：所说是春秋时有名的大盗,柳下惠的兄弟。

⑧ 辟纑(pì lú)：绩麻练麻。绩麻为辟,练麻为纑。

⑨ 盖(gě)：地名,是陈戴的封邑。

⑩ 频顣(cù)：即颦蹙(pín cù),不愉快的样子。

⑪ 鶃鶃(yì)：鹅叫声。

⑫ 哇：吐。

【译文】

匡章说："陈仲子难道不是一个真正廉洁的人吗？住在於陵这个地方,三天没有吃东西,饿得耳朵没有了听觉,眼睛没有了视觉。井上有个李子,被金龟子的幼虫已经吃掉了一大半,他爬过去,拿过来吃,吞了三口,耳朵才恢复了听觉,眼睛才恢复了视觉。"

孟子说："在齐国人之中,我一定把仲子看成大拇指。但是,他怎能叫做廉洁？要推广仲子的操守,那只有把人变成蚯蚓之后能办到。蚯蚓,在地面上吃干土,在地面下喝泉水。可是仲子所住的房屋,是像伯夷那样廉洁的人所建筑的呢？还是像盗跖那样的强盗所建筑的呢？他所吃的粮食,是像伯夷那样廉洁的人所种植的呢？还是像盗跖那样的强盗所种植的呢？这是不知道的。"

匡章说："那有什么关系呢？他亲自编草鞋,他妻子绩麻练麻,用这些去交换其他生活用品。"

孟子说："仲子是齐国的宗族世家,他的哥哥陈戴在盖邑的俸禄便有几万石之多。可是他却认为他哥哥的俸禄是不义之财而不去吃,认为他哥哥的住房是不义之产而不去住,避开哥哥,离开母亲,

131

住在於陵这个地方。有一天他回家里去,正好看到有人送给他哥哥一只鹅,他皱着眉头说:'要这种呃呃叫的东西做什么呢?'过了几天,他母亲把那只鹅杀了给他吃,他的哥哥恰好从外面回来,看见后便说:'你吃的正是那呃呃叫的东西的肉啊!'他连忙跑出门去,'哇'地一声便呕吐了出来。母亲的食物不吃,却吃妻子的;哥哥的房屋不住,却住在於陵,这能够算是推广他的廉洁的操守吗?像他那样做,只有把人变成蚯蚓之后才能够办到。"

【故事】

苏武牧羊有气节

西汉王朝与北方的匈奴接壤,在卫青、霍去病击败匈奴之后,双方有好几年没有再打仗。这时候的匈奴表面上跟汉朝和好,但还是准备着随时进犯中原。

当时,汉朝和匈奴之间的关系比战争时有了较大的缓和,经常互派使者。可是汉朝的使者到了匈奴,有的却被扣留了。于是,汉朝也扣留了一些匈奴的使者。双方之间经常有一些小摩擦。

随着国力的不断强盛,公元前100年,汉武帝想出兵攻打匈奴。匈奴听到消息后,赶紧派使者来求和,还把汉朝的使者都放回来。汉武帝见匈奴的行为很有诚意,就派当时任中郎将的苏武出使匈奴。苏武带着副手张胜和随员常惠,拿着旌节出发了。他没有想到的是:这一次出使竟然极大地改变了他的命运。

苏武来到匈奴,顺利完成了预定的任务:送回扣留的使者,送上礼物。做完这些,苏武就等着单于写回信好回去交差。就在这个时候,出了一件意外的事情。

当时有一个人叫卫律,是匈奴人,却生长在汉朝。他在一次出使匈奴时就投靠了匈奴。匈奴的首领单于特别重用他,封他为王。卫律有一个部下叫虞常,对卫律心怀不满。这个人跟苏武的副手张胜原来是朋友,他偷偷地去找张胜商量,想要杀了卫律,劫持单于的母亲,然后一起逃回中原去。

张胜同情虞常的处境,就支持了他。只是没想到,虞常的计划没有成功,反而被匈奴人逮住了。单于对此大怒,叫卫律仔细审问虞常,还要他查问出同谋的人来。

张胜听闻消息,内心既害怕又懊悔。因怕受到牵连,不得不将实情告诉苏武。

苏武听后说:"事情发展到了这个地步,我一定会受到牵连。如果让人家审问之后再处死,不是更给朝廷丢脸吗?"于是就拔出刀来要自刎。张胜和随员常惠赶紧夺去他手里的刀,好言相劝,才让苏武暂时断了自尽的念头。

虞常虽然遭受了各种酷刑,但只承认跟张胜是朋友,拼死也不承认张胜是同谋。卫津没有办法,就向单于报告。单于大怒,想杀死苏武,被大臣劝阻了。单于转念一想,觉得不杀苏武而让他为自己效力也不错,于是又叫卫律去逼迫苏武投降。

苏武一听卫律叫他投降,就气愤地说:"我是大汉王朝的使者,如果投降匈奴、违背使命,那就是丧失气节,还有什么脸活下去?"于是拔出刀来再次自刎。卫津慌忙阻拦,但苏武已受重伤昏了过去。卫律马上叫人抢救,终于让苏武苏醒过来。

单于听说后,觉得苏武是个有气节的好汉,更想让他归顺于自己了。于是,苏武伤愈后,单于又派卫律来逼他投降。

卫律让苏武坐在旁边观看审讯:先是把虞常定了死罪后杀了,接着又举剑威胁张胜。张胜恐惧不已,就投降了。只有苏武,面对卫律的种种威逼利诱,始终不肯投降,并且怒斥卫律的变节行为。

卫律碰了一鼻子灰，只得回去向单于报告。

单于把苏武关在地窖里，不给他食物和水，想以此逼他屈服。当时已经入冬，下起了鹅毛大雪。苏武渴了就以雪当水喝，饿了就吃皮带、羊皮片充饥。就这样过了几天，居然没有饿死。

单于见折磨他没用，就把他一个人送到北海边（现在的贝加尔湖一带）去放羊。当时的北海是个荒芜之地，荒无人烟，只有那根代表朝廷的旌节和苏武为伴。日子一久，旌节上的穗子也都全掉了。旌节是古代使者所持的节，以为凭信。苏武在任何时候都努力保全它，并且自始至终都没有失去生的信念。

到了公元前 85 年，匈奴的首领单于死了，匈奴发生内乱，最终分成了三个国家。新的单于再也没有力量与汉朝打仗，于是就派使者来求和。那时候，汉武帝也已经死去了，他的儿子汉昭帝即位。汉昭帝听说苏武还在匈奴，就派使者到匈奴，要求单于释放苏武。匈奴谎说苏武已经死了，使者信以为真，就没有再提起这件事。于是，苏武在匈奴又多待了几年。

当年跟随苏武出使的随从常惠也一直在匈奴。汉朝使者再次到匈奴时，常惠买通了匈奴人，私下和汉朝的使者见了面，把苏武在北海牧羊的情况告诉了使者。使者大吃一惊，立即去见单于，严厉地说："匈奴既然存心与汉朝和好，就不应该欺骗汉朝。我们的皇上在御花园射下了一只大雁，大雁的脚上拴着一条绸子，上面写着苏武还活着！你怎么说他死了呢？"单于听了之后，以为是苏武的忠义感动了上天，连大雁也替他送消息，既惊又怕地向使者道歉说："苏武确实还活着。我们立刻就放他回去。"至此，离苏武当年出使时，已过去了整整十九年。

苏武终于踏上长安的土地时，内心异常激动。长安城的百姓听说了苏武的故事后，都非常敬佩，夹道迎接他。苏武当年离开长安城时才四十岁,手中的旌节鲜艳夺目,一派风光;而在遭受了十九年的困苦、折磨后,再次出现在长安城门外的苏武,已经是个须发皆白的老人了,手里拿着的旌节也只剩下了光杆子。但是,所有人都认为,这位老人是凯旋的英雄,是一个真正有气节的大丈夫。

【评论】

"富贵不能淫,贫贱不能移,威武不能屈,此之谓大丈夫。"将孟子的这句话用在苏武的身上再合适不过了。苏武为了国家大义,始终坚守心灵的圣地。他历尽磨难,十九年之后终于回国。苏武坚强不屈、忠贞不渝的精神一直被后人传诵,他崇高的气节也成为中国伦理人格的好榜样。

第七篇

离娄（上）——有规矩成方圆

孟子曰："离娄①之明，公输子②之巧，不以规矩，不能成方圆；师旷③之聪，不以六律④，不能正五音⑤；尧、舜之道，不以仁政，不能平治天下。今有仁心仁闻而民不被其泽，不可法于后世者，不行先王之道也。故曰，徒善不足以为政，徒法不能以自行。《诗》云：'不愆不忘，率由旧章⑥。'遵先王之法而过者，未之有也。圣人既竭目力焉，继之以规矩准绳，以为方员平直，不可胜用也；既竭耳力焉，继之以六律正五音，不可胜用也；既竭心思焉，继之以不忍人之政，而仁覆天下矣。故曰，为高必因丘陵，为下必因川泽；为政不因先王之道，可谓智乎？是以惟仁者宜在高位。不仁而在高位，是播其恶于众也。上无道揆也，下无法守也，朝不通道，工不信度，君子犯义，小人犯刑，国之所存者幸也。故曰：城郭不完，兵甲不多，非国之灾也；田野不辟，货财不聚，非国之害也。上无礼，下无学，贼民兴，丧无日矣。《诗》曰：'天之方蹶，无然泄泄⑦。'泄泄犹沓沓也。事君无义，进退无礼，言则非先王之道者，犹沓沓也。故曰，责难于君谓之恭，陈善闭邪谓之敬，吾君不能谓之贼。"

【注释】

① 离娄：相传是黄帝时一个视力特别好的人。

② 公输子：即公输班（或作公输般、公输盘），春秋末年鲁国人，所以又叫他鲁班，是古代著名的建筑工匠。

③ 师旷：春秋时晋平公的乐师，名旷，相传他的辨音能力特别强。

④ 六律：指十二律中的六个阳律。十二律是古人用十二根律管所定的十二个标准音，分为阴阳两类，阴律又叫六吕，阳律又叫六

律。这里的六律代指十二律。

　　⑤ 五音:中国古代音乐所定的五个音阶,具体名称是:宫、商、角、征、羽。

　　⑥ 这两句出自《诗经·大雅·假乐》。

　　⑦ 这两句出自《诗经·大雅·板》。

【译文】

　　孟子说:"即使有离娄那样的眼力,公输子那样的巧技,如果不靠圆规和曲尺,也画不出(标准的)方形和圆形;即使有师旷那样的听力,不靠六律,也不能校正五音;即使有尧、舜之道,不行仁政,也不能使天下太平。如果有了仁爱之心和仁爱的名声,百姓却没有受到他的恩泽,他也不能被后世效法,是因为他没有实行先王之道。所以说,光有善心不足以搞好政治,光有好的法度不会自动运行。《诗经》上说:'不犯错误,不要遗忘,完全遵循旧规章。'遵循先王的法度而犯错误,这是从来没有的事。圣人竭尽了目力,接着用圆规、曲尺、水平器、墨线,来制作方的、圆的、平的、直的东西,这些东西就用不尽了;圣人竭尽了耳力,接着用六律来校正五音,这些音阶就运用无穷了;圣人竭尽了心思,接着施行仁政,仁德就遍布天下了。所以说,要建高台,一定要凭借山陵,要想挖深池,一定要凭借河泽;执掌国政不凭借先王之道,能说是聪明吗? 因此,只有仁人才应该处在高位。不仁的人处在高位,这会使他把邪恶传播给众人。在上的不依照义理度量事物,在下的不用法度约束自己,朝廷不信仰道义,工匠不相信尺度,官员触犯理义,小人触犯刑律,国家如果还能生存的,只是由于侥幸罢了。所以说,城墙不坚固,军队不够多,不是国家的灾难;土地没有扩大,财富没有积聚,不是国家的祸害。在上的不讲礼义,在下的不学礼义,作恶的百姓日益增多,国家的灭亡就没有几天了。《诗经》上说：'上天正在震动，群臣不要吵吵闹闹。'吵吵闹闹，就是说话放肆随便。侍奉君主不讲义，一举一动不合礼，张口就诋毁先王之道，便是放肆随便。所以说，要求君王施行仁政，这叫恭敬；向君王陈述好的意见，抑制他的谬论，这叫尊重；认为自己的君王不能行善，这叫'贼'。"

孟子曰："规矩，方员之至也；圣人，人伦之至也。欲为君，尽君道；欲为臣，尽臣道。二者皆法尧、舜而已矣。不以舜之所以事尧事君，不敬其君者也；不以尧之所以治民治民，贼其民者也。孔子曰：'道二，仁与不仁而已矣。'暴其民甚，则身弑国亡；不甚，则身危国削，名之曰'幽'、'厉'①，虽孝子慈孙，百世不能改也。《诗》云：'殷鉴不远，在夏后之世②。'此之谓也。"

【注释】

① 幽、厉：谥号名。《逸周书·谥法解》说："动祭乱常曰幽。杀戮无辜曰厉。"

② 这两句出自《诗经·大雅·荡》。

【译文】

孟子说："圆规、曲尺，是方和圆的最高标准；圣人，是做人的最高典范。想成为好君主，就要尽到做君主的道理；想成为好臣子，就要尽到做臣子的道理。二者都效法尧、舜就行了。不用舜侍奉尧的态度来侍奉君主，就是不敬重他的君主；不用尧治理百姓的方法来治理百姓，就是残害他的百姓。孔子说：'道路只有两条，仁和不仁罢了。'对百姓残暴太严重，就会使自身被杀、国家灭亡；即使不太严

重,也会使自身危险、国家削弱,死后被加上'幽'、'厉'这类恶谥,即使他有孝顺的子孙,一百代也无法更改这个坏名声。《诗经》上说:'殷朝的借镜不远,就在前代的夏朝',说的就是这种情况。"

【原文】

孟子曰:"三代之得天下也以仁,其失天下也以不仁。国之所以废兴存亡者亦然。天子不仁,不保四海;诸侯不仁,不保社稷;卿大夫不仁,不保宗庙;士庶人不仁,不保四体。今恶死亡而乐不仁,是犹恶醉而强酒。"

【译文】

孟子说:"夏、商、周三代之所以能得天下,是由于仁;他们失掉天下,是由于不仁。国家衰败、兴盛、生存、灭亡的原因,也是这样。天子不仁,不能保住天下;诸侯不仁,不能保住国家;卿大夫不仁,不能保住宗庙;士人和百姓不仁,不能保住自身。如果害怕死亡,却又乐意做不仁的事,这就像害怕喝醉却硬要多喝酒一样。"

【原文】

孟子曰:"爱人不亲,反其仁;治人不治,反其智;礼人不答,反其敬。行有不得者皆反求诸己,其身正而天下归之。《诗》云:'永言配命,自求多福①。'"

【注释】

① 这两句出自《诗经·大雅·文王》。

【译文】

孟子说:"爱别人,别人却不来亲近,就要反问自己仁的程度;治理别人却治理不好,就要反问自己智的程度;礼貌待人,别人却不理睬,就要反问自己恭敬的程度。行为有得不到预期效果的,都要反过来求问自己。自身端正了,天下的人就会来归向他。《诗经》上说:'永远配合天命,自己求来众多的幸福'。"

【原文】

孟子曰:"人有恒言,皆曰,'天下国家。'天下之本在国,国之本在家,家之本在身。"

【译文】

孟子说:"人们有句常说的话,都这么说,'天下国家。'天下的根本在于国,国的根本在于家,家的根本在于自身。"

【原文】

孟子曰:"为政不难,不得罪于巨室。巨室之所慕,一国慕之;一国之所慕,天下慕之;故沛然德教溢乎四海。"

【译文】

孟子说:"搞好政治不难,不得罪贤明的卿大夫就行了。他们所爱慕的,全国都会爱慕;全国所爱慕的,天下都会爱慕;那么道德教化就会浩浩荡荡充溢于天下了。"

【原文】

孟子说:"天下有道,小德役大德,小贤役大贤;天下无道,小役大,弱役强。斯二者,天也。顺天者存,逆天者亡。齐景公曰:'即不能令,又不受命,是绝物也。'涕出而女于吴①。今也小国师大国而耻受命焉，是犹弟子而耻受命于先师也。如耻之，莫若师文王。师文王，大国五年，小国七年，必为政于天下矣。《诗》云：'商之孙子，其丽不亿。上帝既命，侯于周服。侯服于周，天命靡常。殷士肤敏，祼将于京②。'孔子曰：'仁不可为众也。夫国君好仁，天下无敌。'今也欲无敌于天下而不以仁，是犹执热而不以濯也。《诗》云：'谁能执热，逝不以濯③？'"

【注释】

① 事见《说苑·权谋》记载。齐景公惧怕吴王阖庐伐齐，不得已把女儿嫁给阖庐。送别女儿时，哭着说："余死不汝见矣。"又说："余有齐国之固，不能以令诸侯，又不能听，是生乱也。寡人闻之，不能令，则莫若从。"

② 这八句出自《诗经·大雅·文王》。祼（guàn），宗庙祭祀的一种仪式，把郁鬯（chàng）酒淋在地上以迎接鬼神。将，助。

③ 这两句出自《诗经·大雅·柔桑》。

【译文】

孟子说："天下有道时，道德低的受道德高的役使，才智少的受才智多的役使；天下无道时，力量小的受力量大的役使，势力弱的受势力强的役使。这两种情况，符合天理。顺从天理的生存，违逆天理的灭亡。齐景公说过：'我既不能命令别人，又不愿听别人命令，这就与别人断绝了关系。'景公不得已哭着把女儿嫁到吴国去。现在，小国效法大国，却又耻于接受大国命令，这就好比学生耻于接受老师的命令一样。如果真的感到羞耻，那就不如效法文王。效法文王，大国不出五年，小国不出七年，一定能在天下掌权。《诗经》上说：'商朝子子孙孙，不下十万余人。上帝既有命令，都向周朝归顺。都向周朝归顺，就因天命没有固定。殷朝的臣子，不论是漂亮的聪明的，都行裸献之礼，助祭在周王京城。'孔子说：'仁的力量，不在于人多。国君爱好仁德，就能天下无敌。'如果想无敌于天下而又不凭借仁，这就像热得受不了而又不肯洗澡一样。《诗经》上说：'谁能热得受不了，都不去洗个澡？'"

【原文】

孟子曰："不仁者可与言哉？安其危而利其菑①，乐其所以亡者。不仁而可与言，则何亡国败家之有？有孺子歌曰：'沧浪之水清兮，可以濯我缨②；沧浪之水浊兮，可以濯我足。'孔子曰：'小子听之！清斯濯缨，浊斯濯足矣。自取之也。'夫人必自侮，然后人侮之；家必自毁，而后人毁之；国必自伐，而后人伐之。《太甲》③曰：'天作孽，犹可违；自作孽，不可活。'此之谓也。"

【注释】

① 利：有利于。菑：同"灾"。

② 沧浪：水名。缨：系帽子的丝带。濯：洗。

③《太甲》：《尚书·太甲篇》。

【译文】

孟子说："不仁的人还能与他讲什么吗？别人面临危险，他安然不动，别人灾祸临头他以为可以得利，把别人亡国败家的事当作快乐。不仁的人如果还能与他谈什么，哪还会有亡国败家的事呢？从前有个孩子唱道：'沧浪的水碧清哟，可以洗我的帽带；沧浪的水浑浊哟，可以洗我的脚。'孔子说：'弟子们听着！水清就洗帽带，水浊就洗脚了。这是取决于水自己本身啊！'一个人必然是有自取侮辱的原因,人家才来侮辱他;一个家必然是自己招致毁败,人家才来毁败它;一个国必然是自己招致讨伐,别人才来讨伐它。《太甲》上说:'上天降灾,还可以躲;自己作孽,别想再活'。说的就是这个意思。"

【原文】

孟子说:"桀、纣之失天下也,失其民也;失其民者,失其心也。得天下有道:得其民,斯得天下矣;得其民有道:得其心,斯得民矣;得其心有道:所欲与之聚之,所恶勿施尔也。民之归仁也,犹水之就下、兽之走圹①也。故为渊驱鱼者,獭也;为丛驱爵②者,鹯③也;为汤、武驱民者,桀与纣也。今天下之君有好仁者,则诸侯皆为之驱矣。虽欲无王,不可得已。今之欲王者,犹七年之病求三年之艾④也。苟为不畜,终身不得。苟不志于仁,终身忧辱,以陷于死亡。《诗》云:'其何能淑,载胥及溺⑤。'此之谓也。"

【注释】

① 圹:同"旷",旷野。

② 爵:同"雀"。

③ 鹯(zhān):一种像鹞鹰的猛禽。

④ 艾:即陈艾,常用于灸病,存放时间越久,疗效越好。

⑤ 其何能淑,载胥及溺:这两句出自《诗经·大雅·柔桑》。淑,善、好的意思。载,句首语气助词,无意义。溺,落水的意思。

【译文】

孟子说:"桀和纣失天下,是由于失去了人民;失去人民,是由于失去了民心。得天下有办法:得到人民支持,就能得到天下了;得人民支持有办法:赢得民心,就能得到人民支持了;得民心有办法:他们想要的，就给他们积聚起来；他们厌恶的，不加给他们，如此罢了。人民归服于仁，如同水往下方流、野兽奔向旷野一样。所以，替深水赶来鱼的是水獭；替树丛赶来鸟雀的是鹯鹰；替汤王、武王赶来百姓的，是夏桀和商纣。如果现在天下的国君有爱好仁德的，那么诸侯们就会替他把人民赶来。哪怕他不想称王天下，也不可能了。现在想称王天下的人，好比害了七年的病要找存放多年的艾来治。如果平时不积存，那就终身得不到。如果不立志在仁上，必将终身忧愁受辱，以致死亡。《诗经》上说：'那怎能把事办好，只有一块儿淹死了。'说的就是这种情况。"

【原文】

孟子曰："自暴者，不可与有言也；自弃者，不可与有为也。言非礼义，谓之自暴也；吾身不能居仁由义，谓之自弃也。仁，人之安宅也；义，人之正路也。旷安宅而弗居，舍正路而不由，哀哉！"

【译文】

孟子说："自己戕害自己的人，不可能与他有什么话说；自己抛弃自己的人，不可能与他有所作为。说话诋毁礼义，这叫自己戕害自己；自认为不能守仁行义，这叫自己抛弃自己。仁是人们最安全的住所，义是人们最正确的道路。空着安全的住所不住，舍弃正确的道路不走，真可悲啊！"

【原文】

孟子曰："道在迩而求诸远，事在易而求诸难：人人亲其亲、长其长，而天下平。"

【译文】

孟子说："道路就在眼前，却向远处去寻找；事情本来容易，却找难的去做：只要人人爱父母、敬长辈，天下就会太平。"

【原文】

孟子曰："居下位而不获于上，民不可得而治也。获于上有道：不信于友，弗获于上矣。信于友有道：事亲弗悦，弗信于友矣。悦亲有道：反身不诚，不悦于亲矣。诚身有道：不明乎善，不诚其身矣。是故诚者，天之道也；思诚者，人之道也。至诚而不动者，未之有也；不诚，未有能动者也。"

【译文】

孟子说："身居下位而不被上司信任，是不可能治理好百姓的。要取得上司信任有办法：如果不被朋友信任，也就不会得到上司信任了。要被朋友信任有办法：如果侍奉父母得不到父母欢心，也就不会被朋友信任了。要父母欢心有办法：如果反省自己不诚心诚意，也就得不到父母欢心了。要使自己诚心诚意是有办法的：如果不明白什么是善行，也就不会使自己诚心诚意了。所以，诚是天然的道理，追求诚是做人的道理。极端诚心而不能使人感动，是从不会有的事；不诚心是没有谁会被感动的。"

【原文】

孟子曰："伯夷辟纣，居北海之滨①，闻文王作，兴曰：'盍归乎来！吾闻西伯②善养老者。'太公③辟纣，居东海之滨④，闻文王作，兴曰：'盍归乎来！吾闻西伯善养老者。'二老者，天下之大老也，而归之，是天下之父归之也。天下之父归之，其子焉往？诸侯有行文王之政者，七年之内，必为政于天下矣。"

① 北海之滨:其地在今濒临渤海的河北昌黎一带。

② 西伯:即周文王。

③ 太公:即姜太公,因祖先曾封于吕地,故又姓吕,名尚,字子牙,号太公望。曾辅佐文王、武王灭商建立周朝。

④ 东海之滨:其地在今山东莒县东部。

【译文】

孟子曰:"伯夷躲避纣王,隐居在北海边,听说文王兴盛起来了,高兴地说:'何不去投奔西伯呢! 我听说西伯善于奉养老人。'太公躲避纣王,隐居在东海边,听说文王兴盛起来了,高兴地说:'何不去投奔西伯呢! 我听说西伯善于奉养老人。'这两位老人,是天下最有声望的老人,(他们)投奔了西伯,这就使天下做父亲的都去投奔西伯了。天下做父亲的都投奔了西伯,他们的儿子还能往哪里去呢?诸侯中如果有施行文王那样的仁政的,不出七年,一定能在天下执掌政权。"

【原文】

孟子曰:"求也为季氏宰①,无能改于其德,而赋粟倍他日。孔子曰:'求非我徒也,小子鸣鼓而攻之可也。'由此观之,君不行仁政而富之,皆弃于孔子者也,况于为之强战? 争地以战,杀人盈野,争城以战,杀人盈城,此所谓率土地而食人肉,罪不容于死。故善战者服上刑,连诸侯者次之,辟草莱、任土地者次之。"

【注释】

① 季氏宰:求,冉求,孔子弟子。季氏,指季康子,鲁国卿。

【译文】

孟子说:"冉求当了季氏的家臣,不能改变季氏的德行,征收田赋反而比过去增加一倍。孔子说:'冉求不是我的学生,弟子们,你们可以擂起鼓来声讨他!'由此看来,君主不施行仁政,反而去帮他聚敛财富的人,都是孔子所鄙弃的,更何况为他卖命打仗的人呢?为争夺一块地方打仗而杀人遍野,为争夺一座城池打仗而杀人满城,这就叫作带领着土地来吃人肉,罪恶之大,是将他处死都嫌不够的。所以好打仗的人该受最重的刑罚,唆使诸侯拉帮结伙打仗的人,该受次一等的刑罚,强令百姓垦荒耕种分土授田的人,该受再次一等的刑罚。"

【原文】

孟子曰:"存乎人者,莫良于眸子。眸子不能掩其恶。胸中正,则眸子了焉;胸中不正,则眸子眊焉。听其言也,观其眸子,人焉廋①哉?"

【注释】

① 廋(sōu):隐藏。

【译文】

孟子说:"观察一个人,最好的办法莫过于观察他的眼睛。眼睛掩藏不了他(内心)的邪恶。心胸正直,眼睛就明亮;心术不正,眼睛就浊暗。听他说话,同时观察他的眼睛,这个人的善恶还能隐藏到哪里去呢?"

孟子曰:"恭者不侮人,俭者不夺人。侮夺人之君,唯恐不顺焉,恶得为恭俭? 恭俭岂可以声音笑貌为哉?"

【译文】

孟子说:"恭敬的人不欺侮别人,节俭的人不掠夺别人。欺侮人、掠夺人的君主,唯恐别人不顺从,怎么能做到恭敬和节俭? 恭敬和节俭这两种品德难道是可以靠声音笑貌强装出来的吗?"

淳于髡①曰:"男女授受不亲,礼与?"

孟子曰:"礼也。"

曰:"嫂溺,则援之以手乎?"

曰:"嫂溺不援,是豺狼也。男女授受不亲,礼也;嫂溺,援之以手者,权②也。"

曰:"今天下溺矣,夫子之不援,何也?"

曰:"天下溺,援之以道;嫂溺,援之以手。子欲手援天下乎?"

【注释】

① 淳于髡(kūn):姓淳于,名髡,战国时齐国有名的辩士,曾在齐威王、齐宣王时做官。

② 权:变通。

【译文】

淳于髡说:"男女之间不能亲手递接东西,是礼法的规定吗?"

孟子说:"是礼法的规定。"

淳于髡又问:"如果嫂子落水了,那么能用手拉她吗?"

孟子说:"嫂子落水了而不去拉,这就如同豺狼了。男女之间不亲手递接东西,这是礼法的规定;嫂子落水而用手去拉,这是对礼法的变通。"

淳于髡说:"现在,天下的人都掉落水中了,您不去救,为什么呢?"

孟子说:"天下的人都落水了,要用道去救;嫂子落水了,要用手去救。你难道想用手去救天下的人吗?"

【原文】

公孙丑曰:"君子之不教子,何也?"

孟子曰:"势不行也。教者必以正;以正不行,继之以怒。继之以怒,则反夷矣。'夫子教我以正,夫子未出于正也。'则是父子相夷也。父子相夷,则恶矣。古者易子而教之,父子之间不责善。责善则离,离则不祥莫大焉。"

【译文】

公孙丑说:"君子不亲自教育自己的儿子,为什么呢?"

孟子说:"因为情理上行不通。(父亲)教育(儿子)必然要用正确的道理;用正确的道理行不通,接着便会动怒。一动怒,就反而伤了感情。(儿子会说:)'你用正确的道理教育我,而你自己的做法就不正确。'这样,父子之间就伤了感情。父子之间伤了感情,就坏事了。古时候相互交换儿子进行教育,父子之间不求全责备对方。相互求全责备,会使父子关系疏远,父子疏远,那就没有比这更不幸的了。"

　　孟子曰:"事,孰为大? 事亲为大;守,孰为大? 守身为大。不失其身而能事其亲者,吾闻之矣;失其身而能事其亲者,吾未之闻也。孰不为事? 事亲,事之本也;孰不为守? 守身,守之本也。曾子①养曾晳,必有酒肉。将彻,必请所与;问有余,必曰'有'。曾晳死,曾元养曾子,必有酒肉。将彻,不请所与;问有余,曰'亡矣',将以复进也。此所谓养口体者也。若曾子,则可谓养志也。事亲若曾子者,可也。"

【注释】

　　① 曾子:即曾参,春秋时鲁国人,与他的父亲曾晳同为孔子的弟子。

【译文】

　　孟子说:"哪一种侍奉最重要? 侍奉父母最重要;哪一种守护最重要? 守护自身(的善性)最重要。不丧失自身(善性)而能侍奉好父母的,我听说过;丧失了自身(善性)而能侍奉好父母的,我从来没听说过。哪个长者不该侍奉? 但侍奉父母才是侍奉的根本;哪种好品德不该守护? 但守护自身(的善性)是守护的根本。曾子奉养他的父亲曾晳,每餐必定有酒肉。撤除食物时,必定要请示(剩下的酒肉)给谁;如果父亲问有没有剩余,必定说'有'。曾晳死后,曾元奉养他的父亲曾子,每餐也必定有酒肉。撤除时,不请示剩余的给谁;父亲问有没有剩余,就回答说'没有了',是准备拿吃剩的下一餐再进奉给父亲。这叫作对父母的口体奉养。像曾子那样,就可以称为对父母心意的奉养了。侍奉父母能像曾子那样就可以了。"

【原文】

孟子曰："人不足与适①也,政不足间②也。唯大人为能格君心之非。君仁,莫不仁;君义,莫不义;君正,莫不正。一正君而国定矣。"

【注释】

① 适:同"谪",谴责,指责。

② 间:非议。

【译文】

孟子说："那些在位的小人,不值得去指责,他们的政事不值得去非议。只有大仁大德的人才能纠正君主思想上的错误。君主仁,没有谁不仁;君主义,没有谁不义;君主正,没有谁不正。一旦君主端正了,国家就安定了。"

【原文】

孟子曰："有不虞①之誉,有求全之毁。"

【注释】

① 虞:预料。

【译文】

孟子说："有意想不到的赞誉,也有吹毛求疵的非议。"

【原文】

孟子曰："人之易其言也,无责耳矣。"

孟子说:"一个人说话随随便便,是因为他不必负说话的责任。"

【原文】

　　孟子曰:"人之患在好为人师。"

【译文】

孟子说:"人们的毛病在于喜欢充当别人的老师。"

【原文】

　　乐正子从于子敖之齐。

　　乐正子见孟子。孟子曰:"子亦来见我乎?"

　　曰:"先生何为出此言也?"

　　曰:"子来几日矣?"

　　曰:"昔者。"

　　曰:"昔者,则我出此言也,不亦宜乎?"

　　曰:"舍馆未定。"

　　曰:"子闻之也,舍馆定,然后求见长者乎?"

　　曰:"克有罪。"

【译文】

乐正子跟随子敖来到齐国。

乐正子去见孟子。孟子说:"你也来看我吗?"

乐正子说:"先生为什么要说这样的话呢?"

孟子问:"你来了几天了?"

乐正子说："昨天就来了。"

孟子说："昨天就来了，那么我说这话，不也是应该的吗？"

乐正子说："（因为）住所没有定下来。"

孟子说："你听说过，（非要）住所定下来了，才去求见长辈的吗？"

乐正子说："我有过错。"

【原文】

孟子谓乐正子曰："子之从于子敖来，徒饪啜也。我不意子学古之道而以饪啜也。"

【译文】

孟子对乐正子说："你跟着子敖来，只是为了混饭吃罢了。我没有想到，你学习古人之道，竟是用它来混饭吃。"

【原文】

孟子曰："不孝有三，无后为大。舜不告而娶，为无后也，君子以为犹告也。"

【译文】

孟子说："不孝的情况有三种，其中以没有后代的罪过为最大。舜没有禀告父母就娶妻，是因为怕没有后代。所以，君子认为他虽然没有禀告，但实际上和禀告了一样。"

【原文】

孟子曰："仁之实，事亲是也；义之实，从兄是也；智之实，知斯二者弗去是也；礼之实，节文斯二者是也；乐之实，乐斯二者，乐则生矣[1]；生则恶可已也，恶可已，则不知足之蹈之手之舞之。"

①"乐之实"三句:前一"乐",读 yuè,后二"乐",读 lè。

【译文】

孟子说:"仁的实质是侍奉父母;义的实质是顺从兄长;智的实质是明白这两方面的道理而不背离;礼的实质是在这两方面不失礼节、态度恭敬;乐的实质是乐于做这两方面的事,快乐就产生了;快乐一产生就抑制不住,抑制不住,就会不知不觉地手舞足蹈起来。"

【原文】

孟子曰:"天下大悦而将归己,视天下悦而归己,犹草芥也,惟舜为然。不得乎亲,不可以为人;不顺乎亲,不可以为子。舜尽事亲之道而瞽瞍厎豫①,瞽瞍厎豫而天下化,瞽瞍厎豫而天下之为父子者定。此之谓大孝。"

【注释】

① 瞽瞍(gǔ sǒu):舜的父亲,其事可参《万章上》二、四章。厎(dǐ):致。豫:乐。

【译文】

孟子说:"天下的人都很高兴地要来归附自己,把这种情景看得如同草芥,只有舜是这样。不能得到父母的欢心,不可以做人;不能顺从父母的心意,不能做儿子。舜竭尽全力侍奉父母,终于使他的父亲瞽瞍高兴了;瞽瞍高兴了,天下的人由此受到感化;瞽瞍高兴了,天下父子之间应有的关系由此确定了。这叫作大孝。"

【故事】

孙武斩宠立规矩

中国古代流传下来的军事文化遗产不多,《孙子兵法》是其中的璀璨瑰宝。它被后世的兵法家、军事家广泛推崇,成为国际最著名的兵学典范。《孙子兵法》的作者是孙武,字长卿,春秋时期齐国乐安人,是著名的军事家。

孙武生活的年代处于春秋末期,那个时代诸侯征伐,社会动荡。孙武的父亲孙凭为了逃避祸乱,率领全家迁到南方的吴国,那时的孙武只有二十多岁。

公元前515年,吴王僚趁着楚平王驾崩、楚国国内动荡之时兴兵伐楚。在此期间,阖闾加大策动政变的步伐。在吴王僚班师回朝的庆功宴上,他派勇士专诸将剑藏在鱼腹中,趁上菜之机刺杀了吴王僚。这就是历史上有名的"专诸刺王僚"的故事。阖闾因此夺得了吴国的王位,史称为"吴王阖闾"。

当时的吴国国势强大,但也存在着很多问题,比如:常受江河海水的侵害,军事防御设施不完备,荒地未充分开垦,建立的粮仓不多等等。西面的楚国和南面的越国都实力强大,已经对吴国构成威胁。正是在这种背景之下,吴王阖闾大力搜罗人才,任用贤能,听取民声,采纳良策。他重用楚国的亡臣伍子胥,在伍子胥的推荐下,又召见了孙武。

吴王阖闾想重用孙武,就对他说:"先生写的十三篇兵法,我都看过了,实在是太好了。你能否在我面前小试一下,让寡人开开眼界?"

孙武回答说:"可以。"

吴王想要给孙武出难题,就笑着问:"可以让女子来试吗?"

没想到,孙武点点头说:"可以。"

吴王就派人去后宫挑选了一百八十名美貌的嫔妃。这些嫔妃听说吴王要看她们练兵,觉得既新鲜又高兴,个个涂脂抹粉、身着罗裙地来到校场上,简直是把练兵当成了走秀。

但这群花枝招展的嫔妃在孙武的眼中只是士兵。孙武命令她们排成两列,让两名吴王的宠妃担任队长,传达军令。列队完毕后,孙武大声地问道:"你们知道心、背和左右手的方位吗?"

嫔妃们说:"知道。"

孙武又说:"我命令你们向前看,就注视心的前方;向右看,注视右手的前方;向左看,注视左手的前方。鼓声为号,懂了吗?"

嫔妃们忍着笑齐声道:"懂啦!"

一声号令,右边的战鼓擂响了。这个时候,这些俏丽的嫔妃们再也忍不住,一起哈哈大笑起来,简直笑得直不起腰。

"静!"孙武皱起了眉,喊道:"军令传达不明,是将军的过错。好,我再讲一遍。"于是,他又将规定说了一遍,然后命令擂响左边的战鼓,并在一旁设下军队行刑的斧钺。

可是鼓声一响,妃子们又都开始笑了起来。这时,孙武声色俱厉地喝道:"军令已明,知法不行,乃是士官的罪责!"说罢,命令卫兵将两个当队长的宠妃推出去斩首。

吴王正坐在阅兵台上看得眉开眼笑,忽见孙武要杀掉他的宠妃,大吃一惊,慌忙说:"寡人已经知道先生会用兵了。请先生不要杀寡人的爱妃。"

孙武回道:"臣既已受大王之命担任将军,就请大王不要干涉军中执法。"吴王只好看着孙武将那两个宠妃斩首示众了。

孙武又派两名妃子来担任队长。两名宠妃的被斩,让这些嫔妃

们吓得发抖,再也没有人敢嘻笑了。她们非常规矩地随着战鼓声进退操练,每个动作都符合规定的标准。

斩姬练兵这件事使孙武获得了吴王阖闾的赏识。吴国在伍子胥、孙武的治理下,内政和军事都大有起色。孙武率领吴军打仗时,将士们无不严守军令,奋勇杀敌。

公元前506年,吴王阖闾率师大败楚军,仅用十天就进入了楚国国都郢,创造了春秋时期攻占大国都城的先例。第二年,阖闾又亲自带军出征,大败越军。公元前504年,吴军再次伐楚,这次迫使楚国迁都于郢。经过这几次战斗,吴国威震中华。

【评论】

孟子"不以规矩,不能成方圆"的说法之所以能流传至今,就是因为无论在生活中还是社会里,没有规矩就会没有秩序,就无法找到做事遵循的标准,就会乱成一团。社会发展到今天,种类繁多的"规矩"已经划定了各个领域的"疆界",大到国家制订的法律,小到家庭生活中的道德修养,都必须遵循"规矩"。正是因为有了"规矩",我们的社会和家庭才能够井然有序。

第八篇

离娄（下）——有所为有所不为

【原文】

孟子曰:"舜生于诸冯,迁于负夏,卒于鸣条①,东夷之人也。文王生于岐周②,卒③于毕郢④,西夷之人也。地之相去⑤也,千有余里;世之相后也,千有余岁。得志行乎中国,若合符节⑥。先圣后圣,其揆一⑦也。"

【注释】

① 诸冯,负夏,鸣条:皆古地名,具体所在已无法确指,传说都在现今山东省。

② 岐周:岐,即今陕西岐山县东北的岐山;"周"是国名。

③ 卒:死。

④ 毕郢:地名,在今陕西咸阳市东部。文王葬在这里。

⑤ 相去:相距。去,离开。

⑥ 符节:古代朝廷用作凭证的信物,用金、玉、竹、铜、木等制作,形状不一,上写文字,剖分为二,双方各执一半,使用时将两半相合以验真假。

⑦ 其揆一:这里是说两位圣人虽然生活的年代距离有先后远近的不同,然而他们遵循推行的道理和准则却是一致的。揆:kuí,尺度,准则。

【译文】

孟子说:"舜出生在诸冯,迁居到负夏,最后死在鸣条,是东方人。文王生在岐周,最后死在毕郢,是西方人。两地相距一千多里,时代相隔一千多年,但他们得志后在中国所推行的政法,像符节一样吻合。可见古代的圣人和后代的圣人,他们(所遵循的)道德标准是一样的。"

子产①听②郑国之政，以其乘舆③济人于溱、洧④。孟子曰："惠⑤而不知为政。岁十一月，徒杠⑥成；十二月，舆梁⑦成，民未病涉也。君子平其政，行辟⑧人可也，焉得人人而济之？故为政者，每人而悦之，日亦不足矣。"

【注释】

① 子产：春秋时郑国的贤相，姓公孙，名侨，字子产。

② 听：处理，判断。

③ 乘舆：乘坐的车。

④ 溱(zhēn)、洧(wěi)：郑国的两条河。

⑤ 惠：指私恩小利。

⑥ 徒杠(gāng)：简陋的独木便桥，可让人步行通过。《说文解字》注："凡独木者曰杠，骈木者曰桥。"

⑦ 舆梁：可通行车马的大桥。

⑧ 辟：古代上层人物出行时，前有执鞭者开道。

【译文】

子产主持郑国的政事，他用自己乘坐的车子帮助徒步行走的人渡过溱水和洧水。孟子说："这只是小恩小惠，他并不懂治理国家的方法。如果十一月份修成能够走人的桥，十二月份修成能通车的桥，那么百姓就不必再为渡河发愁了。在上位的人能把政治弄好，即便出行时让百姓让让路都是可以的，哪用得着一个个地去帮他们渡河呢？所以治理政事的人，对每个人都一一私行小惠去讨他们欢心，那么时间是不够用的。"

【原文】

孟子告齐宣王曰:"君之视臣如手足,则臣视君如腹心;君之视臣如犬马,则臣视君如国人;君之视臣如土芥,则臣视君如寇仇①。"

王曰:"礼,为旧君有服,何如斯可为服矣?"

曰:"谏行言听,膏泽下于民;有故而去,则君使人导之出疆②,又先于其所往③;去三年不反,然后收其田里。此之谓三有礼焉。如此,则为之服矣。今也为臣,谏则不行,言则不听,膏泽不下于民;有故而去,则君搏执之,又极④之于其所往;去之日,遂收其田里。此之谓寇仇。寇仇,何服之有?"

【注释】

① 寇仇:仇敌。

② 导之出疆:派人引导他离开边境,是为保护他防止被抢劫之类。

③ 先于其所往:国君使人提前到他要去的地方做安排铺路,使之生活顺利。

④ 极:使之穷困。去百姓们要投奔的地方故意制造困难。

【译文】

孟子告诉齐宣王说:"君主看待臣下如同自己的手足,臣下看待君主就会如同自己的心腹;君主看待臣下如同狗马,臣下看待君主就会如同不相识的人;君主看待臣下如同泥土草芥,臣下看待君主就会如同仇敌。"

宣王说:"礼制规定,(已经离职的臣下)要为先前侍奉过的君主服孝,君主怎样做,才能让臣下愿意为他服孝呢?"

孟子说:"(臣下在职时)有劝谏,君主就听从,有建议,君主就采纳,使君主恩泽遍及百姓;(臣子)有原因离职(到别国去),君主就派人护送他出境,并且派人先到他要去的地方做好安排;离开三年还不回来的,这才收回他的封地、房屋。这叫三次有礼。这样做,臣下就愿意为旧日的君主服孝了。可是如今,做臣下的,有劝谏,君主不接受,有建议,君主不肯采纳,(因此)恩泽不能遍及百姓;有旧臣离去,君主就要捉拿他,还想方设法使他在所去的地方陷入困境;离开的当天,就没收了他的封地、房屋。这样就叫作仇敌。对于仇敌,还能愿意为他服孝吗?"

【原文】

孟子说:"无罪而杀士,则大夫可以去;无罪而戮民,则士可以徙。"

【译文】

孟子说:"没有罪过而随意杀害士人,那么卿大夫就可以离开;没有罪过而随意屠杀百姓,那么士人就可以迁走。"

【原文】

孟子曰:"君仁,莫不仁;君义,莫不义。"

【译文】

孟子说:"君主仁,就没有谁不仁;君主义,就没有谁不义。"

【原文】

孟子曰:"非礼之礼,非义之义,大人弗为。"

【译文】

孟子说:"不符合礼仪的礼,不符合道义的义,有道德的人是不遵行的。"

【原文】

孟子曰:"中①也养②不中,才③也养不才,故人乐有贤④父兄也。如中也弃不中,才也弃不才,则贤不肖之相去,其间不能以寸⑤。"

【注释】

① 中:行为符合中庸之道的人,即贤德的人。中,无过无不及的意思。

② 养:教育熏陶。

③ 才:有才能的人。

④ 贤:既贤德又有才能的人。

⑤ 其间不能以寸:他们之间的距离或差别比寸还要小。

【译文】

孟子说:"贤德的人教育、熏陶不贤德的人,有才能的人教育、培养没有才能的人,所以人人都乐意自己有贤能的父亲和兄长。如果贤德的人厌弃不贤德的人,有才能的人厌弃没有才能的人,那么好和不好的距离,就微小得不能用分寸来度量了。"

【原文】

孟子曰:"人有不为也,而后可以有为。"

【译文】

孟子说："一个人有所不为,然后才能有所作为。"

【原文】

孟子曰："言人之不善,当如后患何?"

【译文】

孟子说："宣扬人家的缺点,同时该想想招来了后患怎么办?"

【原文】

孟子曰："仲尼不为已甚者。"

【译文】

孟子说："仲尼不做过头的事。"

【原文】

孟子曰："大人者,言不必信,行不必果,惟义所在。"

【译文】

孟子说："有德行的君子,说话不一定都兑现,做事不一定都果断,只要落实在'义'上就行。"

【原文】

孟子曰："大人者,不失其赤子之心者也。"

【译文】

　　孟子说:"有德行的君子,是不失掉婴儿般纯真天性的人。"

【原文】

　　孟子曰:"养生者不足以当大事,惟送死可以当大事。"

【译文】

　　孟子说:"奉养父母还算不上大事,只有给他们送终才算得上大事。"

【原文】

　　孟子曰:"君子深造之以道,欲其自得之也。自得之,则居之安;居之安,则资之深;资之深,则取之左右逢其原,故君子欲其自得之也。"

【译文】

　　孟子说:"君子按照正确的方法加深自身的造诣,是想使他自己自觉地获得学问道理。自觉地获得学问道理,就能牢固地掌握它;牢固掌握了它,就能累积深厚;累积深厚,就能在日常生活中左右逢源,取之不尽,信手拈来,运用自如,所以君子希望自己能自觉地获得学问道理。"

【原文】

　　孟子曰:"博学而详说之,将以反说约也。"

【译文】

孟子说："广博地学习并详尽地解说这些道理，是要由此返回到能够简洁扼要阐明它大义的境界。"

【原文】

孟子曰："以善服人者，未有能服人者也；以善养人，然后能服天下。天下不心服而王者，未之有也。"

【译文】

孟子说："用自己的善来制服人，没有能使人心服的；用自己的善来教育感化人，就能使天下的民众心服。天下的民众不心服却能统治好天下的，是从来没有过的事。"

【原文】

孟子曰："言无实不祥。不祥之实，蔽贤者当之。"

【译文】

孟子说："说话没有事实根据是不好的。不好的后果是阻碍了进用贤能的人。"

【原文】

徐子①曰："仲尼亟称于水②，曰'水哉，水哉③！'何取于水也？"
孟子曰："源泉④混混⑤，不舍昼夜⑥，盈⑦科⑧而后进，放乎四海。有本者如是，是之取尔。苟为无本，七八月之间雨集，沟浍⑨皆盈，其涸也，可立而待也。故声闻过情⑩，君子耻之。"

【注释】

① 徐子：姓徐，名辟，孟子弟子。

② 亟称于水：屡次称道于水。

③ 水哉水哉：赞叹之词。

④ 源泉：有源头的水。

⑤ 混混(gǔn gǔn)：水流涌出的样子。

⑥ 不舍昼夜：指水流永不停息。

⑦ 盈：满。

⑧ 科：低洼的地方。

⑨ 浍(huì)：田间水道。

⑩ 声闻过情：名声超出了实际情况。

【译文】

徐子说："孔子多次称赞水，说道'水啊，水啊！'孔子认为水有什么可取之处呢？"

孟子说："源头里的泉水滚滚涌出，日夜不停地奔流，注满洼坑后继续前进，最后流入大海。有本源的事物都是这样，孔子所取的正是这一点啊！如果是没有源头的水，就像每年七、八月间的大雨，下得很集中，大小沟渠都积满了水，但它们的干涸却只要很短的时间。所以，声望超过了实际情况，君子认为是可耻的。"

【原文】

孟子曰："人之所以异于禽兽者几希①，庶民②去之③，君子存之。舜明于庶物④，察于人伦，由仁义行⑤，非行仁义⑥也。"

① 几希：几乎很少。希，少。

② 庶：众人。

③ 去之：除去，指背弃天理。

④ 庶物：指万物。

⑤ 由仁义行：指的是仁义已经在内心扎根，所作所为自然而然都由仁义出发。

⑥ 非行仁义：并不是觉得仁义是美好的而勉强遵从推行。

【译文】

孟子说："人与禽兽不同的地方只有很少一点点，可是普通百姓还是丢弃了这些区别，只有高尚的君子保留了它。舜明白万事万物的道理，明察人伦关系，因此他能够从仁义出发行事，而不是勉强地把仁义当作工具来施行使用。"

【原文】

孟子曰："禹恶旨酒而好善言。汤执中，立贤无方①。文王视民如伤，望道而未之见。武王不泄迩②，不忘远。周公思兼三王，以施四事；其有不合者，仰而思之，夜以继日；幸而得之，坐以待旦。"

【注释】

① 方：义同"常"。

② 泄迩：泄，狎；迩，近。

【译文】

孟子说："禹不喜欢美酒而喜欢善言。汤坚持中庸之道，举荐选拔贤人，不拘泥于一成不变的常规。文王看待百姓，如同他们受了

伤一样(总是同情抚慰),爱民至深;按照正道行事却又像没有看见
一样(总是不断追求)。武王不轻慢身边的臣子,不忘怀四方的诸
侯。周公希望兼学夏、商、周三代圣王的功业,实践(上述)四个方面
的美德;要是有与他们不符合的,就仰首思索,日夜推敲;一旦想通
了,就坐盼天亮(以便立即实行)。"

【原文】

　　孟子曰:"王者之迹①熄而《诗》亡,《诗》亡然后《春秋》②作。
晋之《乘》③,楚之《梼杌》,鲁之《春秋》,一也:其事则齐桓、晋文,其
文则史。孔子曰:'其义则丘窃取之矣。'"

【注释】

　　① 迹:古之遒人,遒人是古代采集歌谣的官吏。

　　②《春秋》:鲁国的史书。后来孔子依据鲁国史官所编《春秋》,
加以整理修订而成编年体鲁《春秋》。据上下文,这里的《春秋》似指
前者。

　　③《乘》:晋史书名。下文《梼杌》(táo wù)、《春秋》分别是楚国、
鲁国史书名。

【译文】

　　孟子说:"圣王采集歌谣的做法废止后,《诗》就没有了;《诗》没有
之后,就出现了《春秋》一类史书。晋国的《乘》,楚国的《梼杌》,鲁国
的《春秋》,都是一样的:上面记载的是齐桓公、晋文公称霸之类的
事,所使用的笔法,都是史官的风格。孔子说:'各国史书(褒贬善恶)
的原则,我私下取来(运用到《春秋》中)了。'"

孟子曰:"君子之泽五世而斩,小人之泽五世而斩。予未得为孔子徒也,予私淑诸人也。"

【译文】

孟子说:"君子道德风尚的影响,五代以后就断绝了;小人道德风尚的影响,五代以后也就断绝了。我没能(赶上)做孔子的门徒,我是私下从别的贤人那里学习(孔子的道德学问)的。"

【原文】

孟子曰:"可以取,可以无取,取伤廉;可以与,可以无与,与伤惠;可以死,可以无死,死伤勇。"

【译文】

孟子说:"可以拿,可以不拿,拿了就损害了廉洁;可以给,可以不给,给了就损害了恩惠;可以死,可以不死,死了就损害了勇敢。"

【原文】

逢蒙学射于羿①,尽羿之道,思天下惟羿为愈己②,于是杀羿。孟子曰:"是亦羿有罪焉。"

公明仪曰:"宜若无罪焉。"

曰:"薄乎云尔③,恶得无罪?郑人使子濯孺子④侵卫,卫使庚公之斯⑤追之。子濯孺子曰:'今日我疾作,不可以执弓,吾死矣夫!'问其仆⑥曰:'追我者谁也?'其仆曰:'庚公之斯也。'曰:'吾生矣。'其仆曰:'庚公之斯,卫之善射者也;夫子曰吾生,何谓也?'

曰：'庾公之斯学射于尹公之他⑦，尹公之他学射于我。夫尹公之他，端人⑧也，其取友必端矣。'庾公之斯至，曰：'夫子何为不执弓？'曰：'今日我疾作，不可以执弓。'曰：'小人学射于尹公之他，尹公之他学射于夫子，我不忍以夫子之道反害夫子。虽然，今日之事，君事也，我不敢废。'抽矢，扣轮，去⑨其金，发乘矢⑩而后反。"

【注释】

① 逢（péng）蒙学射于羿：逢蒙，羿的学生，后背叛羿，帮助有穷国的相寒浞杀死了羿。羿，传说是古代有穷国的国君，以善射闻名。

② 愈己：胜过自己。

③ 薄乎云尔：不过是罪轻一些罢了。

④ 子濯孺子：郑国大夫。

⑤ 庾公之斯：卫国大夫。

⑥ 仆：这里指驾车的人。

⑦ 尹公之他（tuō）：卫国人。

⑧ 端人：正人君子。

⑨ 去：除掉。

⑩ 乘矢：四支箭。

【译文】

逢蒙向羿学射箭，学会了羿的所有技术后，他想到天下只有羿比自己强，于是杀害了羿。孟子说："这件事羿也有过错。"

公明仪说："好像不该有过错吧！"

孟子说："只是过错小一点罢了，怎么能说没有过错？郑国派子濯孺子侵犯卫国，卫国派庾公之斯追击他。子濯孺子说：'今天我的旧病发作了，连弓都拉不开，我是必死无疑的了。'回头问他的驾车人：'追赶我的人是谁啊？'驾车的说：'是庾公之斯。'子濯孺子说：'我不会死了！'驾车人说：'庾公之斯是卫国有名的射箭手；您（反而）说：我不会死了，为什么这样说呢？'子濯孺子说：'庾公之斯是跟尹公之他学的射箭，尹公之他是跟我学的射箭。尹公之他是正派人，他看中的朋友一定也是正派的。'庾公之斯追到面前，说：'先生为什么不张弓？'子濯孺子说：'今天我的旧病发作了，无法张弓。'庾公之斯说：'我向尹公之他学的射箭，尹公之他是向您学的射箭，我不忍心用您传授的技巧反过来伤害您。虽然这么说，可是今天这事，是国君交付的公事，我不敢不办。'说完便抽出箭来，在车轮上敲，敲掉箭头，射了四箭之后返身回去了。"

【原文】

孟子曰："西子①蒙②不洁，则人皆掩鼻而过之；虽有恶人③，齐④戒沐浴，则可以祀上帝。"

【注释】

① 西子：西施，指美丽的女子。

② 蒙：遭受。

③ 恶人：指相貌丑陋的人。

④ 齐(zhāi)：假借为斋。

【译文】

孟子说："西施虽然美丽，但如果受到了脏东西的玷污，那么人们走过她面前时也会掩起鼻子；即使长得丑陋的人，只要（诚心）斋戒沐浴，那么照样也可以祭祀上帝。"

【原文】

　　孟子曰:"天下之言性也,则故而已矣。故者以利为本。所恶于智者,为其凿也。如智者若禹之行水也,则无恶于智矣。禹之行水也,行其所无事也。如智者亦行其所无事,则智亦大矣。天之高也,星辰之远也,苟求其故,千岁之日至^①,可坐而致也。"

【注释】

　　① 日至:这里指冬至。

【译文】

　　孟子说:"天下之人所说的本性,无非指万物固有的道理而已。而认识固有的道理是以顺乎自然做根本的。我讨厌自以为聪明的人,因为他们总是爱穿凿附会。如果聪明得能像禹使水顺势流泻那样,我就不会讨厌这种聪明。大禹治水,顺势流泻,顺其自然,一点也不勉强。如果聪明人也能做不用穿凿而顺其自然的事,那聪明也就大得了不起了。天虽然很高,星辰虽然很远,只要能够认真地推求它们固有的(运行)规律,那么一千年后的冬至之日,也是可以坐在家里推算出来的。"

【原文】

　　公行子^①有子之丧。右师^②往吊,入门,有进而与右师言者,有就右师之位而与右师言者。孟子不与右师言,右师不悦,曰:"诸君子皆与欢言,孟子独不与欢言,是简^③欢也。"孟子闻之曰:"礼,朝廷不历位而相与言,不逾阶而相揖也。我欲行礼,子敖以我为简,不亦异乎?"

① 公行子:齐国大夫。

② 右师:齐国贵臣王欢,字子敖。

③ 简:轻慢。

【译文】

公行子为自己的儿子办丧事。右师王欢前去吊唁。他刚刚走进大门,就有人上前来跟他说话,随后又有人特意走到他的席位旁边来与他交谈。孟子没有跟他说话,他心里很不高兴,说:"各位大夫都来与我交谈了,只有孟子不与我说话,他这是有意轻慢我。"孟子听到了这些话,说:"按照礼节,臣子在朝廷里是不应该越位互相说话的,也不应该越过自己的官阶相互作揖行礼。我就是按礼节行事的,子敖却认为我这样做是轻慢他,不是很奇怪吗?"

【原文】

孟子曰:"君子所以异于人者,以其存心也。君子以仁存心,以礼存心。仁者爱人,有礼者敬人。爱人者,人恒爱之;敬人者,人恒敬之。有人于此,其待我以横逆①,则君子必自反②也:我必不仁也,必无礼也,此物③奚宜至哉?其自反而仁矣,自反而有礼矣,其横逆由是④也,君子必自反也:我必不忠。自反而忠矣,其横逆由是也,君子曰:'此亦妄人也已矣。如此,则与禽兽奚择⑤哉?于禽兽又何难焉⑥?'是故君子有终身之忧,无一朝之患也。乃若所忧则有之:舜,人也;我,亦人也。舜为法于天下,可传于后世,我由未免为乡人也,是则可忧也。忧之如何?如舜而已矣。若夫君子所患则亡矣。非仁无为也,非礼无行也。如有一朝之患,则君子不患矣。"

【注释】

① 横逆:蛮横无理。

② 自反:反躬自问,反省自己。

③ 物:事。

④ 由是:依然如此。由,犹。

⑤ 奚择:何异,有什么分别。

⑥ 又何难焉:又何必与他计较呢?

【译文】

孟子说:"君子之所以不同于一般人,是因为他保存在心里的思想不同。君子把仁牢记在心里,把礼牢记在心里。心中有仁爱的人爱人,心中有礼的人尊敬人。爱人的人,别人也一直爱他;尊敬人的人,别人也一直尊敬他。假设有个人,他以粗暴蛮横的态度对待我,那么作为君子必定会反省自己:我(对他)一定还有不仁的地方,无礼的地方,要不怎么会发生这样的事呢? 反省后认为自己做到仁了,反省后认为自己尽到礼了,那个人仍然粗暴蛮横,作为君子必定再次自我反省:我(待他)一定还没有尽心竭力。经过反省,认为自己做到了尽心竭力,那人的粗暴蛮横还是不改,君子就会说:'这不过是个狂妄无知的人罢了。像他这样,与禽兽又有什么区别呢? 对于禽兽又有什么可计较的呢?'因此君子有相伴终身的忧虑,没有一朝一夕的痛苦。至于终身忧虑的事是:舜是人,我也是人;舜给天下的人树立了榜样,影响可以流传到后世,我却仍然是个平庸的人,这是值得忧虑的。忧虑之后又该怎么办呢? 像舜那样去做就可以了。至于说到君子(一时)的痛苦,那是没有的。不仁的事不做,不合礼的事不做。即使有一朝一夕的灾难,君子也不会感到痛苦的。"

禹、稷当①平世，三过其门而不入，孔子贤之。颜子②当乱世，居于陋巷，一箪食，一瓢饮，人不堪其忧，颜子不改其乐，孔子贤之。孟子曰："禹、稷、颜回同道。禹思天下有溺者，由③己溺之也；稷思天下有饥者，由己饥之也，是以如是其急也。禹、稷、颜子易地则皆然。今有同室之人斗者，救之，虽被发缨冠而救④之，可也。乡邻有斗者，被发缨冠而往救之，则惑也；虽闭户可也。"

【注释】

① 当：值，在。

② 颜子：即颜回，孔子弟子，以贤著称。

③ 由：犹。

④ 被（pī）发缨冠：古人戴帽子要先束发，然后用簪子把帽子固定在头发上，再系好帽带。披散着头发戴帽，这里是形容情况紧急，来不及像正常时那样戴帽子。救：止。

【译文】

禹、后稷处于政局稳定的太平时代，三次路过家门都不进去，孔子称赞他们。颜子处于乱世，居住在僻陋的巷子里，一个小竹筐装饭吃，一个瓢子舀水喝，别人忍受不了那种清苦，颜子却引以为乐，孔子称赞他。孟子说："禹、后稷、颜回（遵循）同一个道理。禹一想到天下的人有淹在水里的，就觉得仿佛是自己淹在水里似的；后稷一想到天下的人还有挨饿的，就觉得仿佛是自己挨了饿似的，所以才那样急迫（地去拯救他们）。禹、后稷和颜回如果互换一下所处的位置，表现也都会是一样的。假设现在有同室的人打架，（为了）阻止他们，即使（匆忙得）披散着头发就戴上帽子去阻止，也是可以的。

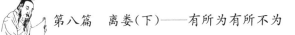
如果乡邻中有打架的,也披散着头发就戴上帽子去阻止,那就是糊涂了;(对这种事,)即使关起门来(不管它)也是可以的。"

【原文】

公都子曰:"匡章①,通国②皆称不孝焉,夫子与之游,又从而礼貌之,敢问何也?"

孟子曰:"世俗所谓不孝者五:惰其四支,不顾父母之养,一不孝也;博弈好饮酒,不顾父母之养,二不孝也;好货财,私妻子,不顾父母之养,三不孝也;从耳目之欲,以为父母戮③,四不孝也;好勇斗很④,以危父母,五不孝也。章子有一于是乎?夫⑤章子,子父责善而不相遇⑥也。责善,朋友之道也;父子责善,贼恩之大者。夫章子,岂不欲有夫妻子母之属哉?为得罪于父,不得近,出妻屏⑦子,终身不养焉。其设心以为不若是,是则罪之大者,是则章子已矣。"

【注释】

① 匡章:齐国人。

② 通国:全国的人。

③ 戮:朱熹《四书集注》:"戮,羞辱也。"

④ 好勇斗很:逞强好斗。很,同"狠"。

⑤ 夫:发语词。

⑥ 不相遇:不合。

⑦ 屏(bǐng):抛弃。

【译文】

公都子说:"(齐国的)匡章,全国的人都说他不孝,您却与他来往，还对他很客气，请问这是为什么呢？"

孟子回答说："世俗所说的不孝，有五种情况：四肢懒惰，不顾父母的生活，这是第一种不孝；喜欢赌博、喝酒，不顾父母的生活，这是第二种不孝；贪图钱财，偏爱老婆孩子，不顾父母的生活，这是第三种不孝；放纵于寻欢作乐，使父母蒙受羞辱，是第四种不孝；逞勇好斗，使父母受到连累，是第五种不孝。章子在这五种不孝中犯有哪一种吗？这位章子，只不过是因为父子之间互相责求善行而不能相处在一块儿的。责求善行，这是朋友相处的原则；父子之间责求善行，却是大伤感情的事。章子难道不想有夫妻母子的团聚？只是因为得罪了父亲，不能亲近他，（不得已）把妻子、儿女赶出了门，终身不养育他们。他心里认为不这么做，就是更大的罪过。这就是章子所做的一切啊！"

【原文】

曾子居武城①，有越寇。或曰："寇至，盍②去诸？"曰："无寓③人于我室，毁伤其薪木。"寇退，则曰："修我墙屋，我将反。"寇退，曾子反。左右曰："待先生如此其忠且敬也，寇至，则先去以为民望；寇退，则反，殆于不可。"沈犹行④曰："是非汝所知也。昔沈犹有负刍⑤之祸，从先生者七十人，未有与焉。"

子思⑥居于卫，有齐寇。或曰："寇至，盍去诸？"子思曰："如伋去，君谁与守？"

孟子曰："曾子、子思同道。曾子，师也，父兄也；子思，臣也，微⑦也。曾子、子思易地则皆然。"

【注释】

① 武城：鲁地名，在今山东费县西南。

② 盍(hé)：何不。

③ 寓：寄住。

④ 沈犹行：曾子弟子,姓沈犹,名行。

⑤ 负刍：人名,或说是背柴草的人。

⑥ 子思：孔子之孙,名伋。

⑦ 微：卑贱。

【译文】

　　曾子居住在武城,有越国军队来侵犯。有人说："敌人要来了,何不离开这里?"(曾子离开时)说："不要让人住到我的房子里来,不要毁坏了这里的树木。"敌人一撤退,曾子就说："修好我的墙屋,我要回来了。"敌人退走后,曾子就回来了。他身边的人议论说："(武城人)对我们先生这样忠诚而恭敬,可是一旦敌人来了,先生却先离开,给百姓做了这么个榜样;现在敌人一退走他就回去,(这么做)恐怕不太妥当。"沈犹行说："这不是你们所能明白的。从前,(先生曾住在我们那里,)沈犹家遭遇负刍作乱的祸事,跟随先生的七十个弟子,没有一个出事的,(因为他们是老师和客人,让他们先离开)。"

　　子思居住在卫国,有齐国军队来侵犯。有人说："敌人要来了,您何不离开这里?"子思说："如果我也离开,国君与谁来守城呢?"孟子说："曾子和子思遵行的道理是一样的。曾子是老师,是长辈;子思当时是臣子,是下属。如果曾子、子思互换了地位,也都会像对方一样的做事。"

【原文】

　　储子①曰："王使人瞷②夫子,果有以异于人乎?"

　　孟子曰："何以异于人哉? 尧、舜与人同耳。"

① 储子：齐国人，曾任齐相。

② 瞷(jiàn)：窥视。

【译文】

储子说："齐王派人来窥探先生，（您）果真有与常人不一样的地方吗？"

孟子说："哪有什么与别人不一样的呢？尧、舜都是与普通人一样的嘛。"

【原文】

齐人有一妻一妾而处室者，其良人①出，则必餍②酒肉而后反。其妻问所与饮食者，则尽富贵也。其妻告其妾曰："良人出，则必餍酒肉而后反；问其与饮食者，尽富贵也，而未尝有显者③来，吾将瞷良人之所之也。"

蚤④起，施⑤从良人之所之，遍国中无与立谈者。卒之东郭墦⑥间，之祭者，乞其余；不足，又顾而之他，此其为餍足之道也。

其妻归，告其妾，曰："良人者，所仰望而终身也，今若此！"与其妾讪⑦其良人，而相泣于中庭。而良人未之知也，施施⑧从外来，骄其妻妾。

由君子观之，则人之所以求富贵利达者，其妻妾不羞也而不相泣者，几⑨希⑩矣。

【注释】

① 良人：丈夫。

② 餍：吃饱喝足。

③ 显者：富贵之人。

④ 蚤：通"早"。

⑤ 施(yì)：斜行，这里形容暗暗尾随着别人走的样子。

⑥ 墦(fán)：坟墓。

⑦ 讪：羞耻。

⑧ 施施(yì yì)：得意的样子。

⑨ 几：几乎。

⑩ 希：少。

【译文】

齐国有一个人，家里有一妻一妾。她们的丈夫每次出门，必定是喝足了酒、吃饱了肉之后才回家。妻子问与他一起吃喝的是什么人，他就说都是有钱有势的人。妻子告诉他的妾说："丈夫每次出去，总是酒足肉饱后回来；问他与谁一起吃喝，他就说都是有钱有势的人，可是从来没见有显贵的人来过家里，我打算暗暗地察看他到什么地方去。"

（第二天）一早起来，（妻子）暗中跟着丈夫到他要去的地方，走遍全城没有一个站住了跟他说话的。最后走到了东门外的一块墓地中间，（见他）跑到祭坟的人那里，讨些残剩的酒菜吃；没吃饱，又东张西望上别处去乞讨，这就是他吃饱喝足的办法。

妻子回家后，（把情况）告诉了妾，并说道："丈夫，是我们指望终身依靠的人，现在才知道他竟是这样的人！"（说罢）与妾一起嘲骂丈夫，在庭中相对而泣。而丈夫还不知道这一切，得意洋洋地从外面回来，向妻妾摆架子耍威风。

在君子看来，人们用来追求升官发财的手段，能使他们的妻妾不感到羞耻、不至于相对而泣的，恐怕是很少的。

周公吐哺，天下归心

商朝的最后一个君主商纣王昏庸暴虐，周文王、周武王父子率领天下百姓奋起讨伐，最终灭掉殷商，建立了周朝。在此过程中，文王的第四个儿子一直在武王身边追随辅佐，他就是武王的同母弟弟，也是武王最得力的一个助手，姓姬名旦。因为他的采邑在周地，后人尊称他为周公，或者周公旦。

商纣王死后，武王在如何处置殷商遗民和上层贵族的问题上犹豫不决。他分别向几位最重要的臣子征询意见。

姜太公说："我听说人们如果特别喜欢一栋房屋，就会连屋顶上的乌鸦都一同喜欢。反过来也一样，如果一个人是不值得别人爱的，那么连他的篱笆、围墙也不必保留。"意思是要把曾经敌对的殷人统统杀掉。

召公说："把有罪的人杀掉，没有罪的就留下。"

周公则说："让殷朝的百姓们继续在他们原来的住处安居，在他们原来的土地上耕种，渐渐争取让殷人当中那些有仁德有威望的人支持我们。"

周公的政策深得武王赞许。于是，武王下令：释放被囚禁关押的贵族；修整殷朝著名贤人比干的坟墓；散发纣王积聚在鹿台的钱财；打开纣王的粮仓，赈济饥饿的百姓；为那些受殷纣残害的人平反昭雪……这些举措大力争取了殷人，也表明周王室要实行的是仁政。

伐纣灭商之后仅仅两年，武王就去世了。他在临终前想把王位传给德才兼备的周公，并且说这事不须卜问鬼神，可以当面决定。周公不肯接受。

　　武王死后,太子诵继位,就是成王。周朝本就属于国家初立,根基未稳,此时更是内忧外患接踵而至。而成王此时年纪还很小,根本无法应对如此复杂的局势。于是,由周公摄政,来治理国家。文王的另外两个儿子管叔和蔡叔心中不服,又觊觎权力,于是开始散布流言,说周公有篡夺王位的野心。周公知道后,便对姜太公和召公说:"我不顾个人名誉而承担摄政的重任,就是怕天下不稳。如果国家动荡了,我怎么对得起武王呢?"

　　他的儿子伯禽要到鲁国封地居住,以继承他的爵位。临行前,周公嘱咐他说:"我身为文王之子、武王之弟、成王之叔父,论身份地位,在国中是很高的了。但是我仍然时刻注意保持勤奋俭朴,谦诚待士,唯恐失去天下的贤人。你到鲁国去,千万不要骄狂无忌。"

　　当初武王灭商之时,把商王朝直接统治的地方分成了三个部分,分别交给管叔、蔡叔和纣的儿子武庚掌管,称为"三叔",也称"三监"。周公摄政之后不久,三监就联合东夷部族反叛了周朝,是为"三监之乱"。周公随即奉成王之命,率师东征。经过三年的艰苦作战,终于在公元前1022年平息了叛乱。首恶管叔鲜被杀掉,北逃的武庚被捉回来后杀掉,罪过较轻的蔡叔度被流放。蔡叔度死后,周公听说他的儿子胡"率德驯善",便提拔他做鲁国的卿士。后来看胡把鲁国治理得很好,周公就又把胡封到新蔡。

　　周公讨平管蔡之后,乘胜向东方进军,灭掉了尚未归顺的五十多个国家。从此,周朝的势力延伸到了海边。

　　为了加强对东方的控制,周公建议成王把国都迁到洛邑(今洛阳),并把俘获的大批商朝贵族迁居洛邑,以便对他们加强监督。

　　东都洛邑被选定在洛水之滨,只用了一年时间便建成了。周公召集天下诸侯举行了盛大的庆典,并正式册封天下诸侯,开始封邦建国。周公建置了71个封国,武王的15个兄弟和16位功臣被封去做诸侯，以此来捍卫周王室的势力。周公还在封国内推行井田制，统一规划土地，巩固和加强了周王朝的经济基础。

在周公的东征和分封后，周朝才真正成为了东至海、南至淮河流域、北至辽东的泱泱大国。

为了进一步巩固周朝政权，周公颁布了各类政令文告，总结夏殷的统治经验，制订出各种政策，还制订和推行了一套维护君臣宗法和上下等级的典章制度，严格规定了君臣、父子、兄弟、亲疏、尊卑、贵贱的礼仪，调整了中央和地方、王侯与臣民的关系，这就是礼乐制度，是孔子一生追求的有秩序的社会典范。

周公制礼作乐的第二年，也就是周公摄政的第七年，成王已经长大，周公决定把王位彻底交还给成王。周公以殷商的灭亡为前车之鉴，作《无逸》，告诫成王要知"稼穑之艰难"，不要纵情于声色玩乐，贪图安逸。然后，"北面就臣位"。

周公旦退位后，将主要精力用在制礼作乐上，不断完善典章和法规。

三年之后，在丰京养老的周公得了重病。在死之前，他说："我死之后一定葬在成周，以示臣服于成王。"他死后，成王将他葬于文王墓地旁边，说："这表示我不敢以周公为臣。"

周公为政时不仅日夜操劳、勤于政事，还深知治理天下需要贤德的人才，只要听说有贤人来访，哪怕正在吃饭，也会连忙把饭吐出来去接待。常常洗一次头发，吃一顿饭，都会被打断好几次。因此，后世怀才不遇的士人们更加格外推崇、怀念他。

【评论】

在国家危难时，周公不避嫌疑，挺身而出当摄政王，不辞辛劳地操持政务；当国家转危为安，开始顺利发展后，他又主动让出了王

位。周公之所以能如此为政事操劳,又完全不计名利,根源在于他对天下百姓怀有仁爱之心和强烈的责任感。这种正直无私、宽宏忘我的精神,这种近乎完美的理想人格,几千年来一直被后人称颂、怀念。

第九篇

万章（上）——处事要尊礼仪

【原文】

万章问曰："舜往于田，号泣于旻天①，何为其号泣也？"

孟子曰："怨慕也。"

万章曰："'父母爱之，喜而不忘；父母恶之，劳②而不怨。'然则舜怨乎？"

曰："长息③问于公明高④曰：'舜往于田，则吾既得闻命矣；号泣于旻天，于父母，则吾不知也。'公明高曰：'是非尔所知也。'夫公明高以孝子之心，为不若⑤是恝⑥：我竭力耕田，共⑦为子职而已矣，父母之不我爱，于我何哉？帝⑧使其子九男二女⑨，百官牛羊仓廪备，以事舜于畎亩⑩之中，天下之士多就⑪之者，帝将胥⑫天下而迁之⑬焉。为⑭不顺于父母，如穷人无所归。天下之士悦之，人之所欲也，而不足以解忧；好色，人之所欲，妻帝之二女⑮，而不足以解忧；富，人之所欲，富有天下，而不足以解忧；贵，人之所欲，贵为天子，而不足以解忧。人悦之、好色、富贵，无足以解忧者，惟顺于父母可以解忧。人少⑯，则慕父母；知好色，则慕少艾⑰；有妻子，则慕妻子；仕则慕君，不得⑱于君则热中⑲。大孝终身慕父母。五十而慕者，予于大舜见之矣。"

【注释】

① 旻天：天空。《说文·日部》："旻，秋天也。"

② 劳：忧愁。

③ 长息：公明高的弟子。

④ 公明高：曾参的弟子。

⑤ 若：如，像。

⑥ 恝（jiá）：无忧无愁的样子。

⑦ 共：通"恭"，恭敬。

⑧ 帝：尧。

⑨ 九男二女：二女妻之，以观其内；九男事之，以观其外。

⑩ 畎亩：田间。

⑪ 就：归，趋向，跟从。

⑫ 胥：皆。

⑬ 迁之：移交给舜。

⑭ 为：因为。

⑮ 妻帝之二女：传说尧把自己两个女儿娥皇和女英嫁给了舜。

⑯ 人少：人在年幼之时。

⑰ 少艾：年轻貌美的女子。也说"幼艾"。

⑱ 不得：失意。

⑲ 热中：心中焦躁。

【译文】

万章问孟子说："舜走到田里，仰望着秋日的天空大声诉说、哭泣着，他为什么要这样诉说、哭泣呢？"

孟子回答说："因为他怨恨自己得不到父母喜欢，却眷念思慕着父母。"

万章说："（有人说）'父母喜欢自己，自己高兴而不忘记做儿子的责任；父母讨厌自己，自己忧愁但并不怨恨父母。'（按照您这么说，）那么舜是怨恨自己的父母吗？"

孟子说："（以前）长息曾问过公明高：'舜到田里的事，我听您解说过理解了；可是他仰望着秋日的天空大声哭诉、呼喊父母，这样我就不理解了。'公明高说：'这不是你所能够理解的啊。'公明高认为，孝子的心是不能像这样无所谓的：我竭力耕田种地，恭恭敬敬地尽

到做儿子的职责就可以了,(要是)父母不喜欢我,我有什么责任呢?(舜却不是这样。)帝尧让自己的九个儿子和两个女儿,带着大小官员、牛羊、粮食,到舜的田野中去为舜效力。后来天下的士人投奔他的也很多,帝尧还把整个天下都让给了他。(舜却)因为不能使父母顺心,仍然像个走投无路的人无家可归似的。受到天下士人的喜欢,这是人人所追求的,却不足以消除舜的忧愁;漂亮的女子,这是人人想得到的,舜娶了帝尧的两个女儿,却不足以消除他的忧愁;财富,是人人想得到的,舜拥有天下的一切,却不足以消除他的忧愁;尊贵的地位,是人人想得到的,舜尊贵到当了天子,却不足以消除他的忧愁。人们的热爱、漂亮的女子、财富和尊贵,没有一样足以消除舜的忧愁,只有顺了父母的心意才能让他消除忧愁。人在年幼的时候,就依恋父母;到懂得欣赏美色时,就倾慕年轻美貌的女子;结婚之后,就眷念妻子;做了官,就讨好自己的君主,得不到君主的信任和赏识,心里就焦躁不安。具有最大孝心的人,才能终身眷念父母。到了五十岁而眷念父母之心仍不减,我在伟大的舜的身上看到了。”

【原文】

　　万章问曰:“《诗》云:‘娶妻如之何? 必告父母。’信斯言也,宜莫如舜。舜之不告而娶,何也?”

　　孟子曰:“告则不得娶。男女居室,人之大伦也。如告,则废人之大伦以怼①父母,是以不告也。”

　　万章曰:“舜之不告而娶,则吾既得闻命矣。帝之妻舜而不告,何也?”

　　曰:“帝亦知告焉则不得妻也。”

万章曰："父母使舜完②廪,捐阶③,瞽瞍焚廪。使浚井④,出,从而掩⑤之。象曰:'谟盖都君⑥,咸我绩。牛羊,父母;仓廪,父母。干戈,朕;琴,朕;弤,朕;二嫂,使治朕栖⑦。'象往入舜宫,舜在床琴,象曰:'郁陶⑧思君尔。'忸怩⑨。舜曰:'唯兹臣庶,汝其于予治。'不识舜不知象之将杀己与?"

曰:"奚而不知也? 象忧亦忧,象喜亦喜。"

曰:"然则舜伪喜者与?"

曰:"否! 昔者有馈生鱼于郑子产,子产使校人畜之池。校人烹之,反命曰:'始舍之,圉圉⑩焉;少则洋洋⑪焉,攸然而逝。'子产曰:'得其所哉,得其所哉。'校人出,曰:'孰谓子产智? 予既烹而食之,曰:得其所哉! 得其所哉!'故君子可欺以其方⑫,难罔以非其道。彼以爱兄之道来,故诚信而喜之,奚伪焉?"

【注释】

① 怼(duì):仇怨。

② 完:治理,使完全。

③ 捐阶:除去梯子(想要害死舜)。捐,除去;阶,梯子。

④ 浚井:淘井。

⑤ 掩:把井盖上。

⑥ 都君:舜居住的地方三年成为都城,所以称他为都君。

⑦ 栖:床。

⑧ 郁陶:思念得不到缓解的样子。

⑨ 忸怩:惭愧的样子。

⑩ 圉圉(yǔ):困顿的样子。

⑪ 洋洋:稍微活跃的样子。

⑫ 方：类。

【译文】

万章问："《诗经》上说：'娶妻应该怎样做呢？一定要禀告父母。'信从这句话的，没有人能比得上舜了吧？可是舜并没有禀告父母就娶了妻子，这怎么解释呢？"

孟子说："他若是禀告父母就娶不成妻子了。男婚女嫁，是做人的伦理之常。舜如果事先禀告父母，这个伦常就会被废止，进而造成对父母的仇怨，所以他就不禀告父母了。"

万章说："舜娶妻之时不禀告父母，我现在理解了。尧帝把自己的女儿嫁给舜也不告诉舜的父母，这又是为什么呢？"

孟子说："尧帝也明白如果告知舜的父母那么女儿就嫁不成了。"

万章说："舜的父母要他去修理谷仓，等舜爬上仓顶却撤走了梯子，舜的父亲瞽瞍还放火烧粮仓。后来他们又要舜去淘水井，瞽瞍和象不知道舜已经逃了出来，就把井用土埋住。象以为舜已经死了，就说：'出主意盖井害舜这都是我的功劳。牛羊，归父母。粮仓，归父母。兵器，归我。琴，归我。雕弓，归我。两位嫂嫂，替我收拾床铺。'象径直来到舜的家里，却发现舜正坐在床上弹琴。象就说：'我非常想念你啊！'一副手足无措的样子。舜说：'我正想念众位臣属，你替我管理他们吧！'难道舜不知道象是要谋害他的吗？"

孟子说："他怎么会不知道呢？象忧愁他也忧愁，象高兴他也高兴。"

万章说："那如此说来舜的高兴都是假装的？"

孟子说："不是。从前有人送了一条活鱼给郑国的子产，子产叫主管池塘的人把它养在池塘里。那人却把鱼煮来吃了，回来报告说：'刚放进池塘里时，它还要死不活的样子；过了一会儿便摇摆着

尾巴活动起来了;接着突然间,一下子就游得不知去向了。'子产说:
'它去了它应该去的地方啦! 它去了它应该去的地方啦!'那人从子
产那里出来后说:'谁说子产聪明呢? 我明明已经把鱼煮来吃了,可
是他还说'它去了它应该去的地方啦! 它去了它应该去的地方啦!'
所以,诚实的君子可能会被合情合理的方法所欺骗,但难以被不合
情理的方法所欺骗。象既然装出敬爱兄长的样子来了,舜也就深信
不疑并感到高兴了,这高兴又怎么会是假装的呢?"

【原文】

　　万章问曰:"象日以杀舜为事。立为天子则放①之,何也?"

　　孟子曰:"封之也,或曰放焉。"

　　万章曰:"舜流②共工③于幽州,放讙兜④于崇山,杀三苗⑤于
三危,殛⑥鲧⑦于羽山,四罪而天下咸服,诛不仁也。象至不仁,封
之有庳⑧,有庳之人奚罪焉? 仁人固如是乎? 在他人则诛之,在弟
则封之。"

　　曰:"仁人之于弟也,不藏怒⑨焉,不宿怨⑩焉,亲爱之而已矣。
亲之欲其贵也,爱之欲其富也。封之有庳,富贵之也。身为天子,
弟为匹夫,可谓亲爱之乎?"

　　"敢问或曰放者何谓也?"

　　曰:"象不得有为于其国,天子使吏治其国而纳其贡税焉,故
谓之放,岂得暴彼民哉! 虽然,欲常常而见之,故源源而来⑪,'不
及贡,以政接于有庳。'此之谓也。"

【注释】

① 放:流放。

② 流：流放。

③ 共工：尧帝的臣属。共工本是官职名。

④ 骥兜：尧、舜时的大臣。

⑤ 三苗：族名。

⑥ 殛(jí)：诛杀。

⑦ 鲧：禹的父亲。

⑧ 有庳(bì)：地名。

⑨ 藏怒：隐藏自己的愤怒。

⑩ 宿怨：累积的怨恨。

⑪ 来：来朝觐。

【译文】

万章问："象一天到晚想着要谋害舜。舜被立为天子之后，却仅仅是把象流放，这是为什么呢？"

孟子说："实际上是把象封为了诸侯，也有人说是'流放罢了'。"

万章说："舜把共工流放到幽州，把欢兜发配到崇山，把三苗的首领驱逐到三危，把鲧处死在羽山：惩罚了这四恶之后，天下皆服，因为这是在惩罚不仁。象不仁到极点了吧！舜却把有庳封给他。有庳的百姓又有什么罪过啊？仁人原来是可以这样做的吗？对别人的罪恶就惩罚，对自己弟弟的罪恶反而加以封赏？"

孟子说："仁人对于自己的弟弟，心里不藏怒，胸中不积怨，只是亲他、爱他罢了。亲他于是想让他显贵，爱他于是想让他富足。封给他有庳之地，正是为了让他既显贵又富足。否则自己身为天子，弟弟却仍是个平民，这怎么说是亲他爱他呢？"

万章又问："请问'有人说这是流放'这句话怎么理解呢？"

孟子说："象不能在有庳有所作为，天子派遣官吏管理他的国家并替他缴纳贡税，所以有人说这是'流放'。这样象难道还能虐待他的百姓吗？尽管如此，舜还是常想见到象，所以象经常往返于京城。'不待及诸侯朝贡之期，而以政事接见有庳之君。'指的就是这件事。"

　　咸丘蒙①问曰："语云②：'盛德之士，君不得而臣，父不得而子'。舜南面而立，尧帅诸侯北面而朝之，瞽瞍亦北面而朝之。舜见瞽瞍，其容有蹙③。孔子曰：'于斯时也，天下殆哉，岌岌④乎。'不识此语诚然乎哉？"

　　孟子曰："否！此非君子之言，齐东野人⑤之语也。尧老而舜摄也。《尧典》曰：'二十有八载，放勋乃徂落⑥，百姓如丧考妣。三年，四海遏⑦密⑧八音⑨。'孔子曰：'天无二日，民无二王。'舜既为天子矣，又帅天下诸侯以为尧三年丧，是二天子矣。"

　　咸丘蒙曰："舜之不臣尧，则吾既得闻命矣。《诗》云：'普天之下，莫非王土⑩。率土之滨，莫非王臣⑪。'而舜既为天子矣，敢问瞽瞍之非臣如何？"

　　曰："是诗也，非是之谓也。劳于王事，而不得养父母也。曰：'此莫非王事，我独贤劳也。'故说《诗》者不以文害辞⑫，不以辞害志。以意逆志，是为得之，如以辞而已矣，《云汉》之诗曰：'周余黎民，靡有孑遗⑬。'信斯言也，是周无遗民也。孝子之至，莫大乎尊亲。尊亲之至，莫大乎以天下养。为天子父，尊之至也。以天下养，养之至也。《诗》曰：'永言孝思，孝思惟则。'此之谓也。《书》曰：'祗⑭载⑮见⑯瞽瞍，夔夔斋栗⑰，瞽瞍亦允⑱若⑲。'是为父不得而子也？"

【注释】

① 咸丘蒙:孟子弟子。齐国人。

② 语云:古代的谚语说。

③ 蹙:不安的样子。

④ 岌岌:不安的样子。

⑤ 齐东野人:齐国东部的乡下人。

⑥ 二十有八载,放勋乃徂落:是说舜摄位二十八年之后尧死去。放勋,尧的名字。徂落,死亡。徂,通"殂"。

⑦ 遏:止,停止。

⑧ 密:无声,安静。

⑨ 八音:指乐器之音。

⑩ 普天之下,莫非王土:普天之下的土地,都是王室的土地。

⑪ 率土之滨,莫非王臣:四海之内的民众,都是王室的臣民。

⑫ 以文害辞:拘泥于文字而妨碍辞章的理解。

⑬ 孑(jié)遗:遗留,剩余。

⑭ 祗:恭敬。

⑮ 载:事。

⑯ 见:现。

⑰ 夔夔(kuí)斋栗:恭敬恐惧的样子。

⑱ 允:信。

⑲ 若:顺。

【译文】

咸丘蒙问道:"俗话说:'品德至高无上的士人,君王不能拿他当臣子看待,父亲不能将他当儿子对待。'舜面南当了天子,尧就带领诸侯面向北朝觐他。瞽瞍也面向北朝觐他。舜看见瞽瞍时,表情有些不安。孔子说：'在这个时候，天下真是非常危险啊！'不知道这话是不是真的呢？"

孟子说："不是。这不是君子说出来的话，是齐东野人的话。当时尧年纪大了而让舜代理政事。《尧典》上说：'舜摄位二十八年之久，帝尧方才去世。百姓就像失去了父母。举国服丧三年，四海音乐止息。'孔子说：'天上没有两个太阳，人间没有两个天子。'舜如果在尧死前成为天子，又带领天下诸侯为尧帝服丧三年，这就是同时有两个天子了。"

咸丘蒙说："舜没有把尧当作臣子看待，这个道理我已经懂得了。《诗经》上说：'整个天下，都是天子的土地。四海之内，都是天子的臣民。'舜既已成为天子，请问瞽瞍还不称臣，这是为什么？"

孟子回答说："这首诗，说的不是这个意思。它是说写诗的人因为忙于政事，不能亲自侍奉父母。这首诗的下文还说：'这些事哪一件不是国家大事，为什么却偏要我一个人操劳呢？'因此解说《诗经》的人不要拘泥于文字而歪曲了词句，不要凭个别词句，误解了作者本来的意思。用自己的体会揣度诗人的本意，这才对了。如果仅拘泥于词句，那么《云汉》这首诗说：'周朝剩下的百姓，没有一个人留下来。'相信这句话，就等于周朝一个人也没有遗留在世。孝子最大的孝顺，没有超过敬重父母的。敬重父母的极点，没有超过用整个天下来奉养他们的。作为天子的父亲，尊贵到了极点。舜用整个天下来奉养他们，奉养到了极点。《诗经》上说：'能长存孝思而不忘，可以为天下法则也。'说的就是这个意思。《尚书》上说：'舜敬事瞽瞍，往而见之，态度谨慎而恐惧，瞽瞍亦确实顺理而行了。'这难道能说是父亲没有把舜当作儿子看待吗？"

【原文】

万章曰:"尧以天下与舜,有诸?"

孟子曰:"否。天子不能以天下与人①。"

"然则舜有天下也,孰与之?"

曰:"天与之。"

"天与之者,谆谆②然命之乎?"

曰:"否,天不言,以行与事示之而已矣。"

曰:"以行与事示之者,如之何?"

曰:"天子能荐人于天,不能使天与之天下;诸侯能荐人于天子,不能使天子与之诸侯;大夫能荐人于诸侯,不能使诸侯与之大夫。昔者,尧荐舜于天,而天受之;暴③之于民,而民受之。故曰,天不言,以行与事示之而已矣。"

曰:"敢问荐之于天,而天受之;暴之于民,而民受之,如何?"

曰:"使之主祭,而百神享之,是天受之;使之主事,而事治,百姓安之,是民受之也。天与之,人与之,故曰,天子不能以天下与人。舜相尧二十有八载,非人之所能为也,天也。尧崩,三年之丧毕,舜避尧之子于南河④之南,天下诸侯朝觐者,不之尧之子而之舜;讼狱者,不之尧之子而之舜;讴歌者,不讴歌尧之子而讴歌舜,故曰,天也。夫然后之中国,践天子位焉。而居尧之宫,逼尧之子,是篡也,非天与也。《泰誓》⑤曰:'天视自我民视,天听自我民听。'此之谓也。"

【注释】

① 不能以天下与人:是说天下不是天子一个人私有的,自然没办法把它交给别人。

② 谆谆:详细交谈的样子。

③ 暴(pù):显露,显现。

④ 南河:即漯河,因在尧都濮州的南面,故称南河。

⑤《泰誓》:《尚书》篇名。下引两句是《泰誓》逸文。

【译文】

万章问孟子道:"尧把天下让给舜,有这样的事吗?"

孟子说:"没有。天子不能把天下让给别人。"

万章问:"那么,舜拥有的天下是谁给的呢?"

孟子说:"是上天给他的。"

万章问:"所说上天给他,是上天和他详谈之后决定给他的吗?"

孟子说:"不,上天不说话,只依凭舜的行动和办事表明是上天给了他天下罢了。"

万章问:"凭舜的行动和办事表明上天给了他天下,这怎么说?"

孟子说:"天子能把人推荐给上天,但不能让上天把天下给这个人;诸侯能把人推荐给天子,但不能让天子把诸侯的职位给这个人;大夫能把人推荐给诸侯,但不能让诸侯把大夫的职位给这个人。从前,尧把舜推荐给上天,上天接受了;把舜介绍给百姓,百姓也接受了他。所以说,上天不说话,只依凭舜的行动和办事表明上天把天下给了他罢了。"

万章问:"请问,把舜推荐给上天,上天接受了;把舜介绍给百姓,百姓也接受了,这应该怎样理解?"

孟子说:"让舜主持祭祀,各方神明都来享用祭品,这表明上天接受了他;让舜主持政事,政事办得妥贴,百姓都安居乐业,这表明百姓接受了他。这是上天给他的,这是百姓给他的,所以说,天子不能把天下让给别人。舜帮助尧治理天下长达二十八年,这绝不是依

199

靠个人意愿所能做到的,这是上天的旨意啊!尧去世了,三年服丧结束后,舜为了让尧的儿子继承天下,自己躲到了南河的南面。(可是)天下诸侯都来朝拜觐见他,却不到尧的儿子那里去,而是到舜那里去;打官司告状的人,都不到尧的儿子那里去,而是到舜那里去;歌功颂德的人,都不歌颂尧的儿子而是歌颂舜。所以说,这是上天的旨意啊!这样舜才回到了国都,登上天子的位子。而如果舜一开始就搬进尧的宫室,逼迫尧的儿子让位给他,那就成了篡夺,而不是上天授给他的了。《泰誓》上说:'上天观察事物是透过百姓的眼睛,上天倾听声音是透过百姓的耳朵。'说的就是这个意思。"

【原文】

万章问曰:"人有言:'至于禹而德衰,不传于贤而传于子',有诸?"

孟子曰:"否,不然也。天与贤,则与贤;天与子,则与子。昔者舜荐禹于天,十有七年,舜崩。三年之丧毕,禹避舜之子于阳城①,天下之民从之,若尧崩之后不从尧之子而从舜也。禹荐益于天,七年,禹崩。三年之丧毕,益避禹之子于箕山之阴,朝觐讼狱者不之益而之启②,曰:'吾君之子也。'讴歌者不讴歌益而讴歌启,曰:'吾君之子也。'丹朱③之不肖,舜之子亦不肖。舜之相尧,禹之相舜也,历年多,施泽于民久。启贤,能敬承继禹之道。益之相禹也,历年少,施泽于民未久。舜、禹、益相去久远,其子之贤不肖,皆天也,非人之所能为也。莫④之为而为者,天也。莫之致而至者,命也。匹夫而有天下者,德必若舜、禹而又有天子荐之者,故仲尼不有天下。继世以有天下,天之所废,必若桀、纣者也,故益、伊尹、周公不有天下。伊尹相汤以王于天下,汤崩,太丁⑤未立,外丙二年,仲壬四年。太甲⑥颠覆汤之典刑,伊尹放之于桐三年。太甲悔过,自怨自艾⑦,于桐处仁迁义,三年,以听伊尹之训已也,复归于亳。周公之不有天下,犹益之于夏,伊尹之于殷也。孔子曰:'唐、虞禅,夏后、殷、周继,其义一也。'"

【注释】

① 阳城:箕山之阴。

② 启:禹的儿子。

③ 丹朱:尧的儿子。

④ 莫:没有。

⑤ 太丁:汤之太子,未立而薨。外丙、仲壬,都是太丁之弟。

⑥ 太甲:太丁之子,曾被伊尹流放到桐邑。

⑦ 艾:治。治而改过。

【译文】

万章问:"有人说'到了禹的时候道德衰微了,天下不传给贤人却传给了自己的儿子',是这样吗?"

孟子说:"不,不是这样的。上天要给贤人,就传给贤人;上天要给他的儿子,就传给儿子。从前舜把禹推荐给上天。十七年后,舜死了。三年的丧期结束,禹为了让舜的儿子继承天下,自己躲到阳城去了,但天下的百姓都跟随着他,就像尧死后,天下百姓不跟着尧的儿子而跟随舜一样。禹把益推荐给上天。七年后,禹死了。三年丧期结束,益为了让禹的儿子继承天下自己躲到箕山北边去了。但朝见的人和打官司告状的人不到益那里去而是到启这里来,他们说:'你是我们君主的儿子啊!'歌颂的人不歌颂益而歌颂启,说:'这是我们君主的儿子啊!'尧的儿子丹朱不成器,舜的儿子也不争气。

舜辅佐尧，禹辅佐舜，经历的年代多，对百姓施予恩惠的时间长久。启很贤明，能够恭恭敬敬地顺承禹立下的规矩。益辅佐禹，经历的年代相对较少，对百姓施予恩泽的时间也相对较短。舜、禹、益之间相距时间的长短，他们的儿子贤明或不贤明，这些都是天意，是人的意志无法左右的。没有人刻意叫他们这样做，他们去做且做到了，这是天意。没有想去争取竟达到了，这是命运。一个普通百姓能成为拥有天下的君主，他的品德一定要像舜、禹一样，还要有天子推荐他，所以孔子虽为圣人，但因为没有天子推荐而得不到天下。世代相传而享有天下的，天却要废弃的，一定是像桀、纣那样无道的人，所以益、伊尹、周公虽为圣人，而他们的君主不像桀、纣那样无道，因而也得不到天下。伊尹辅佐汤统一了天下。汤死后，太丁没登位就死了，外丙在位两年，仲壬在位四年。太甲继位后破坏了汤制订的常法，宰相伊尹把他放逐到桐邑。三年中太甲悔过自新，在桐邑他谨守仁德接近道义，认真听取伊尹的教诲，三年后重回亳都。周公没有得到天下，就像益在夏朝，伊尹在殷朝的情况一样。孔子说：'唐尧、虞舜实行做天子让贤，夏、商、周三代传位给子孙，道理是相同的。'"

【原文】

　　万章问曰："人有言：'伊尹以割烹要汤'，有诸？"

　　孟子曰："否，不然。伊尹耕于有莘①之野，而乐尧、舜之道焉。非其义也，非其道也，禄之以天下弗顾也，系马千驷②弗视也。非其义也，非其道也，一介③不以与人，一介不以取诸人。汤使人以币聘之，嚣嚣然曰：'我何以汤之聘币为哉？我岂若处畎亩之中，由是以乐尧、舜之道哉？'汤三使往聘之，既而幡然④改曰：'与我处畎亩之中,由是以乐尧、舜之道,吾岂若使是君为尧、舜之君哉!吾岂若使是民为尧、舜之民哉!吾岂若于吾身亲见之哉!天之生此民也,使先知觉后知,使先觉觉后觉也。予,天民之先觉者也,予将以斯道觉斯民也,非予觉之而谁也?'思天下之民,匹夫匹妇有不被尧、舜之泽者,若己推而内⑤之沟中,其自任以天下之重如此,故就汤而说之以伐夏救民。吾未闻枉己而正人者也,况辱己以正天下者乎?圣人之行不同也,或远或近⑥,或去或不去,归洁其身而已矣。吾闻其以尧、舜之道要汤,未闻以割烹也。《伊训》曰:'天诛造攻,自牧宫⑦。朕⑧载自亳。'"

【注释】

① 有莘:国名。

② 千驷:四千匹马。四匹为一驷。

③ 一介:也写作"一芥"。一点点,少量的意思。

④ 幡然:有所变动的样子。幡,反。

⑤ 内:通"纳"。

⑥ 或远或近:远,隐遁;近,做官出仕靠近君主。

⑦ 牧宫:桀的宫殿。

⑧ 朕:我。

【译文】

万章问:"有人说:'伊尹用给汤当厨师的办法去求汤',有这回事吗?"

孟子说:"没有,不是这样的。伊尹在有莘国的郊野耕作,而以尧、舜之道为乐事。如果不合乎义,不合乎道,即使把天下的财富都作为俸禄给他,他也不会看一眼,把四千匹好马系在那里,他也不会望一下。如果不合乎义,不合乎道,他一点点也不给别人,也不向别人索取一点点。汤曾经派人带着礼物去聘请他,他漫不经心地说:'我为什么要接受汤的聘礼呢? 我为什么不能住在这垄沟田野之间,把尧、舜之道当作乐事呢?'汤多次派人去聘请他,后来他完全改变了态度说:'我与其住在这垄沟田野之间,以尧、舜之道为乐事,我为什么不可以使现在的君主也成为尧、舜那样的君主呢? 我为什么不可以使现在的民众也成为尧、舜时代的民众呢? 我为什么不可以亲身实行亲眼看见这些盛举呢? 上天养育了这些民众,就是要让先知者唤醒后知者,让先觉者引导后觉者。我,就是民众中的先觉者。我要用这尧、舜之道唤醒民众,我不去唤醒他们谁去唤醒他们?'伊尹感到天下的民众中如果有一个男人或一个女人没有受到尧、舜之道的恩泽,就像是自己把他们推进深沟里一样,他就是这样把天下的重任当作自己的责任,所以到汤那里说服汤讨伐夏桀拯救百姓。我从来没有听说过自己行为不端而能匡正他人的,更何况是自侮其身而能匡正天下的呢? 圣人的行为各不相同,有疏远君主的,有亲近君主的,有远离朝廷的,有在朝做官的,但归根结蒂要保持自身洁净才好。我听说伊尹用尧、舜之道请求汤,没听说他要给汤当厨师的事情。《伊训》上说:'上天讨伐夏桀无道是从他的牧宫中开始的,我的行动则是从亳邑开始的。'"

【原文】

万章问曰:"或谓孔子于卫主①痈疽②,于齐主侍人瘠环③,有诸乎?"

孟子曰:"否,不然也。好事者④为之也。于卫主颜仇由⑤。弥子⑥之妻与子路之妻,兄弟⑦也。弥子谓子路曰:'孔子主我,卫卿可得也。'子路以告，孔子曰：'有命。'孔子进以礼，退以义，得之不得曰'有命'。而主痈疽与侍人瘠环，是无义无命也。孔子不悦⑧于鲁、卫，遭宋桓司马，将要⑨而杀之，微服而过宋。是时孔子当厄⑩，主司城贞子⑪，为陈侯周⑫臣。吾闻观近臣，以其所为主；观远臣，以其所主。若孔子主痈疽与侍人瘠环，何以为孔子？"

【注释】

① 主：寄居在别人家里，把他当作主人。

② 痈疽(yōng jū)：人名。卫国君主亲近的狎人，宦官。

③ 瘠环：人名，姓瘠名环。当时齐国君主亲近的狎人。

④ 好事者：喜欢造谣生事的人。

⑤ 颜仇由：卫国的贤大夫。

⑥ 弥子：卫灵公的宠臣弥子瑕。

⑦ 兄弟：哥哥和弟弟，这里指姐妹。古代男女通用。

⑧ 不悦：不得志。

⑨ 要：同"腰"，中途，半路上。

⑩ 厄：困苦之时。

⑪ 司城贞子：陈国大夫，有贤名。

⑫ 陈侯周：陈怀公子。

【译文】

万章问："有人说孔子在卫国时住在宦官痈疽家里，在齐国时住在侍人瘠环家里，有这样的事吗？"

孟子说："不，不是这样的。这是好事者编造的谣言罢了。孔子在卫国时住在颜仇由家里。弥子的妻子与子路的妻子是姐妹。弥子对子路说：'孔子如果能住到我家里，可以得到卫国卿相的官位。'

子路把这话告诉了孔子。孔子说：'命中有定。'孔子按照礼而进,依据仪而退,得到官位得不到官位都说'命中有定'。如果他住到宦官痈疽和侍人瘠环家里,那就是无视礼仪无视命运了。孔子在鲁国、卫国不得志,又遇到宋国的司马桓魋,要拦截杀害他,他只好换上百姓的服装假扮后离开宋国。那个时候孔子正处在困难的时期,他住在司城贞子家里,做了陈侯周的臣子。我听说,观察在朝的近臣,要看他所接待的是什么样的客人;观察外来的远臣,就要看他所寄居的人家是什么样的主人。如果孔子真的住到痈疽和侍者瘠环的家里,那他还是孔子吗?"

【原文】

万章问曰:"或曰:'百里奚①自鬻②于秦养牲者五羊之皮,食③牛以要④秦穆公⑤',信乎?"

孟子曰:"否,不然。好事者为之也。百里奚,虞人也。晋人以垂棘之璧⑥与屈产之乘⑦假道于虞以伐虢。宫之奇⑧谏,百里奚不谏。知虞公之不可谏而去。之秦,年已七十矣,曾不知以食牛干⑨秦穆公之为污也,可谓智乎?不可谏而不谏,可谓不智乎?知虞公之将亡而先去之,不可谓不智也。时举⑩于秦,知穆公之可与有行也而相之,可谓不智乎?相秦而显其君于天下,可传于后世,不贤而能之乎?自鬻以成其君,乡党自好者⑪不为,而谓贤者为之乎?"

【注释】

① 百里奚:虞国大夫,后在秦国任相,辅助秦穆公建立霸业。

② 自鬻(yù):自卖其身。

③ 食:通"饲"。

④ 要:求。

⑤ 秦穆公:又作秦缪公,秦国国君,公元前659年～前621年在位。

⑥ 垂棘之璧:垂棘所产的璧玉。垂棘(jí),地名。

⑦ 屈产之乘:屈地所产的良马。乘,可以驾车的良马。

⑧ 宫之奇:虞国大夫。晋国曾两次向虞国借路以攻打虢国,宫之奇用"唇亡齿寒"的道理劝告虞公拒绝晋的要求,虞公不听。结果晋灭虢后,接着灭掉了虞国。虞公,虞国国君。

⑨ 干:求。

⑩ 举:举用。

⑪ 自好者:自爱其身的人。

【译文】

万章问道:"有人说:'百里奚用五张羊皮的代价把自己卖给秦国养牲口的人,替他喂牛,以此(寻找机会)求得秦穆公任用',这是真的吗?"

孟子说:"不,不是这样。这是好事者编造的谣言罢了。百里奚是虞国人。当时晋国用垂棘所产的美玉和屈地所产的良马向虞国借路去攻打虢国。宫之奇竭力劝阻(虞公不要答应),百里奚则不加劝阻。他知道虞公不会听从劝告,就离开虞国到了秦国,当时已经七十岁高龄了,(如果)竟然还不知道靠替人喂牛求得秦穆公任用是污浊可鄙的,那还能说他明智吗?(知道虞君)不会听从劝阻就索性不去劝阻,能说他不明智吗?知道虞公就要亡国而早早离开,这不能说他不明智吧!一旦在秦国受到举用提拔,就知道和穆公共事是会有所作为的因而全力辅佐秦穆公,这能说他不明智吗?全力辅佐秦穆公,而使他的威望显赫于天下,并且可以流传到后世,如果不是贤能的人能做到这些吗? 卖掉自己去成全君主,连乡下洁身自爱的普通人都不愿意做,难道说贤明的人肯这么做吗?"

【故事】

伊尹治大国若烹小鲜

伊尹,名挚,夏末商初人。因为他是有莘氏的女奴在伊水河边捡来的弃婴,所以被命之为伊;尹是当时的官名,他做到那个官职后,就被称为伊尹了。

直到三十七岁时,他仍然在有莘国的田野上耕种为生,热衷于尧、舜之道,为当地的百姓做了很多好事。他的贤德名声渐渐传扬开,一直传到了商王成汤那里。汤于是就派人带着金钱、礼物来找伊尹,想请他去做官。伊尹拒绝了。汤又第二次、第三次派人来请,伊尹还是都拒绝了。伊尹的故乡至今还保存着被称为"三聘台"的遗址。

伊尹后来想到:既然这么推崇已成为过去的尧、舜之道,为何不试试推行它,使它再次成为现实呢? 于是就去辅佐汤王了。

也有人说,伊尹是作为有莘国公主的陪嫁奴隶来到商都洛阳的。他高超的烹调技术,引起了汤王的注意,他便利用向汤王解释烹调技巧的机会,论述治国之道。他强调夺取天下最重要的方式就是尧、舜之道,也就是爱护百姓,实行仁政。这一点得到了汤王的赞许。

汤王有一次外出打猎时,手下在猎场周围张起了四面大网,想要使所有的野兽都无处可逃。汤王却让手下只在一面留网,意思是三面都有活路,如果还有野兽进网,那就是命中注定要死的。诸侯们听说了这件事,纷纷议论说:"汤的仁德之心,连禽兽都能照顾到啊!"从此,汤王的仁德形象就建立起了来,与夏桀荒淫暴虐的形象形成了鲜明的对比。

汤王在讨伐夏桀前,先派伊尹到夏都去,考察那里的统治状况。伊尹在夏都待了三年,发现夏桀的暴政已经让夏朝子民怨声载道了。伊尹认为夏朝正在走向灭亡,已经无药可救了。他将夏朝的内部情况和夏朝军队的部署状况都打探明白后,就重新回到亳邑。商汤正式拜他为右相,授予国政。

伊尹认为一个王朝若想统治长久,必须赢得民心。他任右相后,对内大力发展农耕,增强军队实力;对外则笼络各属国、各部落,使商汤的实力迅速强大起来。

商原本是夏的属国,国土面积只有方圆 70 里大小,在政治上、军事上均处于不利地位。伊尹认为,"治大国,若烹小鲜"。以做菜要掌握火候的道理,来比喻夺取政权应采用的策略,即要耐心等待时机,伺机而动。

到公元前 1711 年,商汤已按伊尹的计划和部署,吞并了夏的十几个小属国和部落,在方圆数百里的地区建立了稳固的统治;而这时的夏桀因久施暴政,已成众矢之的,地位岌岌可危。时机已经成熟,在伊尹的劝说下,汤联合了各路诸侯兴师讨伐夏桀。

商的军队以"讨伐暴君,为民除害"为旗号,他们每攻打到一个地方,都得到夏朝百姓的积极欢迎与回应,商军很快就逼近了夏都,双方在鸣条展开了一场大战。商军势如破竹、不可阻挡,夏朝的军队却是一触即溃。夏桀带着妹喜逃出夏都,坐船跑到南巢,最后死在那里。

商汤的大军占领了夏都,商王朝自此建立,汤成了商朝的第一任君王。

商汤死后,伊尹先后辅佐汤的儿子外丙、仲壬为王。他拥有最高的地位和权势,却始终勤政爱民,忠心耿耿。仲壬死后,汤的孙子太甲继位为商王,继续由伊尹辅佐。

太甲起初还听从伊尹的话,但即位时间久了,就有些忘乎所以了。太甲继位一年后,伊尹便做了《伊训》,主要内容就是训诫皇帝的不良行为。然而伊尹多次规劝,太甲根本听不进去。他无视法规制度,一意孤行。在位三年,昏庸不明,暴虐乱德。于是伊尹把太甲放逐到了桐宫。桐宫在汤墓的附近。臣子放逐了君王,却只是为天下百姓,并不想篡夺王位,这在中国历史上是绝无仅有的,这就是著名的"伊尹放太甲"的故事。

放逐太甲之后,伊尹摄政掌管国事,接见诸侯。而太甲在桐宫居住了三年,也没有辜负伊尹的期望,他悔过自责,一心向善。伊尹知道太甲确实已经改过自新,就亲自携带商王的冠冕衣服,到桐宫迎接太甲重返商都,再登王位。太甲汲取教训,开始勤于执政,修炼品德。他体察民情,按法规制度处理政事,并让老百姓过着安定的日子。商朝一派繁荣,各诸侯国没有一个敢作乱的。见此,伊尹又写了《太甲训》三篇,来称赞太甲的德政,称之为太宗。

太甲死后,他的儿子沃丁继位。伊尹一百岁时去世,沃丁用天子之礼安葬了他。

伊尹担任了商朝的五世相国,为商王朝延续六百年的统治奠定了坚实的基础。

【评论】

伊尹有超群的政治、军事才能,苏轼称赞他"辨天下之事者,有天下之节者"。他有高尚的品德和完美的人格,所以能够以臣子身份放逐君王而不遭诟病,反受后世景仰和赞扬。他还是个卓越的教育家,尤其在帝王教育方面堪称典范。他是中国历史上第一个圣人,史称元圣人。因他的治国理论中引用了很多关于烹饪的技巧,也被后世认作"庖厨"之祖。他还发明了汤剂为百姓治病,因此也被尊为"药圣"。

第十篇
万章（下）——交友看重德行

孟子曰:"伯夷,目不视恶色,耳不听恶声。非其君不事,非其民不使。治则进,乱则退。横①政之所出,横民之所止,不忍居也。思与乡人处,如以朝衣朝冠②坐于涂炭也。当纣之时,居北海之滨,以待天下之清也。故闻伯夷之风者,顽夫③廉,懦夫有立志。

"伊尹曰:'何事非君,何使非民。'治亦进,乱亦进,曰:'天之生斯民也,使先知觉后知,使先觉觉后觉。予,天民之先觉者也,予将以此道觉此民也。'思天下之民,匹夫匹妇有不与被尧、舜之泽者,若己推而内之沟中。其自任以天下之重也。"

"柳下惠不羞④污君⑤,不辞小官。进不隐贤,必以其道。遗佚而不怨,厄穷而不悯。与乡人处,由由然不忍去也。'尔为尔,我为我,虽袒裼裸裎于我侧,尔焉能浼⑥我哉?'故闻柳下惠之风者,鄙夫⑦宽,薄夫⑧敦。

"孔子之去齐,接淅而行;去鲁,曰:'迟迟吾行也,去父母国之道也。'可以速而速,可以久而久,可以处⑨而处,可以仕而仕,孔子也。"

孟子曰:"伯夷,圣之清者也;伊尹,圣之任者⑩也;柳下惠,圣之和者也;孔子,圣之时者也。孔子之谓集大成。集大成也者,金声而玉振⑪之也。金声也者,始条理也;玉振之也者,终条理也。始条理者,智之事也;终条理者,圣之事也。智,譬则巧也;圣,譬则力也。由射于百步之外也,其至,尔力也;其中,非尔力也。"

【注释】

① 横(hèng):指不循法度。

② 朝衣朝冠:上朝时穿戴的礼服、礼帽。

213

③ 顽夫：贪得无厌的人。

④ 羞：感到羞耻。

⑤ 污君：昏庸的君主。

⑥ 浼（měi）：污染。

⑦ 鄙夫：心胸狭隘的人。

⑧ 薄夫：刻薄尖酸的人。

⑨ 处：止，隐退的意思。

⑩ 任者：以天下为己任的人。

⑪ 金声而玉振：用钟发声，用磬收韵，表示集众音之大成的意思。金，这里指青铜所铸的镈钟；镈钟是一种形状似钟的乐器，演奏时单独悬挂（有别于编钟）。玉，这里指玉制的特磬，一种乐器，演奏时也单独悬挂（有别于编磬）。

【译文】

孟子说："伯夷，眼睛不看不好的颜色，耳朵不听不好的声音。不符合他理想的君主，不去侍奉；不符合他理想的百姓，不去役使。世道清明了就出来做官，天下混乱的时候就隐居山林。暴政施行的国家，暴民停留的地方，他都不愿意居住。他觉得和乡下人在一起，就像是穿着礼服戴着礼帽坐在泥土炭灰上一样。在纣王当政时，他隐居到北海岸边，等待天下清明。因此，听说了伯夷的高风亮节后，贪心的人也能变得廉洁，懦弱的人也会产生坚定的信念。"

"伊尹说：'什么样的君主不能侍奉？什么样的百姓不可役使？'世道清明他在朝做官，世道混乱他也在朝做官，他说：'上天养育了这些民众，就是要让先知的人唤醒后知的人，让先觉的人引导后觉的人。我，就是上天所生民众中的先觉者，我将用这尧、舜之道使民众觉悟起来。'每当他感到天下民众中有一个男人或一个女人还有没受到尧、舜之道的恩泽，就像是自己把他们推进了深沟一样。他把天下的重任当成了自己的责任。"

"柳下惠不以侍奉昏庸的君主为羞耻，也不推辞低下的职务。在朝做官不隐藏自己的贤能，并且一定按照原则办事。遭受冷落遗弃时不怨恨，面临艰难困苦时不忧愁。和乡下人在一起时，总是怡然自得的样子，迟迟不愿意离开。他说：'你是你，我是我，即使你赤身露体在我旁边，你又怎么能玷污我呢？'因此，听说了柳下惠的高风亮节后，狭隘的人也变得宽容了，刻薄的人也变得敦厚了。"

"孔子离开齐国的时候，（不等生火做饭，）捞起淘过的湿米就带着上路了；离开鲁国时却说：'我们慢慢地走吧！这是离开自己的祖国所应有的态度。'该快的时候就快，该慢的时候就慢，该闲居隐退的时候就闲居隐退，该出来做官的时候就出来做官，这就是孔子的为人。"

孟子评论说："伯夷，是圣人中清高的人，伊尹，是圣人中有责任感的人，柳下惠，是圣人中平和的人，孔子，是圣人中识时务的人。孔子可以说是集大成者。所谓集大成，就像奏乐时先由击打镈钟奏出声音，最后用敲击玉磬来收尾一样。镈钟的声音，是旋律节奏的开始；玉磬收尾，是旋律节奏的终结。把握旋律节奏的开端，是智慧的展现；把握旋律节奏的终结，则是圣德的展现。智慧，好比是一种技巧，圣德，好比是一种力量。就像在百步之外射箭，射到靶位，是靠你的力量；射中靶心，就不只单靠你的力量了。"

【原文】

北宫锜①问曰："周室班②爵禄也，如之何？"

孟子曰："其详不可得闻也。诸侯恶其害己也，而皆去③其籍，然而轲④也尝闻其略也。天子一位，公一位，侯一位，伯一位，子、男同一位,凡五等也。君一位,卿一位,大夫一位,上士一位,中士一位,下士一位,凡六等。天子之制,地方千里,公侯皆方百里,伯七十里,子、男五十里,凡四等。不能五十里,不达于天子,附于诸侯,曰附庸。天子之卿受地视⑤侯,大夫受地视伯,元士⑥受地视子、男。大国地方百里,君十卿禄,卿禄四大夫,大夫倍上士,上士倍中士,中士倍下士,下士与庶人在官者同禄,禄足以代其耕也。次国地方七十里,君十卿禄,卿禄三大夫,大夫倍上士,上士倍中士,中士倍下士,下士与庶人在官者同禄,禄足以代其耕也。小国地方五十里,君十卿禄,卿禄二大夫,大夫倍上士,上士倍中士,中士倍下士,下士与庶人在官者同禄,禄足以代其耕也。耕者之所获,一夫百亩,百亩之粪,上农夫食九人,上次食八人,中食七人,中次食六人,下食五人。庶人在官者,其禄以是为差。”

【注释】

① 北宫锜(qí):人名,卫国人。

② 班:按顺序排列等级。

③ 去:藏。

④ 轲:孟子自称。

⑤ 视:比照。

⑥ 元士:天子之士。与诸侯之士相区分。

【译文】

北宫锜问:“周王室制订爵位和俸禄等级制度,具体情况是怎么样的呢?”

孟子说:“详细情况已经不可能知道了。诸侯们都厌恶这些典籍,认为妨害了自己的利益,因而把它们全都藏匿或者销毁了,不过我也粗略地听说过大概的情况。普天下爵位的制度是，天子是一级，公是一级，侯是一级，伯是一级，子、男同是一级，总共五个等级。按官位的制度是君是一级，卿是一级，大夫是一级，上士是一级，中士是一级，下士是一级，总共六个等级。天子管辖的范围是方圆一千里，公爵、侯爵的封地各是方圆一百里，伯爵的封地方圆七十里，子爵、男爵的封地方圆五十里，总共四个等级。土地不足方圆五十里的，不能直接隶属天子，只能附属于诸侯，叫作附庸。天子朝中的卿所受的封地相当于侯爵，大夫的封地相当于伯爵，上士、中士、下士这三种元士的封地相当于子爵、男爵。大的公、侯国土地方圆百里，国君的俸禄是卿的十倍，卿的俸禄是大夫的四倍，大夫的俸禄是上士的两倍，上士是中士的两倍，中士是下士的两倍，下士与在官府服役的平民相同，所得俸禄足以抵得上种田的收入。次一等的国家土地方圆七十里，国君的俸禄是卿的十倍，卿的俸禄是大夫的三倍，大夫是上士的两倍，上士是中士的两倍，中士是下士的两倍，下士与在官府服役的平民相同，所得俸禄足以抵得上种田的收入。小的国家土地方圆五十里，国君的俸禄是卿的十倍，卿的俸禄是大夫的两倍，大夫是上士的两倍，上士是中士的两倍，中士是下士的两倍，下士与在官府服役的平民相同，所得俸禄足以抵得上种田的收入。种田人的收入大概是这样，一个农夫和他的妻子拥有的土地是一百亩；在这一百亩土地上施肥耕作，最能干的上等的农夫可以供养九个人，稍差一点的可以供养八个人，中等的可以供养七个人，再差一点的可以供养六个人，最下等的可以供养五个人。在官府服务的普通百姓，他们的俸禄也参照按这个来分出不同。”

【原文】

万章问曰:"敢问友。"

孟子曰:"不挟①长②,不挟贵,不挟兄弟而友。友也者,友其德也,不可以有挟也。孟献子③,百乘之家也,有友五人焉,乐正裘、牧仲,其三人则予忘之矣。献子之与此五人者友也,无献子之家者也;此五人者,亦有献子之家,则不与之友矣。非惟百乘之家为然也,虽小国之君亦有之。费惠公④曰:'吾于子思,则师之矣;吾于颜般,则友之矣;王顺、长息则事我者也。'非惟小国之君为然也,虽大国之君亦有之。晋平公⑤之于亥唐⑥也,入云则入,坐云则坐,食云则食;虽蔬食菜羹,未尝不饱,盖不敢不饱也。然终于此而已矣。弗与共天位也,弗与治天职也,弗与食天禄也,士之尊贤者也,非王公之尊贤者也。舜尚见帝,帝馆甥于贰室,亦飨舜,迭⑦为宾主,是天子而友匹夫也。用下敬上,谓之贵贵;用上敬下,谓之尊贤。贵贵、尊贤,其义一也。"

【注释】

① 挟:倚仗。

② 长:辈分高年纪大的人。

③ 孟献子:鲁国大夫。

④ 费(fèi)惠公:战国时小国费的国君。

⑤ 晋平公:春秋时晋国国君,姓姬名彪。

⑥ 亥唐:晋国的贤人,是个隐士。

⑦ 迭:更迭,轮流。

【译文】

万章问道:"请问怎样结交朋友。"

孟子回答说:"不倚仗自己辈分高年龄大,不倚仗自己地位高,不倚仗自己兄弟(的富贵)去结交朋友。结交朋友,是因为欣赏对方的品德而去结交的,是不可以有所倚仗的。孟献子是有百辆车马的大夫,他有五个朋友:一个叫乐正裘、一个叫牧仲,其他三人的名字我忘了。献子和这五个人交朋友,从未考虑过自己是位大夫;这五个人,也是这样,要是心里也有献子是位大夫的想法,就不会和他交朋友了。不仅是拥有百辆车马的大夫这样,就是小国的君主也有这样的。费惠公曾说:'我对子思,是以老师相待的;我对颜般,是以朋友相待的;王顺、长息,则不过是侍奉我的人罢了。'不仅小国的君主是这样,就是大国的君主也有这样的。晋平公对于亥唐非常尊敬,亥唐叫他进去他就进去,叫他坐下他就坐下,叫他吃饭他就吃饭,即使是粗饭菜汤,也没有不吃饱的时候,因为面对朋友他不敢不吃饱啊! 然而晋平公最终也就到这一步罢了。他不与亥唐共有官位,不与亥唐共治政事,不与亥唐共用俸禄。这只是一般士人的尊贤,而不是王公的尊贤。当初舜去谒见尧帝,尧帝把这位女婿安排在副宫住,并且设宴款待他,舜有时也请尧来,两人轮流充当宾主,这才是天子与平民百姓交朋友的态度啊! 地位低的人尊敬地位高的人,这叫作尊重贵人;地位高的人尊敬地位低的人,这叫作敬重贤人。尊重贵人和敬重贤人,其中的道理是一样的。"

【原文】

万章问曰:"敢问交际①何心也?"

孟子曰:"恭也。"

曰:"'却②之却之为不恭',何哉?"

219

曰："尊者赐之，曰：其所取之者义乎，不义乎？而后受之。以是为不恭，故弗却也。"

曰："请无以辞却之，以心却之，曰：'其取诸民之不义也'，而以他辞无受，不可乎？"

曰："其交也以道，其接也以礼，斯孔子受之矣。"

万章曰："今有御人于国门之外者，其交也以道，其馈也以礼，斯可受御与？"

曰："不可。《康诰》③曰：'杀越④人于货，闵不畏死，凡民罔不譈⑤。'是不待教而诛者也。殷受夏，周受殷，所不辞也；于今为烈⑥，如之何其受之？"

曰："今之诸侯取之于民也，犹御也。苟善其礼际矣，斯君子受之，敢问何说也？"

曰："子以为有王者作，将比今之诸侯而诛之乎？其教之不改而后诛之乎？夫谓非其有而取之者盗也，充类至义之尽也。孔子之仕于鲁也，鲁人猎较⑦，孔子亦猎较。猎较犹可，而况受其赐乎？"

曰："然则孔子之仕也，非事道⑧与？"

曰："事道也。"

"事道奚猎较也？"

曰："孔子先簿正祭器，不以四方之食供簿正。"

曰："奚不去也？"

曰："为之兆也。兆足以行矣而不行，而后去。是以未尝有所终三年淹也。孔子有见行可之仕，有际可之仕，有公养之仕。于季桓子⑨，见行可之仕也；于卫灵公⑩，际可之仕也；于卫孝公⑪，公养之仕也。"

【注释】

① 交际:指人与人之间的往来接触。际,接也。

② 却:推辞,不接受。

③《康诰》:《尚书》中的一篇。

④ 越:颠越。

⑤ 譈:怨恨。

⑥ 烈:严重。

⑦ 猎较(jiǎo):古代风俗,打猎时争夺猎物,以所得用作祭祀。

⑧ 事道:以推行道义为事业。

⑨ 季桓子:鲁国的正卿。

⑩ 卫灵公:卫国国君,公元前534年～公元前493年在位。

⑪ 卫孝公:不见于史书记载,可能是卫出公辄;辄是卫灵公之孙,继灵公即位。

【译文】

万章问道:"请问,对别人交往要抱着什么样的心情?"

孟子说:"恭敬的心情。"

万章问:"常言道:'一次次地推辞别人的礼物是不恭敬的',这是为什么呢?"

孟子说:"有地位的人赐给的礼物,你先考虑说:他给我的这些东西是符合道义得来的呢? 还是不符合道义得来的呢? 然后才接受。这是不恭敬的,所以不要推辞。"

万章说:"如果不用言语推辞,而在心里推辞,暗自说:'这是他从百姓那里取来的不义之财',然后用别的理由拒绝接受,不行吗?"

孟子说:"他用正道与人接触,按礼节与人交往,这样,就是孔子也会接受他的礼物的。"

万章说:"如果有个在城外拦路抢劫的人,他用正道与人接触,按礼节与人交往,这样也可以接受他抢来的东西吗?"

孟子说:"不行。《康诰》上说:'杀人抢劫,强横而不怕死的人,人们没有不痛恨的。'这种人是不必先去教育就可以直接处死的。这是殷朝从夏朝继承的法律,周朝又从殷朝继承下来,一直没有改变。现在抢劫比以往还严重,怎么还能接受这种东西呢?"

万章说:"现在的诸侯从百姓那里掠取财物,就像拦路抢劫一样。如果他们按照礼节交往,这样君子就可以接受他们的礼物,请问这又怎么说呢?"

孟子说:"你认为如果有圣王出现,他将会把现在的诸侯统统杀掉呢?还是先进行教育,再把经过教育仍不悔改的诸侯杀掉呢?认为取得了不是自己应该得到的东西,就是盗贼,这是把'盗贼'的含意范围引申扩大到最高的原则范围了。孔子在鲁国做官时,鲁国人有打猎时争夺猎物的习俗,孔子也去争夺了。争夺猎物尚且可以,何况接受别人赠予的礼物呢?"

万章说:"那么孔子做官,不是为了推行道义吗?"

孟子说:"是为了推行道义。"

万章问:"既然是为了推行道义,又何必去争夺猎物呢?"

孟子说:"那是因为孔子先用文书规定该用的祭器,规定不用四方珍奇的猎物充作祭品。(所以要用打猎争夺来的猎物做祭品,以避免祭品短缺。)"

万章说:"孔子为什么不辞官离开呢?"

孟子说:"为了尝试一下自己的主张是否可行。试行的结果足以证明行得通,君主却不推行,这才离开那里。所以孔子不曾有过在一个国君那里待满三年的。孔子有时是看到有推行道义的可能而去做官,有时是因为君主对他以礼相待而去做官,有时是因为君主愿意供养贤士而去做官。他在季桓子那里，是看到有推行道义的可能而去做官；在卫灵公那里，是因为能被以礼相待而去做官；在卫孝公那里，是因为君主供养贤士而去做官。"

孟子曰："仕非为贫也，而有时乎为贫；娶妻非为养也，而有时乎为养。为贫者，辞尊居卑，辞富居贫。辞尊居卑，辞富居贫，恶乎宜乎？抱关击柝。孔子尝为委吏矣，曰：'会计当而已矣。'尝为乘田矣，曰：'牛羊茁壮长而已矣。'位卑而言高，罪也；立乎人之本朝，而道不行，耻也。"

孟子说："做官不是因为贫穷，但也有时确实是因为贫穷；娶妻不是为了奉养父母，但也有时确实是为了奉养父母。因为贫穷而做官，就该拒绝高位而甘居卑职，不要高薪只求薄禄。拒绝高位而甘居卑职，不要高薪求薄禄，做哪样最适宜呢？守门打更一类的就可以了。孔子曾经做过管仓库的小吏，说道：'账目对就行了。'也曾经做过管理苑囿草牧的小吏，说道：'牛羊长得肥壮就行了。'职位低下而谈论国事，是罪过；身在朝廷做官，却不推行道义，是耻辱。"

万章曰："士之不托①诸侯，何也？"

孟子曰："不敢也。诸侯失国，而后托于诸侯，礼也；士之托于诸侯，非礼也。"

万章曰："君馈之粟，则受之乎？"

曰:"受之。"

"受之何义也?"

曰:"君之于氓②也,固周③之。"

曰:"周之则受,赐之则不受,何也?"

曰:"不敢也。"

曰:"敢问其不敢何也?"

曰:"抱关击柝者皆有常职④以食于上,无常职而赐于上者,以为不恭也。"

曰:"君馈之,则受之,不识可常继乎?"

曰:"缪公之于子思也,亟⑤问,亟馈鼎肉⑥。子思不悦。于卒⑦也,摽使者出诸大门之外,北面稽首再拜⑧而不受,曰:'今而后知君之犬马畜伋。'盖自是台⑨无馈也。悦贤不能举,又不能养也,可谓悦贤乎?"

曰:"敢问国君欲养君子,如何斯可谓养矣?"

曰:"以君命将之,再拜稽首而受。其后廪人继粟,庖人继肉,不以君命将之。子思以为鼎肉使己仆仆尔亟拜也,非养君子之道也。尧之于舜也,使其子九男事之,二女女焉,百官牛羊仓廪备,以养舜于畎亩之中,后举而加诸上位,故曰,王公之尊贤者也。"

【注释】

① 托:寄身的意思。指的是不仕而食其禄。

② 氓:流民。

③ 周:周济。

④ 常职:平常的职务。

⑤ 亟:屡次。

⑥ 鼎肉:朱熹《四书集注》云:"鼎肉,熟肉也。"

⑦ 卒:最后。

⑧ 稽首再拜:稽首,古代跪拜礼,行礼时两手拱至地,头至手,不触及地。再拜,拜两次。据考,稽首再拜称为"凶拜",而下文再拜稽首称为"吉拜"。

⑨ 台:始。

【译文】

万章问道:"士人不能寄居到别国诸侯那里靠禄米生活,为什么呢?"

孟子说:"因为不敢。诸侯丢了国家后,寄居到别国诸侯那里生活,是合乎礼的;士人寄居到别国诸侯那里靠禄米生活,是不合乎礼的。"

万章问:"如果是国君送给他谷米,那么能接受吗?"

孟子说:"能接受。"

万章问:"能接受是根据什么道理?"

孟子说:"国君对于流民,本来就该周济的。"

万章说:"周济他,就接受,赏赐他,就不接受,这又是什么道理?"

孟子说:"因为不敢。"

万章问:"请问,不敢接受的道理是什么呢?"

孟子说:"守门打更的人都有一份职务以接受上级的给养,如果没有职务而接受上面的赏赐,会被认为是不恭敬的。"

万章问:"国君赠送来的东西就接受,但不知道是不是可以经常这么做呢?"

孟子说:"鲁缪公对于子思,多次问候,多次赠送肉食。子思很不高兴。最后,把缪公派来的人拒绝在大门之外,自己面朝北跪下磕头，然后拱手拜了两拜，拒绝接受礼物，他说：'如今才知道君王是把我当犬马一样畜养的。'于是差役从这以后就不给子思送东西了。一个君主喜爱贤士，却既不提拔任用他，又不能按恰当的方式供养他，这能说是喜爱贤士吗？"

万章说："请问，国君想要供养君子，怎样做才算是适宜的供养呢？"

孟子说："第一次以国君的名义送东西给他，他便拱手拜两拜，跪下磕头接受。以后就只管让粮仓的小吏不断送粮去，厨师不断送肉去，而不必再以国君名义去送。（这样可以免掉烦琐的礼节。）子思觉得为了一锅熟肉，令自己一次接一次地跪拜行礼，这不是供养君子的恰当做法。尧对于舜，派自己的九个儿子去侍奉他，把两个女儿嫁给他，百官、牛羊、粮食都齐备，在田野中供养他，然后提拔他，让他居于很高的职位。所以说，尧是天子诸侯尊敬贤人的典范。"

【原文】

万章曰："敢问不见诸侯，何义也？"

孟子曰："在国曰市井之臣，在野曰草莽之臣，皆谓庶人。庶人不传质①为臣，不敢见于诸侯，礼也。"

万章曰："庶人，召之役，则往役；君欲见之，召之，则不往见之，何也？"

曰："往役，义也；往见，不义也。且君之欲见之也，何为也哉？"

曰："为其多闻也，为其贤也。"

曰："为其多闻也，则天子不召师，而况诸侯乎？为其贤也，则吾未闻欲见贤而召之也。缪公亟见于子思，曰：'古千乘之国以友士，何如?'子思不悦,曰:'古之人有言曰,事之云乎,岂曰友之云乎?'子思之不悦也,岂不曰:'以位,则子,君也;我,臣也,何敢与君友也? 以德,则子事我者也,奚可以与我友?'千乘之君求与之友而不可得也,而况可召与? 齐景公田,招虞人以旌,不至,将杀之②。志士不忘在沟壑,勇士不忘丧其元。孔子奚取焉? 取非其招不往也。"

曰:"敢问招虞人何以?"

曰:"以皮冠。庶人以旃,士以旗,大夫以旌。以大夫之招招虞人,虞人死不敢往;以士之招招庶人,庶人岂敢往哉? 况乎以不贤人之招招贤人乎? 欲见贤人而不以其道,犹欲其入而闭之门也。夫义,路也;礼,门也。惟君子能由是路,出入是门也。《诗》云:'周道如底,其直如矢;君子所履,小人所视③。'"

万章曰:"孔子,君命召,不俟驾而行。然则孔子非与?"

曰:"孔子当仕有官职,而以其官召之也。"

【注释】

① 传质:求见君主的人,将献给君主的见面礼品交给通报的人,由他传送进去,称为"传质"。

② 参见《滕文公下》第一章注。

③ 以上四句出自《诗经·小雅·大东》。

【译文】

万章说:"请问,士人不去谒见诸侯,这是什么道理呢?"

孟子说:"没有官位的人住在城里,叫市井之臣,住在乡下,叫草莽之臣,都算是百姓。百姓不向诸侯传送见面礼而成为臣属,就不敢谒见诸侯,这是合乎礼制的。"

万章说:"百姓,召他服役,就去服役;国君要见他,召他去,却不去见,为什么呢?"

孟子说:"去服役,是一种义务;不是臣属而去见国君,则不是义务。再说国君要召见他,是为什么呢?"

万章说:"因为他见识广博,因为他品德高尚。"

孟子说:"如果为的是他见识广博,那么天子也不能召见老师的,何况诸侯呢? 因为他品德高尚,那么我还没听说过,想要见贤人竟随便去召唤他来的。鲁缪公多次去见子思,对他说:'古代有千辆兵车的国君去跟士人交朋友,是怎么样做的呢?'子思很不高兴,说:'古人有句话,认为只能说把他当老师侍奉他罢了,哪能声称与他交朋友呢?'子思之所以不高兴,难道不是因为心里想着:'论地位,你是国君,我是臣,我怎么敢与国君交朋友呢? 论道德,那么你该把我当老师侍奉,怎么可以说与我交朋友?'有千辆兵车的国君要求与他交朋友尚且办不到,更何况召他来见呢? 从前齐景公外出打猎,用旌旗召唤管理园囿的小吏,小吏不来,齐景公便要杀他。志士不怕弃尸山沟,勇士不怕丧失头颅。孔子为什么称赞那位管园人呢? 就是因为管园人勇于拒绝不符合礼制的召唤。"

万章问:"请问,应该用什么来召唤管理园囿的小吏呢?"

孟子说:"用皮帽子。召唤平民百姓用大红绸的曲柄旗,召唤士人用有铃铛的旗,召唤大夫用饰有羽毛的旌旗。用召唤大夫的旌旗去召园囿的小吏,小吏是死也不敢去的;用召唤士人的旗子去召唤百姓,百姓难道敢去吗? 更何况用不尊重人的召唤方式去召唤贤人呢? 想见贤人而不用礼待贤人的礼节,那就像想要让人家进屋却又把大门关闭一样。道义,好比是路;礼节,好比是门。只有君子能沿着这条路走,从这座门进去。《诗经》上说:'大路像磨刀石一样平,像箭一样直;君子在上面走,小人在旁边看。'"

万章说："孔子一听说国君召唤,等不及车马驾好就动身。那么,孔子这样做是错了吗?"

孟子说："那时孔子正在朝廷中做官,而国君是按他的官职召见他的。"

【原文】

孟子谓万章曰:"一乡之善士斯友一乡之善士,一国之善士斯友一国之善士,天下之善士斯友天下之善士。以友天下之善士为未足,又尚论古之人。颂其诗,读其书,不知其人,可乎? 是以论其世也。是尚友也。"

【译文】

孟子对万章说:"一乡中的优秀人物,和这一乡的优秀人物交朋友;一国中的优秀人物,和这一国的优秀人物交朋友;天下的优秀人物,和天下同样的优秀人物交朋友。认为与天下的优秀人物交朋友还不够,就又上溯历史,评论古代的人物,吟诵他们的诗歌,研读他们的著作,不了解他们的为人,行吗? 所以还要研究他们所处的那个时代。这就是进而与古人交朋友了。"

【原文】

齐宣王问卿。

孟子曰:"王何卿之问也?"

王曰:"卿不同乎?"

曰:"不同。有贵戚之卿,有异姓之卿。"

王曰:"请问贵戚之卿。"

曰：“君有大过则谏，反覆之而不听，则易位。”

王勃然变乎色。

曰：“王勿异也。王问臣，臣不敢不以正对。”

王色定，然后问异姓之卿。

曰：“君有过则谏，反覆之而不听，则去。”

【译文】

齐宣王问有关公卿的问题。

孟子说：“大王问的是哪一种公卿呢？”

宣王问：“公卿还有不同吗？”

孟子说：“有不同。有和国君同宗的贵戚之卿，有并非王族的异姓之卿。”

宣王说：“请问和王室同宗的贵戚之卿应该怎样。”

孟子说：“作为贵戚之卿，国君有了重大错误，就要劝谏，反复劝谏还不听，就另立贤者做为国君。”

宣王一下子变了脸色。

孟子说：“大王不要见怪。大王既然问我，我不敢不如实回答您。”

宣王脸色渐渐平和下来，又接着问非王族的异姓之卿应该怎样。

孟子说：“作为异姓之臣，国君有过错，就要劝谏，反复劝谏而不听，就辞职离开。”

【故事】

伯夷、叔齐不食周粟

三千多年前，在如今的河北秦皇岛一带，有一个古老的小国，叫做孤竹国。这个国家靠近海边，境内有植被茂盛的山脉，还有肥沃的平原，既可农耕又可渔猎，有大量饲养牲畜的畜牧业，还能用很多剩余的粮食来酿酒，因此经济较为发达。孤和竹是当时用来书写的两种工具，他们用来做国名，可以看出这个国家有较高的文化水准。

孤竹国君姓墨胎氏。到了商朝后期，有一位国君死了，就需要一个新的国君来继承王位。这位国君一共生了三个儿子，长子名允字公信，也就是后来谥号为伯夷的；幼子名智字公达，也就是后来谥号为叔齐的。孤竹国君生前非常喜欢小儿子叔齐，曾经表示过将叔齐立为继承人的意愿。国君死后，大臣们就打算按照当时的常礼，拥戴长子伯夷即位。但是仁德正直的伯夷坚决不肯登上王位，他说："应该尊重父亲生前的愿望，国君的位置就由叔齐来做吧！"为了真正放弃君位，伯夷悄悄逃出了孤竹国。

大臣们于是又想要拥戴叔齐做新的国君，但是叔齐也坚决不肯即位。他说："如果由我来当国君，那就破坏了兄弟之间的道义，而且也不符合礼仪章法的规定。"为了表示自己的决心，叔齐也悄悄逃出了孤竹国。

离开孤竹国之后，叔齐找到了兄长伯夷，两个人谁都不肯让步，谁都不愿回国，于是就相依为命，一起过起了流亡生活。

孤竹国的大臣们没有办法，只好拥立老国君的第二个儿子即位了。

商朝末期，在纣王荒淫暴虐的统治之下，百姓生存艰难，怨声载道。伯夷、叔齐隐居在北海边，与东夷的人一起生活了很久。两个人的年纪大了，越来越感觉到生活困难。

这时候，西伯周文王在西方兴起，他治理的国家繁荣稳定、经济强盛，百姓安居乐业。伯夷就高兴地对叔齐说："咱们应该离开这里回去了。我听说西伯的国家安定富强，百姓也都贤德仁爱，乐于供养年老的人,很适合老年人居住。"于是两个人就一起去周国。

他们两个人走得很慢,刚走到一半时,就在路上遇到了周武王讨伐商纣的大军。原来是周文王去世了,周武王用车拉着文王的棺木,要出其不意地迅速奔袭商纣。伯夷和叔齐见此情景极为失望,他们拍打着马鞍劝说武王:"父亲死了不赶快埋葬,实行丧礼,反倒要打起仗来,这样能算作孝吗?用臣子的身分带领军队去讨伐自己的君主,这样能算作仁吗?"

武王身边的卫兵见两个老人拦住去路,而且还出言不逊,就想要杀掉他们。军师姜尚过来劝解说:"这两个老者是真正讲义气的人啊!不要杀害他们!"就让人把他俩搀扶到旁边去了。

武王率领各诸侯国的联盟军队与商纣王的军队在商都郊外的牧野展开决战,战斗极其惨烈,双方死伤无数,流血漂杵。最后,商纣王军中的奴隶士兵因对纣王充满怨恨,就在阵前倒戈,带领诸侯军队杀向纣王的大军,周武王才取得了决定性的胜利,灭掉了商朝,建立了周朝。

伯夷和叔齐推崇仁爱和礼法,因此反对武王这种用暴力对抗暴力的行为。当他们听到武王建立周朝的消息后,认为这种做法太可耻了。他们耻于做周朝的子民,耻于吃周朝的粮食,于是发誓从此不食周粟。可是到了此时,普天之下都已经是周朝的领土了,他们又到哪里去找不属于周朝的粮食呢?

两个人最后相互搀扶着来到了首阳山。首阳山上生长了很多薇菜,伯夷和叔齐就在这里采薇而食。他们还做了一首《采薇》歌,歌中唱道:"登上这座西山啊!采摘山上的薇菜。为了改变强暴的局面,又采取了更为强暴的手段,这样做能够算对吗?我真是不能理解啊!先帝神农啊!先王虞夏啊!你们创造的盛世,恐怕再也不会重现了。我们能到哪里去呢?真是让人叹息啊!我的生命要就此结束了。"

伯夷和叔齐最终饿死在首阳山上。

【评论】

伯夷、叔齐两兄弟的让国行为,博得了儒家学派的极高赞赏,他们评论说:"能把一个国家拱手让出来,还有比这更高的仁德吗?伯夷是懂得顺应父亲的意愿,而叔齐则是明白恭敬兄长的道理。"后来,随着儒家学说的盛行,儒家的思想成为读书人的统一指导思想,伯夷、叔齐两人的地位就更加崇高,被尊为圣人。

第十一篇
告子（上）——明义与利之辨

告子①曰："性②犹杞柳③也,义犹杯棬④也;以人性为仁义,犹以杞柳为杯棬。"

孟子曰："子能顺杞柳之性而以为杯棬乎? 将戕贼⑤杞柳而后以为杯棬也? 如将戕贼杞柳而以为杯棬,则亦将戕贼人以为仁义与? 率天下之人而祸仁义者,必子之言夫!"

【注释】

① 告子:战国时代人,名不详。也有人说名不害。他的论点与孟子的性善论对立。

② 性:人的天性。

③ 杞(qǐ)柳:树名,枝条柔韧,可以编制箱筐等器物。

④ 杯棬(quān):器名。先用枝条编成杯盘之形,再以漆加工制成杯盘。

⑤ 戕贼(bēi):伤害,损害。

【译文】

告子说:"人的本性,好比是杞柳,仁义,好比是杯盘。要使人性具备仁义,就好像要把杞柳做成杯盘。"

孟子说:"你是能顺着杞柳的本性把它做成杯盘呢? 还是要损伤了它的本性把它做成杯盘呢? 如果要损伤它的本性才能把它做成杯盘,那么岂不是也要损伤人的本性才能使人具备仁义吗? 带领天下的人给推行仁义带来灾难的,一定是你这种论调吧!"

【原文】

告子曰:"性犹湍水也,决诸东方则东流,决诸西方则西流。人性之无分于善不善也,犹水之无分于东西也。"

235

孟子曰："水信无分于东西,无分于上下乎? 人性之善也,犹水之就下也。人无有不善,水无有不下。今夫水,搏而跃之,可使过颡;激而行之,可使在山。是岂水之性哉? 其势则然也。人之可使为不善,其性亦犹是也。"

【译文】

告子说："人性好比湍急的流水,在东边开个口就往东流,在西边开个口就往西流。人性本来就不分善与不善,就像水流本来并不固定向东流或是向西流一样。"

孟子说："水流确实是本来不分向东、向西的,但它难道也不分向上流、向下流吗? 人性向善的本性,就好比水朝下流一样。人性没有不向善的,水没有不向下流的。要说水,拍打一下叫它飞溅起来,也能使它高过人的额头;阻挡住它叫它腾涌而起,可以使它流上高山。这难道是水的本性吗? 这只是形势迫使它这样的。人之所以会变得不善良,他的本性也正是像这样被强迫改变的啊!"

【原文】

告子曰："生之谓性。"

孟子曰："生之谓性也,犹白之谓白与?"

曰："然。"

"白羽之白也,犹白雪之白;白雪之白犹白玉之白与?"

曰："然。"

"然则犬之性犹牛之性,牛之性犹人之性与?"

【译文】

告子说："天生的禀赋就称作天性。"

孟子说:"天生的称作天性,那么是不是白色的东西就称作白呢?"

告子说:"是的。"

孟子说:"白羽毛的白,就像白雪的白;白雪的白就像白玉的白吗?"

告子说:"是的。"

孟子说:"那么,狗的天性就像牛的天性,牛的天性就像人的天性吗?"

【原文】

告子曰:"食、色,性也。仁,内也,非外也;义,外也,非内也。"

孟子曰:"何以谓仁内义外也?"

曰:"彼长而我长之,非有长于我也;犹彼白而我白之,从其白于外也,故谓之外也。"

曰:"异于白马之白也,无以异于白人之白也;不识长马之长也,无以异于长人之长与?且谓长者义乎?长之者义乎?"

曰:"吾弟则爱之,秦人之弟则不爱也,是以我为悦者也,故谓之内。长楚人之长,亦长吾之长,是以长为悦者也,故谓之外也。"

曰:"耆①秦人之炙,无以异于耆吾炙,夫物则亦有然者也,然则耆炙亦有外与?"

【注释】

① 耆(shì):同"嗜"。

【译文】

告子说:"食欲、性欲,这是人的本性。仁是生自内心的,不是外

237

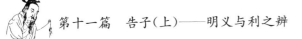

因引起的；义是外因引起的，不是生自内心的。"

孟子说："根据什么说仁是生自内心，而义是外因引起的呢？"

告子说："他（比我）年长，我便以敬重长者的态度对待他，敬重长者并不是由于我自身的原因；就好比某件东西颜色是白的，我便认为它白，是由于它的白颜色显露在外的缘故，所以说是外因引起的。"

孟子说："白马的白，可能跟白人的白没有什么区别；不知道对老马的敬重态度，与对长者的敬重态度，是否也没有区别呢？况且，你所说的义，是指长者本人呢，还是指敬重长者的人呢？"

告子说："是我的弟弟，我就爱他；是秦国人的弟弟，我就不爱了，这种爱与不爱是产生于我本身的，所以说（仁）是生自内心的。敬重楚国人中的长者，也敬重我自己的长者，这种敬重由对方年长决定的，所以说（义）是外因引起的。"

孟子说："爱吃秦国人烤的肉，与爱吃自己烤的肉是没有什么区别的，万事万物也是这种情况，那么爱吃烤肉的也是由外因引起的吗？"

【原文】

　　孟季子①问公都子曰："何以谓义内也？"

　　曰："行吾敬，故谓之内也。"

　　"乡人长于伯兄一岁，则谁敬？"

　　曰："敬兄。"

　　"酌则谁先？"

　　曰："先酌乡人。"

"所敬在此,所长在彼,果在外,非由内也。"

公都子不能答,以告孟子。

孟子曰:"敬叔父乎,敬弟乎？彼将曰:'敬叔父。'曰:'弟为尸②,则谁敬？'彼将曰:'敬弟。'子曰:'恶在其敬叔父也？'彼将曰:'在位故也。'子亦曰:'在位故也。庸敬在兄,斯须之敬在乡人。'"

季子闻之,曰:"敬叔父则敬,敬弟则敬,果在外,非由内也。"

公都子曰:"冬日则饮汤,夏日则饮水,然则饮食亦在外也？"

【注释】

① 孟季子:朱熹云:"疑是孟仲子之弟也。"或说为任国国君之弟季任。

② 尸:古代祭祀时,代死者受祭、象征死者神灵的人,以臣下或死者的晚辈充任。后世改为用神主、画像。

【译文】

孟季子问公都子说:"为什么说义是生自内心的呢？"

公都子说:"(义是)表达我心的敬意,所以说是生自内心的。"

(孟季子问:)"有个同乡人比你大哥大一岁,那么先尊敬谁？"

公都子说:"尊敬大哥。"

(孟季子又问:)"(如果在一起喝酒,)先给谁斟酒？"

公都子说:"先给那个同乡的长者斟酒。"

(孟季子说:)"内心敬重(大哥),而实际又先斟酒给同乡的长者,(可见义)毕竟是外因引起的,不是生自内心的。"

公都子无法回答,就把这件事告诉了孟子。

孟子说:"(你为什么不反问他,)应该尊敬叔父呢？还是尊敬弟弟？他会说:'尊敬叔父。'(你再)问:'如果弟弟充当了受祭的代理人,那该尊敬谁?'他会说:'尊敬弟弟。'你就再问,'(如果这样)尊敬叔叔又表现在哪里呢?'他会说:'因为弟弟处在受祭代理人地位的缘故。'你也就可以说:'因为(那个同乡人)处在该受尊敬的地位上的缘故。平时尊敬的是大哥,这会儿该尊敬的是同乡人。'"

季子听说了这番话,又说:"该尊敬叔父时就尊敬叔父,该尊敬弟弟时就尊敬弟弟,(可见义)果然在于外因,不是生自内心的。"

公都子说:"冬天要喝热水,夏天要喝冷水,那么需要吃喝,也在于外因吗?"

【原文】

公都子曰:"告子曰:'性无善无不善也。'或曰:'性可以为善,可以为不善;是故文、武兴,则民好善;幽、厉①兴,则民好暴。'或曰:'有性善,有性不善;是故以尧为君而有象;以瞽瞍为父而有舜;以纣为兄之子,且以为君,而有微子启、王子比干②。'今曰'性善',然则彼皆非与?"

孟子曰:"乃若③其情,则可以为善矣,乃所谓善也。若夫为不善,非才之罪也。恻隐之心,人皆有之;羞恶之心,人皆有之;恭敬之心,人皆有之;是非之心,人皆有之。恻隐之心,仁也;羞恶之心,义也;恭敬之心,礼也;是非之心,智也。仁义礼智,非由外铄我也,我固有之也,弗思耳矣。故曰:'求则得之,舍则失之。'或相倍蓰而无算者,不能尽其才者也。《诗》曰:'天生蒸民,有物有则。民之秉彝,好是懿德④。'孔子曰:'为此诗者,其知道乎! 故有物必有则;民之秉彝也,故好是懿德。'"

【注释】

① 幽、厉:指周幽王、周厉王,周朝两个暴君。

② 微子启、王子比干：微子启，据《左传》、《史记》记载，是纣王的庶兄。王子比干，纣王叔父，因劝谏而被纣王剖心而死。

③ 乃若：发语词。

④ 以上四句出自《诗经·大雅·烝民》。

【译文】

公都子说："告子说：'人的天性没有善良与不善良之分。'有人说：'天性可以变得善良，也可以变得不善良；因此文王、武王统治天下时百姓就爱好善良；幽王、厉王统治了天下，百姓就变得凶暴。'也有人说：'有些人天性善良，有些人天性不善良；因此尧当君主时，也有像那样的不好的臣民；以瞽瞍为父亲的也会有舜这样的好儿子；以纣这样的人作为侄儿，并且又做了君主的，却也有微子启、王子比干这样贤德的叔父。'现在您说'天性善良'，那么这些说法都错了吗？"

孟子说："说到人天生的性情，那都是可以向善的，这就是我说的天性善良。至于有些人变得不善良，不能归罪于他的本质。同情心，人人都有；羞耻心，人人都有；恭敬心，人人都有；是非心，人人都有。同情心就是仁；羞耻心就是义；恭敬心就是礼；是非心就是智。仁、义、礼、智并不是由外界教导我的，是我本来就具有的，只不过是没有自觉思考罢了。所以说，'只要探求就能得到，一旦放弃就会失去。'与别人相差一倍、五倍甚至无数倍，这是没有能够充分发掘自身潜质、表现自身天性的缘故。《诗经》上说：'上天生养众民，事物都有法则。人人保持常性，喜爱美好品德。'孔子说：'作这篇诗的，是懂得道的啊！所以万事万物必有一定的法则；众民如果掌握了这些法则，就会更加喜爱这些美德。'"

【原文】

　　孟子曰:"富岁,子弟多赖;凶岁,子弟多暴,非天之降才尔殊也,其所以陷溺其心者然也。今夫𪍿麦,播种而耰①之,其地同,树之时又同,浡然②而生,至于日至之时③,皆熟矣。虽有不同,则地有肥硗④,雨露之养、人事之不齐也。故凡同类者,举相似也,何独至于人而疑之? 圣人,与我同类者。故龙子⑤曰:'不知足而为屦,我知其不为蒉⑥也。'屦之相似,天下之足同也。口之于味,有同耆也;易牙⑦先得我口之所耆者也。如使口之于味也,其性与人殊,若犬马之与我不同类也,则天下何耆皆从易牙之于味也? 至于味,天下期于易牙,是天下之口相似也。惟耳亦然,至于声,天下期于师旷⑧,是天下之耳相似也。惟目亦然,至于子都⑨,天下莫不知其姣也;不知子都之姣者,无目者也。故曰:口之于味也,有同耆焉;耳之于声也,有同听焉;目之于色也,有同美焉。至于心,独无所同然乎? 心之所同然者何也? 谓理也、义也。圣人先得我心之所同然耳。故理、义之悦我心,犹刍豢之悦我口。"

【注释】

① 耰(yōu):给种子盖上土。

② 浡然:勃然,兴旺的样子。

③ 日至之时:果实应该成熟的时候。

④ 硗(qiāo):指土地瘠薄。

⑤ 龙子:见《滕文公上》第三章注。

⑥ 蒉(kuì):草筐。

⑦ 易牙:齐桓公的宠臣,传说他擅长烹饪。

⑧ 师旷:春秋时晋平公的乐师,生来目盲,善辨音律。

⑨ 子都：传说是古代的一个美男子。

【译文】

孟子说："丰收年，青年子弟大多懒惰；灾荒年，青年子弟大多凶暴。这并不是人们天生的性情有这种不同，是影响思想的环境使他们变得这样的。就说种大麦，播下了种子，盖上了土，种的地方相同，种的时间又相同，麦子蓬勃地生长，到了夏至的时候，就都成熟了。即使收获的大麦会有优有劣，也是因为土地的肥瘠、雨露的滋养、人工的管理不一样的缘故。所以凡是同一类的事物，大体上都是相似的，为什么偏偏一说到人，就要怀疑这一点呢？圣人也是和我们同类的，所以龙子说：'即使不知道脚的大小形状而去编草鞋，我知道也绝不会把它编成草筐的。'草鞋的相似，是因为天下之人的脚形都是差不多的。口对于味道，有同样的嗜好；易牙是最先掌握了我们口味上共同嗜好的人。假使让口对于味道的嗜好，人人都生来就跟别人不一样，就像狗、马和我们不同类一样，那么天下的人为什么都追随易牙的口味呢？说到口味，天下的人都期望尝到易牙烹调的菜肴，这是天下人的口味大体相似的缘故。耳朵也是这样，说到声音，天下的人都期望听到师旷演奏的乐曲，这是天下之人的听觉大体相似的缘故。眼睛也是这样，说到子都，天下没有不知道他相貌俊美；不知道子都俊美的，是不长眼睛的人。所以说，口对于味道，有相同的嗜好；耳朵对于声音，有相同的听觉；眼睛对于容貌，有相同的愉悦感。说到心，偏偏就没有相同之处了吗？心的相同之处又是什么呢？就是理，就是义。圣人最先觉悟到我们人心中相同的理，相同的义。所以理义能愉悦我们的心灵，正像牛、羊、猪、狗的肉适合我们的口味一样。"

【原文】

孟子曰："牛山①之木尝美矣，以其郊于大国也，斧斤伐之，可以为美乎？是其日夜之所息，雨露之所润，非无萌蘖之生焉，牛羊又从而牧之，是以若彼濯濯②也。人见其濯濯也，以为未尝有材焉，此岂山之性也哉？虽存乎人者，岂无仁义之心哉？其所以放其良心者，亦犹斧斤之于木也，旦旦而伐之，可以为美乎？其日夜之所息，平旦之气③，其好恶与人相近也者几希④，则其旦昼之所为，有梏亡之矣⑤。梏之反覆，则其夜气不足以存；夜气不足以存，则其违禽兽不远矣。人见其禽兽也，而以为未尝有才焉者，是岂人之情也哉？故苟得其养，无物不长；苟失其养，无物不消。孔子曰：'操则存，舍则亡；出入无时，莫知其乡。'惟心之谓与？"

【注释】

① 牛山：在齐国东南。

② 濯濯：光洁的样子。形容山上草木被砍伐殆尽。

③ 平旦之气：指的是太阳停留在地平线上的黎明时分，尚未与万物想接触的清明空气。

④ 几希：不多。

⑤ 有梏亡之矣：指被利欲束缚而丧失本心。有，通"又"；梏（gù），拘禁，也有说通"搅"，扰乱的意思。

【译文】

孟子说："牛山的树木曾经很繁茂。只因为它处在大都市的近郊，人们常用刀斧砍伐它，它还能保持繁茂吗？虽然树木在山上日夜生长，雨水露珠也不断滋润，不是没有嫩芽新枝生长出来，但是牛羊紧接着又放牧到这里，因此牛山就成了那样光秃秃的了。人们看见它光秃秃的,还以为这山从来没有生长过树木呢!这难道是牛山的本来面目吗?就说在有些人的身上,难道说就会没有仁义之心吗?他们之所以丧失了善良之心,也就像刀斧砍伐那些树木一样,天天砍伐,如何还能保住善心的繁茂呢?尽管他们在夜间培养着善念、滋生着善心,清晨时接触了清明的空气有所激发,使他们的好恶之心与一般人也有了少许的相近,可是第二天白天的所作所为,又使这点善念因利欲而搅乱、丧失了。这样一次次反复地搅乱,那么他们夜里滋生的那点善心就不能保存下来;夜里滋生的善心不能保存下来,那他们离禽兽就不远了。人们看见他们的行为如同禽兽,就以为他们从来不曾有过善良的禀赋,这哪里是人的本性啊?所以说如果能够得到正确的培养,没有什么东西不能生长;如果得不到正确的培养,没有什么东西不会消亡。孔子说:"'把握着就存在,放弃了就丧失;出去、进来没有定时,无人知道它的去向。'大概就是说的人心吧?"

【原文】

孟子曰:"无或①乎王之不智也。虽有天下易生之物也,一日暴②之,十日寒之,未有能生者也。吾见亦罕矣,吾退而寒之者至矣,吾如有萌焉何哉?今夫弈③之为数④,小数也;不专心致志,则不得也。弈秋⑤,通国⑥之善弈者也。使弈秋诲二人弈,其一人专心致志,惟弈秋之为听。一人虽听之,一心以为有鸿鹄⑦将至,思援弓缴⑧而射之,虽与之俱学,弗若之矣。为是其智弗若与?曰:非然也。"

【注释】

① 或:同"惑",疑惑,奇怪。

② 暴(bù)：同"曝"，晒。

③ 弈：围棋。

④ 数：技术。

⑤ 弈秋：一个名字叫秋的善于下棋的人。

⑥ 通国：全国。

⑦ 鸿鹄(hú)：鸟名，俗称天鹅。

⑧ 缴(zhuó)：拴在箭上的生丝绳，这里指代箭。

【译文】

孟子说："对于君王的不聪明，不必奇怪。即使有一种天下最容易生长的东西，如果你晒它一天，再冻它十天，它也不可能再生长下去了。我拜见君王的次数很少，我一离开他，那些谄媚阿谀的人马上又纷纷围上去了，这样，他即使刚有一点善心的萌芽又能怎么样呢？好比说下棋，下棋作为技艺，只是一种小技艺；但如果不专心致志，那也难以学会。弈秋是全国最擅长下棋的。如果让弈秋同时教两个人下棋，其中一人专心致志，一心只听弈秋讲解。另外一人虽然也在听讲，却老想着外面有只天鹅要飞来了，怎样拿弓箭去射杀它。虽然他与另一人一起在学，却不如人家学得好。是因为他的聪明才智不如人家吗？应该说：不是这样的。"

【原文】

孟子曰："鱼，我所欲也，熊掌亦我所欲也；二者不可得兼，舍鱼而取熊掌者也。生亦我所欲也，义亦我所欲也；二者不可得兼，舍生而取义者也。生亦我所欲，所欲有甚于生者，故不为苟得也；死亦我所恶，所恶有甚于死者，故患有所不辟也。如使人之所欲莫甚于生，则凡可以得生者，何不用也？使人之所恶莫甚于死者，则凡可以辟患者,何不为也?由是则生而有不用也,由是则可以辟患而有不为也,是故所欲有甚于生者,所恶有甚于死者。非独贤者有是心也,人皆有之,贤者能勿丧耳。一箪^①食,一豆^②羹,得之则生,弗得则死,嘑尔^③而与之,行道之人弗受;蹴尔^④而与之,乞人不屑也;万钟^⑤则不辩礼义而受之。万钟于我何加焉?为宫室之美、妻妾之奉、所识穷乏者得^⑥我与?乡为身死而不受,今为宫室之美为之;乡^⑦为身死而不受,今为妻妾之奉为之;乡为身死而不受,今为所识穷乏者得我而为之,是亦不可以已乎?此之谓失其本心。"

【注释】

① 箪:盛饭的圆形竹器。

② 豆:古代一种盛食物的木器,形似高脚盘。

③ 嘑尔:怒声呼叱的样子。嘑,同"呼"。

④ 蹴(cù)尔:践踏、踩踏。

⑤ 万钟:形容俸禄很多。钟,古代计算容量的单位,六石四斗为一钟。

⑥ 得:通"德",此处做动词。

⑦ 乡:同"向",从前;往日。

【译文】

孟子说:"鱼是我希望得到的,熊掌也是我希望得到的;如果两样不能同时得到,那我就舍弃鱼而要熊掌。生命是我所希望拥有的,义也是我所希望拥有的;如果两样不能同时拥有,我就放弃生命而追求道义。生命是我所喜爱的,但所喜爱的还有比生命更可贵的,所以我不能做苟且偷生的事;死亡本来是我所厌恶的,但我所厌

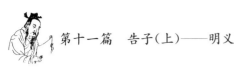

恶的还有比死亡更可憎的,所以有些祸患我不能躲避。假使人们所追求的没有什么比生存更可贵的了,那么凡是可以保命求生的手段,哪样会不采用呢?假使人们所厌恶的没有什么比死亡更可憎的了,那么凡是可以躲避祸患的事,哪样会不去干呢?按这样的做法就能求得生存,然而有人却不去做,按这样的做法就能避开祸患,然而有人却不做。由此可见,人们所喜爱追求的东西有超过生存的,人们所憎恶的东西有超过死亡的。不仅仅是贤人才有这样的思想,人人都是有的,只是贤人能够保存不丧失它罢了。一筐饭,一碗汤,得到它就能生存,得不到就会饿死,但如果轻蔑地吆喝着施舍给人,就是饿着肚子赶路的人也不愿接受;如果用脚踢着施舍给人,那就连乞丐也不会接受的。一万钟的俸禄,如果不问是否合乎礼义就接受了,万钟的俸禄对我又有什么好处呢?是为了建造华美的住宅、为了供养妻妾享乐、为了施舍给所认识的穷人好让他们感激我吗?过去宁死也不肯接受的东西,现在却为了住宅的华美而接受了;本该宁死也不接受的,现在却为了妻妾的侍奉而接受了;本该宁死也不接受的,现在却为了让所认识的穷人感激我而接受了,这些事情难道不可以罢手不做吗?这样做丧失了人所固有的羞恶之心。”

【原文】

　　孟子曰:“仁,人心也;义,人路也。舍其路而弗由,放其心而不知求,哀哉!人有鸡犬放,则知求之;有放心而不知求。学问之道无他,求其放心而已矣。”

【译文】

　　孟子说:“仁是人的天性,义是人的道路。放弃了应该走的道路而不走,丢失了自己善良的天性而不去寻找,真是可悲啊!人们走失了鸡、狗还知道去寻找，可是丢失了善良的天性却不知道去寻找。求学请教的道理不在于别的，就是在于找回丢失的天性罢了。"

【原文】

孟子曰："今有无名之指屈而不信①，非疾痛害事也，如有能信之者，则不远秦楚之路，为指之不若人也。指不若人，则知恶之；心不若人，则不知恶，此之谓不知类②也。"

【注释】

① 信：同"伸"。

② 不知类：朱熹《四书集注》中云，"言不知轻重之等也"。

【译文】

孟子说："如果现在有个人无名指弯曲了不能伸直，虽然既不疼痛又不妨碍做事，但如果有人能使它伸直，那么即使赶到秦国、楚国去医治，他也不会嫌路远，因为自己的手指不如别人。手指不如别人，尚且知道厌恶它；自己内心不如别人，却不知道厌恶，这就是不懂轻重主次了。"

【原文】

孟子曰："拱把之桐梓，人苟欲生之，皆知所以养之者。至于身，而不知所以养之者，岂爱身不若桐梓哉？弗思甚也。"

【译文】

孟子说："一两把粗的桐树、梓树，人们如果要想让它们生长，都知道该怎样去培养。至于对自己本身，反倒不知道怎样修养，岂不是爱护自身还不如爱护桐树、梓树吗？真是太不会考虑问题了。"

【原文】

孟子曰："人之于身也，兼所爱。兼所爱，则兼所养也。无尺寸之肤不爱焉，则无尺寸之肤不养也。所以考其善不善者，岂有他哉？于己取之而已矣。体有贵贱，有小大①。无以小害大，无以贱害贵。养其小者为小人，养其大者为大人。今有场师，舍其梧槚，养其樲棘，则为贱场师焉。养其一指而失其肩背，而不知也，则为狼疾②人也。饮食之人，则人贱之矣，为其养小以失大也。饮食之人无有失也，则口腹岂适为尺寸之肤哉？"

【注释】

① 体有贵贱，有小大：朱熹《四书集注》云："贱而小者，口腹也；贵而大者，心志也。"

② 狼疾：同"狼藉"，指散乱、错杂的样子。这里是昏愦糊涂的意思。

【译文】

孟子说："人们对于自己的身体，总是处处都爱护的。处处爱护，便处处都加以保养。没有一尺一寸的肌肤不爱护，没有一尺一寸的肌肤不保养。因此要观察一个人对身体保养得好不好，难道有别的方法吗？只要看他注重保养身体的哪一部分就足够了。身体有重要部分和次要部分，有小的方面和大的方面。不能因为保养了小的方面而损害了大的方面，不能因为保养了次要部分而损害了重要部分。只注重保养小的方面的，是小人，注重保养大的方面的，是君子。如果现在有这么个园艺师，放弃培植梧桐、梓树，却去培植酸枣、荆棘,那他就是个顶蹩脚的园艺师。如果有人为保养自己的一根手指却丧失了肩膀和脊背的功能,自己还不清醒,那他就是个糊涂的人。只讲究吃喝的人,人们都瞧不起他,是因为他只愿意保养小的方面而忽略了大的方面。如果讲究吃喝的人没有丢弃善心的培养,那么他的吃喝难道还只是为了保养口、腹这些小部分的需要吗?"

【原文】

公都子问曰:"钧①是人也,或为大人,或为小人,何也?"

孟子曰:"从②其大体③为大人,从其小体④为小人。"

曰:"钧是人也,或从其大体,或从其小体,何也?"

曰:"耳目之官不思,而蔽于物。物交物,则引之而已矣。心之官则思,思则得之,不思则不得也。此天之所与我者。先立乎其大者,则其小者弗能夺也。此为大人而已矣。"

【注释】

① 钧:同"均",相同,同样。

② 从:跟随,听从。

③ 大体:指内心。

④ 小体:指眼睛、耳朵之类的身体部位。

【译文】

公都子问道:"同样是人,有的成了君子,有的成了小人,是为什么?"

孟子说:"能依从身心主要部分需要的人就成为君子,依从身心次要部分需要的人就成为小人。"

公都子又问:"同样是人,有的人能依从身心主要部分的需要,有人却依从身心次要部分的需要,这又是为什么呢?"

孟子说:"像耳朵、眼睛这些器官是不会思考的,因此容易被外物蒙蔽。因此它一旦与外界事物接触,就会被引诱过去。心这个器官是善于思考的,思考就能得到善性,不思考就得不到善性。心是上天特意赋予人类的最重要的器官。首先要树立这个重要器官的主宰作用,那么就不会受到耳朵眼睛之类次要器官的侵扰摆布了。这就是有人能成为君子的道理罢了。"

【原文】

孟子曰:"有天爵者,有人爵①者。仁义忠信,乐善不倦,此天爵也;公卿大夫,此人爵也。古之人修其天爵,而人爵从之。今之人修其天爵,以要人爵;既得人爵,而弃其天爵,则惑之甚者也,终亦必亡而已矣。"

【注释】

① 天爵、人爵:天爵指仁、义、忠、信等,孟子认为这些是天然就值得尊贵的。人爵指通常所说的社会爵位。

【译文】

孟子说:"有天然的爵位,有社会的爵位。遵行仁义忠信,乐于行善而不知疲倦,这就是天然的爵位;公卿大夫,这些是社会的爵位。古代的人注重修养自己的天爵,而社会的爵位也就随天爵而来了。现在的人修养自己的天爵,是为了用它来获取社会爵位;一旦获取了社会爵位,就放弃修养天爵,那实在是太糊涂了,最终的结果注定是他的社会爵位也一并丧失罢了。"

孟子曰："欲贵者，人之同心也。人人有贵于己者，弗思耳。人之所贵者，非良贵也。赵孟之所贵，赵孟①能贱之。《诗》云：'既醉以酒，既饱以德②。'言饱乎仁义也，所以不愿人之膏③粱④之味也；令⑤闻⑥广誉施于身，所以不愿人之文绣也。"

【注释】

① 赵孟：即赵盾，字孟。春秋时晋国正卿，掌握晋国的实权，因此他的子孙后来也称赵孟。

② 以上两句出自《诗经·大雅·既醉》，是周朝祭祖时祭词中的两句。今人高亨认为"德"字当作"食"，古德字与食形近而误（说见其《诗经今注》）。

③ 膏：肥肉。

④ 粱：指上乘的谷子。

⑤ 令：美好的，善的。

⑥ 闻：声誉。

【译文】

孟子说："渴望尊贵，这是人们共同的心愿。其实人人都有可尊贵的地方，只是没有仔细想罢了。别人给予的尊贵，不是真正的尊贵。赵孟能使一个人尊贵，赵孟也能使这个人低贱。《诗经》上说：'既供奉美酒使他陶醉，又献上仁德使他满足。'这是说仁义道德充足了，所以就不羡慕别人的美味佳肴了；美好的名声、广泛的赞誉落在自己身上了，所以就不羡慕别人的锦绣衣裳了。"

【原文】

孟子曰："仁之胜不仁也,犹水胜火。今之为仁者,犹以一杯水救一车薪之火也;不熄,则谓之水不胜火,此又与于不仁之甚者也,亦终必亡而已矣。"

【译文】

孟子说:"仁能战胜不仁,就像水能战胜火一样。而现在一些实行仁的人,就像在用一杯水去浇灭一车木柴燃起的大火;火不熄灭,就说水不能战胜火。这反而助长了那些最不仁的人,他原来那点仁心也最终会丧失的。"

【原文】

孟子曰："五谷者,种之美者也,苟为不熟,不如荑①稗。夫仁,亦在乎熟之而已矣。"

【注释】

① 荑(tí):即稊,稗类植物。

【译文】

孟子说:"五谷是庄稼中的好品种,但如果不成熟,那还不如稗子之类野草了。仁,它的价值也在于使它成熟罢了。"

【原文】

孟子曰："羿之教人射,必志于彀①;学者亦必志于彀。大匠诲人,必以规矩,学者亦必以规矩。"

① 彀(gòu):拉满弓,准备射箭。

【译文】

孟子说:"羿教人射箭,一定要求把弓拉满;学射的人也力求自己把弓拉满。高明的工匠教人手艺,一定要用圆规和曲尺;学手艺的人也一定要使用圆规和曲尺。"

【故事】

赵威后以民为本

公元前226年,在位三十三年的赵惠文王去世,赵孝成王即位。因为孝成王年纪太小,所以由他的母亲赵威后执政。赵威后刚刚执政,秦国就大举进攻赵国,并且迅速占领了赵国的三座城市。赵国实力很弱,根本无法抵抗强大的秦国,急忙向关系密切的齐国求救。而保守谨慎的齐国却提出要求,让赵威后把最疼爱的小儿子长安君送到齐国做人质,否则就不发兵。赵威后不肯,大臣们强力劝谏。赵威后大怒,说:"要是再有谁来说让长安君去做人质的事,我这个老太太一定要唾在他脸上!"这话一传出来,大臣们虽然万分焦急,但谁也不敢再去劝谏了。

就在这时候,左师触龙求见太后,太后生了一肚子火等着他。触龙慢慢地小跑着,来到太后面前谢罪说:"老臣脚上有病,不太能走路,所以这么长时间见不到太后。我虽然自己能原谅自己,但恐怕太后的身体会有什么小毛病,所以还是很想来看望您。"

太后回答:"我出门行走都要靠车子。"

触龙又问:"每天的饮食没有减少吧?"

太后说:"也就喝点粥罢了。"

触龙说:"我之前也是特别没有胃口,就强迫自己走路,每天走上三四里,渐渐地胃口就好多了,身体也感觉舒畅了。"

太后说:"我可做不到啊!"脸色渐渐缓和下来了。

触龙又说:"我有个不成器的儿子叫舒祺,年纪最小。我心里却格外疼爱他,想让他到王宫里来当一名卫士。所以今天冒死来向您请求。"

太后说:"好吧! 他多大了?"

触龙说:"十五岁。虽然他年纪还小,但是我希望趁着我还没死的时候把他托付给您。"

太后问:"男人们也会特别疼爱小儿子吗?"

触龙回答:"比女人还爱呢!"

太后笑了:"女人疼爱小儿子可是厉害得很哪!"

触龙说:"可是我认为您爱燕后超过了长安君。"

太后说:"你错啦,我爱燕后远远比不上爱长安君。"

触龙就说:"父母疼爱子女,就会为他考虑深远。太后送燕后出嫁的时候,燕后都已经上车了,您还握着她的脚后跟哭泣,舍不得她嫁那么远。等到她走了,您每次祭祀的时候都要为她祷告,祷告时却说:'一定不要让她回来啊!'难道不是出于长远的考虑,希望她能有子孙做燕王吗?"

太后说:"是啊!"

触龙又说:"从现在的赵王往上三代,到赵氏从大夫封为国君为止,国君的子孙受封为侯、后嗣继承封爵的,这样的人如今还有吗?"

太后答:"没有。"

触龙说:"不只是赵国,其他各国有吗?"

太后道:"我还没听说过。"

触龙说道:"这些人当中,祸患来得早的让自己碰上,祸患来得晚的便让子孙碰上。难道这些国君之子一定都不好吗？他们地位无比尊贵，俸禄优厚，却对国家没有任何功劳；而他们又持有许多奇珍异宝，这就难免危险了啊！就像现在，您让长安君地位尊贵，既给他最好的封地，又赐给他很多宝物，却不让他为国家建立功劳，那么有朝一日您若不在了，长安君能靠什么在赵国立身呢？我认为您为长安君考虑得不够长远，所以认为您爱他不及爱燕后啊！"

太后道："行了，随便您把他派到哪儿去吧！"于是，长安君就被送到齐国做人质。齐国也终于派兵援救了赵国。

那之后，赵国和齐国间的往来也频繁了起来。

有一次，齐国国君派遣使者来到赵国，向赵威后致意问候。使者呈上齐王的书信，赵威后拿着信还没有打开，就向使者打听齐国的状况："今年的收成好吗？百姓们过得怎么样？你们的国王身体还好吗？"

齐国的使者听了很不高兴，就抱怨说："我是奉齐王的命令来看望、问候您的，可是太后您不先问候我们齐王，倒先问起收成和百姓来了，这岂不是把卑贱的放在前面，而把尊贵的放在后面了吗？"

赵威后说："当然不是这样。如果一年下来没有收成，那百姓又怎么生存呢？没有安稳生活的百姓，又哪来国君存在的位置？难道会有人在提问时舍弃根本而先关注枝末吗？"

齐国的使者还没来得及说话，赵威后又向他抛出了一连串的问题："你们齐国有一个处士叫作钟离子的，他还好吗？这个人，自己饮食充足时会把粮食送给别人吃，自己饮食匮乏时也还是把粮食接济给别人吃；自己有足够的衣服穿时会把衣服送给别人穿，自己的衣服不够穿时也还是会把衣服送给别人穿。这个人其实就是在帮助国君照顾他的百姓啊！为什么至今还没给他安排职位呢？叶阳子还好吗？他这个人，是怜惜鳏寡的人，体恤孤独的人，赈济穷困的人，帮补匮乏的人。这是在帮助国君使他的百姓生存繁衍下去啊！为什么这个人也还没有在朝廷中任职呢？北宫家的女儿婴儿子可好吗？她再也不打扮自己，为了奉养年老的父母而终身不嫁。这是在给所有的国民做表率、推行孝道的人啊！为什么至今还不让她接受应得的封赏呢？这样的两位贤士不予任用，这样的一位孝女不行封赏，你们的国君又能怎么统治齐国、做万民的父母啊！於陵仲子还活着吗？这个人对上不为国君服务，在下也不治理家庭，又不结交诸侯。这是引导百姓做一个对国家不负责任的人，为什么至今还不杀掉他呢？"

齐国的使者此时根本无言以对。

【评论】

赵威后重视民生，体恤百姓，威信很高。她虽然年事已高，又是一介女子，但是她对国家政治的清明有着最朴素的理解，"以民为本，君王为末"的思想尤其难能可贵。正因如此，她才能在强敌林立、硝烟不断的战国时期保持一段稳固而强势的统治。

第十二篇

告子（下）——逆境催人奋进

【原文】

任①人有问屋庐子②曰:"礼与食孰重?"

曰:"礼重。"

"色与礼孰重?"

曰:"礼重。"

曰:"以礼食,则饥而死;不以礼食,则得食,必以礼乎? 亲迎③,则不得妻;不亲迎,则得妻,必亲迎乎?"

屋庐子不能对,明日之邹,以告孟子。

孟子曰:"于答是也,何有④? 不揣其本,而齐其末,方寸之木可使高于岑楼。金重于羽者,岂谓一钩金与一舆羽之谓哉? 取食之重者与礼之轻者而比之,奚翅⑤食重? 取色之重者与礼之轻者而比之,奚翅色重? 往应之曰:'紾⑥兄之臂而夺之食,则得食;不紾,则不得食,则将紾之乎? 逾东家墙而搂其处子,则得妻;不搂,则不得妻,则将搂之乎?'"

【注释】

① 任:国名。

② 屋庐子:姓屋庐,名连,孟子弟子。

③ 亲迎:古代结婚六礼之一,新郎亲自至女家,迎新娘入室,行交拜合卺之礼。

④ 何有:这里是不难的意思。

⑤ 翅:同"啻",止。

⑥ 紾(zhěn):扭转,弯曲。

【译文】

有个任国人问屋庐子道:"礼节和吃饭哪样重要?"

屋庐子说:"礼节重要。"

那人又问:"娶妻和礼节哪样重要?"

回答说:"礼节重要。"

那人又问:"如果按礼节去寻找食物,就会吃不到而饿死;不按礼节去找食物,就能够吃到饭,那么也一定要按礼节行事吗? 如果按亲迎礼娶亲,就娶不到妻子;不按亲迎礼,却能娶到妻子,那么也一定要按亲迎礼吗?"

屋庐子不能回答,第二天他就到邹国去,把这些话告诉孟子。

孟子说:"回答这个问题有什么困难呢? 如果不度量原来基础的高低,只比较它们的末端,那么一寸见方的小木块放在高处,也可以高过尖顶的楼房。金属比羽毛重,难道就能说一支金属带钩比一车子羽毛还要重吗? 用饮食方面的重要问题与礼节的细小方面相比,何止是饮食重要这点轻重差别呢? 拿娶妻的重要问题与礼节的细小方面相比,何止是娶妻更重要这点轻重差别呢? 你去这样回答他:'扭住哥哥的胳膊抢夺他手中的食物,就能得到饭吃;不扭住胳膊就得不到饭吃,那么就该去扭住哥哥的胳膊吗? 翻过东边人家的墙头,搂抱那家的闺女,就能得到妻子;不去搂抱,就得不到妻子,那么就该去搂抱吗?'"

【原文】

曹交①问曰:"人皆可以为尧、舜,有诸?"

孟子曰:"然。"

"交闻文王十尺,汤九尺,今交九尺四寸以长,食粟而已,如何则可?"

曰:"奚有于是? 亦为之而已矣。有人于此,力不能胜一匹雏,则为无力人矣;今曰举百钧,则为有力人矣。然则举乌获^②之任,是亦为乌获而已矣。夫人岂以不胜为患哉? 弗为耳。徐行后长者谓之弟,疾行先长者谓之不弟。夫徐行者,岂人所不能哉? 所不为也。尧、舜之道,孝弟而已矣。子服尧之服,诵尧之言,行尧之行,是尧而已矣。子服桀之服,诵桀之言,行桀之行,是桀而已矣。"

曰:"交得见于邹君,可以假馆,愿留而受业于门。"

曰:"夫道若大路然,岂难知哉? 人病不求耳。子归而求之,有余师。"

【注释】

① 曹交:人名,生平不详。

② 乌获:人名,传说是古代的一个大力士。

【译文】

曹交问道:"人人都能成为尧、舜,有这个说法吗?"

孟子说:"有的。"

曹交又问:"我听说文王身高一丈,汤王身高九尺,如今我曹交身高有九尺四寸还多,除了吃饭没有别的本事,怎样才可以成为尧、舜呢?"

孟子说:"这又有什么难的呢? 你只要去做就行了。如果有个人,连一只小鸡都提不起来,那他就是个没有力气的人了;如果说能举起三千斤的东西,那他就是一个很有力气的人了。既然这样,那么只要能举起乌获举过的重量,这样也就成为乌获了。一个人可担心忧虑的,怎能在于无法胜任呢? 只是不去做罢了。慢慢地跟在长者后面走,叫作悌,快步抢在长者前面走,叫作不悌。慢慢走,难道是一个人不能做到的吗？只是不那样做罢了。尧、舜之道，不外乎孝和悌而已。如果你穿尧所穿的衣服，说尧所说的话，做尧所做的事，你也就成为尧了。如果你穿桀所穿的衣服，说桀所说的话，做桀所做的事，你也就变成桀了。"

曹交说："我能见到邹君，可以向他借个住处，愿意留在先生门下向您学习。"

孟子说："尧、舜之道就像大路一样，哪里是难懂的呢？就怕人们不去寻求罢了。你回去寻求吧！随处都有老师的。"

【原文】

公孙丑问曰："高子①曰：《小弁》②，小人之诗也。"

孟子曰："何以言之？"

曰："怨。"

曰："固③哉，高叟之为诗也！有人于此，越人④关弓而射之，则己谈笑而道之；无他，疏之也。其兄关弓而射之，则己垂涕泣而道之；无他，戚之也。《小弁》之怨，亲亲也；亲亲，仁也。固矣夫，高叟之为诗也！"

曰："《凯风》⑤何以不怨？"

曰："《凯风》，亲之过小者也；《小弁》，亲之过大者也。亲之过大而不怨，是愈疏也；亲之过小而怨，是不可矶⑥也。愈疏，不孝也；不可矶，亦不孝也。孔子曰：'舜其至孝矣，五十而慕。'"

【注释】

① 高子：齐国人。

②《小弁（biàn）》：《诗经·小雅》中的一篇。旧说是指责周幽王的诗。周幽王先娶申后，生宜臼，立为太子；后宠褒姒，改立褒姒之

子伯服为太子,废申后及太子宜臼。于是宜臼的老师作此诗,述说哀伤、怨恨之情。

③ 固:固执拘泥不变通。

④ 越人:指蛮夷之国的人。

⑤《凯风》:《诗经·邶风》中的一篇。旧说卫国有个已有七个儿子的母亲想改嫁,于是七个儿子作此诗来自责不孝,以使母亲感悟。

⑥ 不可矶(jī):不能承受一点微小的刺激。矶,水激石头。

【译文】

公孙丑问道:"高子说《小弁》是小人作的诗。"

孟子说:"为什么这么说呢?"

公孙丑说:"因为诗中有哀怨之情。"

孟子说:"高老先生这样论诗实在太呆板了! 如果有一个人,越国人拉开弓去射他,他可以有说有笑地讲这件事;没别的原因,只因为彼此关系疏远。如果换成是他哥哥拉开了弓射他,他就会哭哭啼啼地讲这件事;没别的原因,只因哥哥是他的亲人。《小弁》有哀怨之情,是出自对亲人的爱啊! 热爱亲人,这是仁德啊! 高老先生这样论诗实在太呆板了!"

公孙丑又问:"《凯风》这首诗为什么没有怨恨情绪呢?"

孟子说:"《凯风》这首诗,所写母亲的过错较小;《小弁》所写的父亲的过错较大。父母的过错大而不抱怨,这是更加疏远父母;父母的过错小而心怀怨恨,这是做儿子的一点都不能受刺激。更加疏远父母,这是不孝;不能承受父母一点刺激,也是不孝。孔子说过:'舜是最孝顺的人了,到了五十岁上还怨慕父母。'"

宋牼^①将之楚，孟子遇于石丘^②，曰："先生将何之？"

曰："吾闻秦楚构兵，我将见楚王说而罢之。楚王不悦，我将见秦王说而罢之。二王我将有所遇焉。"

曰："轲也请无问其详，愿闻其指^③。说之将何如？"

曰："我将言其不利也。"

曰："先生之志则大矣，先生之号则不可。先生以利说秦楚之王，秦楚之王悦于利，以罢三军之师，是三军之士乐罢而悦于利也。为人臣者怀利以事其君，为人子者怀利以事其父，为人弟者怀利以事其兄，是君臣、父子、兄弟终去仁义，怀利以相接，然而不亡者，未之有也。先生以仁义说秦楚之王，秦楚之王悦于仁义，而罢三军之师，是三军之士乐罢而悦于仁义也。为人臣者怀仁义以事其君，为人子者怀仁义以事其父，为人弟者怀仁义以事其兄，是君臣、父子、兄弟去利，怀仁义以相接也，然而不王者，未之有也。何必曰利？"

【注释】

① 宋牼（kēng）：人名。战国时宋人，生卒年不详。与齐宣王同时，孟轲、庄周都很敬重他，称他为先生或宋子。其思想接近墨家，主张崇俭、非斗。

② 石丘：地名。

③ 指：大指，指要。

【译文】

宋牼准备到楚国去。孟子在石丘遇到了他，问道："先生准备到什么地方去？"

宋牼回答:"我听说秦国和楚国在交战,我打算去见楚王,劝说他停战,如果楚王不愿意,我就打算再去见秦王,劝说他停战。两位君王中,总会遇到一个能说得通的吧!"

孟子问:"我不想问个详细,只想了解你的主要想法。先生将要怎样去劝说他们呢?"

宋牼回答:"我将向他们指出交战的不利之处。"

孟子说:"先生的用心诚然是好极了,但先生的提法却欠妥当。先生用利去劝说秦王、楚王,秦王、楚王因为贪图利益而让军队休战,这样也就使三军官兵乐于停战却又对利益产生追求之心。要是都这样,做臣子的怀着求利的念头侍奉国君,做儿子的怀着求利的念头侍奉父亲,做弟弟的怀着求利的念头侍奉哥哥,这会使君臣、父子、兄弟之间最终背离仁义,怀着求利的念头相互对待。这样的国家却不灭亡,是从来没有过的。先生如果能用仁义去劝说秦王、楚王,秦王、楚王因为喜爱仁义而停止交战,这就会使三军官兵乐于停战而又对仁义产生兴趣。要是都这样,做臣子的心怀仁义侍奉国君,做儿子的心怀仁义侍奉父亲,做弟弟的心怀仁义侍奉哥哥,这样就会使君臣、父子、兄弟都抛开私利,而怀着仁义之心相互对待了。一个国家做到这样还不能称王天下,是从来没有过的。为什么一定要用利去游说呢?"

【原文】

孟子居邹。季任①为任处守,以币交,受之而不报。处于平陆,储子②为相,以币交,受之而不报。他日,由邹之任,见季子;由平陆之齐,不见储子。屋庐子喜曰:"连③得间矣!"问曰:"夫子之任见季子,之齐不见储子,为其为相与?"

曰:"非也。《书》曰:'享④多仪⑤,仪不及物⑥,曰不享。惟不役⑦志于享。'为其不成享也。"

屋庐子悦。或问之,屋庐子曰:"季子不得之邹,储子得之平陆。"

【注释】

① 季任:任君的弟弟。任,与薛同姓的小国。

② 储子:齐相。

③ 连:屋庐子的名字。这里是他的自称。

④ 享:奉上。

⑤ 仪:礼节仪式。

⑥ 物:钱财、礼物。

⑦ 役:用。

【译文】

孟子住在邹国时,季任担任任国的留守代理国政,他送礼物和孟子结交,孟子收受了礼物但没有回报。孟子住在平陆时,储子担任齐国宰相,他送礼物和孟子结交,孟子收受了礼物也没有回报。后来孟子从邹国到了任国,他拜访了季子;但他从平陆到齐国时,却没有拜访储子。屋庐子高兴地说:"这下子我可找到老师的空子了。"便问道:"老师到任国拜访了季子,到齐国却不拜访储子,是因为储子只是个宰相吗?"

孟子说:"不是。《尚书》上说:'享献之礼注重仪节,如果仪节不相称,礼物再多也等于没有享献,因为他没有把心思用在享献上。'这是他礼意不及享献啊!"

屋庐子欣然会意。有人问起这事,屋庐子说:"季子不可以亲自

去邹国，储子可以亲自去平陆。"

【原文】

　　淳于髡曰："先名①实②者，为人也；后名实者，自为也。夫子在三卿③之中，名实未加于上下而去之，仁者固如此乎？"

　　孟子曰："居下位，不以贤事不肖者，伯夷也；五就汤，五就桀者，伊尹也；不恶污君，不辞小官者，柳下惠也。三子者不同道，其趋一也。一者何也？曰，仁也。君子亦仁而已矣，何必同？"

　　曰："鲁缪公之时，公仪子④为政，子柳、子思⑤为臣，鲁之削也滋甚，若是乎，贤者之无益于国也！"

　　曰："虞不用百里奚而亡，秦穆公用之而霸。不用贤则亡，削何可得与？"

　　曰："昔者王豹处于淇⑥，而河西善讴；绵驹处于高唐⑦，而齐右善歌；华周、杞梁⑧之妻善哭其夫而变国俗。有诸内，必形诸外。为其事而无其功者，髡未尝睹之也。是故无贤者也，有则髡必识之。"

　　曰："孔子为鲁司寇，不用，从而祭，燔肉⑨不至，不税⑩冕而行。不知者以为为肉也，其知者以为为无礼也。乃孔子则欲以微罪行，不欲为苟去。君子之所为，众人固不识也。"

【注释】

① 名：声誉。

② 实：功业。

③ 三卿：指上卿、亚卿、下卿，都是爵位。

④ 公仪子：即公仪休，曾任鲁国的相。

⑤ 子柳、子思：子柳，即泄柳，曾任鲁缪公的卿。子思，孔子之孙，名伋。

⑥ 王豹：卫国人，善于唱歌。淇：卫国的河流。

⑦ 绵驹：一位善于唱歌的人。高唐：齐国邑名。

⑧ 华周、杞梁：齐国大夫，在齐国攻打莒国时战死，传说他们的妻子闻讯后，对着城墙痛哭，把城墙哭塌了；齐国人受到感染，以致善哭成风。

⑨ 燔肉：祭时用的熟肉。古礼，天子和诸侯祭祀后，要将一部分祭肉赐给大夫。

⑩ 税：同"脱"。

【译文】

淳于髡说："重视名望功业的人，是为了济世安民；轻视名望功业的人，是为了独善其身。先生是齐国的三卿之一，但就名望功业来说，上未能匡正君主，下未能拯救百姓，就这样离开这里，仁德的人应该就是这样的吗？"

孟子说："处在卑下的地位，不以贤人的身份去侍奉不贤的君主，这是伯夷；五次到汤那里做事，又五次到桀那里做事，这是伊尹；不厌弃昏庸的君主，不拒绝低下的职务，这是柳下惠。他们三个人从政之道不同，但大方向是一致的。这一致是什么呢？就是仁。君子只要实行仁就足够了，何必一定要处处相同呢？"

淳于髡说："鲁缪公的时候，公仪子主持政事，子柳、子思也在朝做大臣，然而鲁国疆土被别国侵夺却越来越严重。由此看来贤人即使不离去，对国家也没有任何益处了！"

孟子说："虞国因为不用百里奚而灭亡，秦穆公用了他就称霸天下，可见不用贤人就会亡国，只是想割让点地方勉强保存安定又怎么可能呢？"

淳于髡说："从前王豹居住在淇水边，河西的人因此就都善于唱歌；绵驹居住在高唐，齐国西部的人因此就都善于唱歌；华周、杞梁的妻子，为丈夫的死而哭得异常哀痛凄切，因而改变了国家的风俗。内在的东西必然会透过外部形式表现出来。做了一件好事而不见任何功效，我还没有见过。所以说现在的确是没有贤人，如果有，我一定会知道的。"

孟子说："孔子担任鲁国的司寇，不受重用，有一次跟鲁国国君一道参加祭祀，祭肉没有按照礼仪规定送来，于是顾不得脱掉祭祀时所戴的礼帽就匆匆走了。不了解孔子的人，以为他是为了那点祭肉而离开的，了解孔子的，只认为他是因为鲁国的失礼而离开的。至于孔子，实际上却正想担一点小罪名离开，不想随便离开自己的祖国。君子所做的事，普通人当然是难以理解的。"

【原文】

孟子曰："五霸①者，三王②之罪人也；今之诸侯，五霸之罪人也；今之大夫，今之诸侯之罪人也。天子适诸侯曰巡狩，诸侯朝于天子曰述职。春省耕而补不足，秋省敛而助不给。入其疆，土地辟，田野治，养老尊贤，俊杰在位，则有庆③，庆以地。入其疆，土地荒芜，遗老失贤，掊克④在位，则有让。一不朝，则贬其爵；再不朝，则削其地；三不朝，则六师移之。是故天子讨而不伐，诸侯伐而不讨。五霸者，搂诸侯以伐诸侯者也，故曰，五霸者，三王之罪人也。五霸，桓公为盛。葵丘之会⑤，诸侯束牲、载书而不歃血⑥。初命曰，诛不孝，无易树子，无以妾为妻。再命曰，尊贤育才，以彰有德。三命曰，敬老慈幼，无忘宾旅⑦。四命曰，士无世官，官事无摄，取士必得，无专杀大夫。五命曰，无曲防，无遏籴，无有封而不告。曰，凡我同盟之人，既盟之后，言归于好。今之诸侯皆犯此五禁，故曰，今之诸侯，五霸之罪人也。长君之恶其罪小，逢君之恶其罪大。今之大夫皆逢君之恶，故曰，今之大夫，今之诸侯之罪人也。”

【注释】

① 五霸：齐桓公、晋文公、秦穆公、楚庄公、宋襄公。

② 三王：夏禹，商汤，周文、武。

③ 庆：奖励，赏赐。

④ 掊（póu）克：聚敛贪狠。掊，聚敛。

⑤ 葵丘之会：葵丘，地名，在今河南兰考县东。会，盟会，古代诸侯间聚会而结盟。盟会时要用牛做祭品，或杀，或不杀。

⑥ 歃（shà）血：结盟时的一种仪式。立盟时杀牲取血，盟誓者口含其血，或涂于口旁，表示诚信。如果不歃血，则表示相信与盟的人不敢背约。

⑦ 宾旅：宾客和旅人。

【译文】

孟子说：“五霸，是三王的罪人。现在的诸侯，是五霸的罪人。现在的大夫，是现在诸侯的罪人。天子巡行诸侯国，叫作巡狩。诸侯朝见天子，叫作述职。天子春天巡狩，是视察耕种情况，周济种子不足的农户；秋天巡狩是视察收获情况，救济缺粮的农户。天子进入某个诸侯国，如果见这个国家土地广为开垦，农田精耕细作，老人得到赡养，贤人受到尊敬，杰出的人才得到重用，那就进行奖励，赏赐土地。天子进入某个诸侯国，如果见这个国家土地一片荒芜，老人不得供养，贤人不受尊敬，聚敛贪狠的人占据要位，那就给予责罚。

诸侯一次不来述职,就降低他的爵位;两次不来述职,就削减他的封地;三次不来述职,就派军队去问罪。所以,天子对于有罪的诸侯,只是发布命令声讨他的罪行,而不亲自征伐;诸侯则只是奉天子之命去征伐而不声讨。五霸,却是胁迫一些诸侯去讨伐另一些诸侯,所以说五霸是三王的罪人。五霸之中,齐桓公最强。当初在葵丘会盟诸侯,诸侯们捆绑了牺牲,把盟书放在它身上,因为陈牲未杀,所以没有歃血。盟书第一条说:责罚不孝顺的人,不得擅自改立太子,不得把妾立为正妻。第二条说:尊重贤人,培育人才,表彰有德行的人。第三条说:尊敬老人,爱护儿童,不要轻慢了来宾和旅客。第四条说:士人的官职不能世袭,公职不能兼任,选用士人一定要得当,不得擅自杀戮大夫。第五条说:不得到处修筑堤坝,不得阻止邻国来采购粮食,不能随意私自封赏而不报告盟主。盟书最后说:凡是参加我们盟会的人,自盟约订立之后,都重新恢复和平友好的关系。可是现在的诸侯都违背了这五条誓约,所以说,现在的诸侯是五霸的罪人。助长了君主的过错,这个罪过相对还算小的;故意逢迎君主的过错,这个罪过可就大了。现在的大夫都逢迎君主的恶行,所以说:现在的大夫,是现在诸侯的罪人。”

【原文】

鲁欲使慎子①为将军。孟子曰:“不教民而用之②,谓之殃民。殃民者,不容于尧、舜之世。一战胜齐,遂有南阳③,然且不可。”

慎子勃然不悦曰:“此则滑厘所不识也。”

曰:“吾明告子。天子之地方千里;不千里,不足以待诸侯。诸侯之地方百里;不百里,不足以守宗庙之典籍④。周公之封于鲁,为方百里也,地非不足,而俭于百里。太公之封于齐也,亦为方百里也,地非不足也,而俭于百里。今鲁方百里者五,子以为有王者作,则鲁在所损乎,在所益乎?徒取诸彼以与此,然且仁者不为,况于杀人以求之乎?君子之事君也,务引其君以当道,志于仁而已。"

【注释】

① 慎子:名滑厘,据说是一个善于用兵的人。

② 用之:使之战。

③ 南阳:地名,在泰山西南面,本属于鲁,后被齐侵夺。

④ 典籍:这里指记载先祖典章法度的文册。

【译文】

鲁国想叫慎子担任将军。孟子说:"不教化百姓而驱使他们打仗,这叫坑害百姓。坑害百姓的人,在尧、舜时代是不容许存身的。现在即使鲁国只一仗就打赢了齐国,夺取了南阳,这样也还是不行。"

慎子顿时就变了脸色,不高兴地说:"这倒真是我慎滑厘所不明白的了。"

孟子说:"我来明白地告诉你吧!天子的土地方圆千里;如果不足千里,就不够条件接待诸侯的朝见聘问。诸侯的土地方圆百里;如果不足百里,就不够条件奉守宗庙里的典籍。当年周公分封在鲁地,就是领有方圆百里的一块土地;不是因为土地不够,而是因为不得超过百里。太公当初分封在齐地,也是领有方圆百里的一块土地;也不是因为土地不够,而是因为不得超过百里。现在鲁国的土地已经有五个方圆百里那么大了,你认为,如果有圣明的君主出现的话,那么鲁国的土地是在应该削减之列呢?还是在应该增加之列呢？不动用武力就取得一个国家的土地交给另一个国家,这样的事仁德的人尚且不做,何况是靠打仗杀人来夺取土地呢？君子侍奉君主,只该专心一意地引导君主走正道,立志在仁上罢了。"

【原文】

孟子曰:"今之事君者皆曰:'我能为君辟土地,充府库。'今之所谓良臣,古之所谓民贼也。君不乡道,不志于仁,而求富之,是富桀也。'我能为君约与国,战必克。'今之所谓良臣,古之所谓民贼也。君不乡道,不志于仁,而求为之强战,是辅桀也。由今之道,无变今之俗,虽与之天下,不能一朝居也。"

【译文】

孟子说:"现在那些侍奉君主的臣子都说:'我能够辅佐君主开辟土地,增加财富。'现在所说的这些良臣,正是古代所说的残害百姓的民贼。一个君主不向往道德,不立志行仁,做臣的却谋求让他富足,这好比是帮助夏桀那样的暴君聚敛财富呀！还有的说:'我能替君主联合同盟国,做到每战必胜。'现在所说的这些良臣,正是古代所说的残害百姓的民贼。一个君主不向往道德,不立志行仁,做臣的却要为他拼命打仗,这好比是辅佐夏桀那样的暴君打仗啊！沿着现在这条路走下去,不改变现有的这些坏风气,即使把整个天下都交给他,也是不能有一天的安稳日子可过的。"

【原文】

白圭①曰:"吾欲二十而取一,何如?"
孟子曰:"子之道,貉②道也。万室之国,一人陶,则可乎?"
曰:"不可,器不足用也。"

曰：“夫貉，五谷不生，惟黍生之；无城郭、宫室、宗庙、祭祀之礼，无诸侯币帛饔飧③，无百官有司，故二十取一而足也。今居中国，去人伦，无君子，如之何其可也？陶以寡，且不可以为国，况无君子乎？欲轻之于尧、舜之道者，大貉小貉也；欲重之于尧、舜之道者，大桀小桀也。”

【注释】

① 白圭：姓白，名丹，字圭，曾任魏相。

② 貉（mò）：同“貊”，北方的一个小国名。

③ 饔飧（yōng sūn）：用饮食宴请宾客的礼节。

【译文】

　　白圭说：“我准备采用二十抽一的税率，怎么样？”

　　孟子说：“你的做法是貉国的做法。拥有一万户人家的国家，只有一个人制作陶器，那行吗？”

　　白圭说：“不行，陶器会不够用的。”

　　孟子说：“那个貉国，五谷不能生长，只能种黍子；那里没有内外城墙、各种官殿、祖宗庙宇和祭祀的礼仪，没有诸侯各国之间赠礼宴请之类的交际往来，也没有各种官府、官吏，所以二十抽一的税率也就够了。而现在你是在中原之国，废弃社会伦理，取消大小官吏，这样做行得通行不通呢？制作陶器的人少了，尚且会影响到一个国家的治理，何况没有官吏呢？想使税率比尧、舜十分抽一的标准还低的，是大大小小貉那样的国家；想使税率比尧、舜的标准还高的，是大大小小桀那样的暴君。”

【原文】

白圭曰：“丹之治水也愈于禹。”

孟子曰：“子过矣。禹之治水，水之道也，是故禹以四海为壑。今吾子以邻国为壑①。水逆行谓之洚水，洚水者，洪水也，仁人之所恶也。吾子过矣。”

【注释】

① 以邻国为壑：据《韩非子·喻老》篇说，白圭治水注重修筑和保护堤防，致使水无出路，流入邻国。

【译文】

白圭说：“我治理洪水的方法要胜过大禹。”

孟子说：“你错啦。大禹治水，是顺应水的本性进行疏导，所以大禹把四海当作容纳洪水的地方。如今你却是把邻国当作容纳洪水的地方。倒流泛滥的大水叫作洚水，洚水就是洪水，是有仁爱之心的人最讨厌的。你错了啊！”

【原文】

孟子曰：“君子不亮①，恶乎执？”

【注释】

① 亮：同“谅”，诚信。

【译文】

孟子说：“君子如果不讲求诚信，还怎么保持操守呢？”

鲁欲使乐正子为政。孟子曰:"吾闻之,喜而不寐。"

公孙丑曰:"乐正子强乎?"

曰:"否。"

"有知虑乎?"

曰:"否。"

"多闻识乎?"

曰:"否。"

"然则奚为喜而不寐?"

曰:"其为人也好善。"

"好善足乎?"

曰:"好善优于天下①,而况鲁国乎?夫苟好善,则四海之内皆将轻②千里而来告之以善;夫苟不好善,则人将曰:'訑訑③,予既已知之矣。'訑訑之声音颜色距人于千里之外。士止于千里之外,则谗谄面谀之人至矣。与谗谄面谀之人居,国欲治,可得乎?"

【注释】

① 优于天下:指的是治理天下,尚有余力。

② 轻:容易。

③ 訑訑(yí):傲慢自信,不听人言的样子。

【译文】

鲁国君主打算让乐正子管理国家政事。孟子说:"我听说这件事,高兴得睡不着。"

公孙子问:"乐正子刚强有力吗?"

孟子答道:"不。"

又问:"他足智多谋吗?"

孟子回答:"不。"

又问:"见多识广吗?"

孟子回答:"不。"

公孙丑于是问道:"既然这样,先生为什么高兴得睡不着呢?"

孟子回答:"他这个人啊,喜欢听取好的意见。"

又问:"喜欢听取好的意见就够了吗?"

孟子回答:"喜欢听取好的意见,可以治理天下而绰绰有余,何况是治理一个鲁国? 如果喜欢听取好的意见,那么全天下四面八方的有识之士都愿意不远千里地赶来把好意见告诉给他;如果不喜欢听取好的意见,那么人们就会模仿他的腔调说:'唔唔,我早就知道了。'这种不屑的腔调和不耐烦的脸色,就会把别人拒绝在千里之外。有识之士被拒于千里之外止步不来,那么喜欢进谗言和阿谀献媚的人就会凑到面前来了。与这帮人混在一起,想治理好国家,能做到吗?"

【原文】

陈子①曰:"古之君子何如则仕?"

孟子曰:"所就三,所去三。迎之致敬以有礼;言,将行其言也,则就之。礼貌未衰,言弗行也,则去之。其次,虽未行其言也,迎之致敬以有礼,则就之。礼貌衰,则去之。其下,朝不食,夕不食,饥饿不能出门户,君闻之,曰,'吾大者不能行其道,又不能从其言也,使饥饿于我土地,吾耻之。'周之。亦可受也,免死而已矣。"

【注释】

① 陈子:即陈臻,孟子弟子。

陈子问道:"古代的君子在怎样的情况下才肯做官呢?"孟子说:"在三种情况下做官,在三种情况下不做官。恭敬礼貌地来迎接他,并表示将要照他所说的去实行,那就去做官。恭敬礼貌没有衰减,却不再照他说的去做了,那就辞去官职。其次,虽然没有照他说的去做,但也恭敬礼貌地来迎接,那就去做官。一旦恭敬礼貌也衰减了,那就辞去官职。最下等的是,早晨没有食物吃,晚上也没有食物吃,饿得连走出家门的力气都没有;君主知道后说:'我在大政方针上不能实行他的主张,又不能听取他的言论,致使他在我的国土上又饥又饿,对此我感到很惭愧。'于是周济他。这也是可以接受的,是为了免于饿死罢了。"

【原文】

孟子曰:"舜发①于畎亩②之中,傅说③举于版筑之间,胶鬲④举于鱼盐之中,管夷吾⑤举于士,孙叔敖⑥举于海,百里奚⑦举于市。故天将降大任于斯人也,必先苦其心志,劳其筋骨,饿其体肤,空乏其身,行拂⑧乱其所为,所以动心忍性,曾益其所不能。人恒⑨过,然后能改;困于心,衡⑩于虑,而后作⑪;征于色,发于声,而后喻⑫。入则无法家拂士⑬,出则无敌国外患者,国恒亡。然后知生于忧患而死于安乐也。"

【注释】

① 发:兴起。

② 畎亩:田间。

③ 傅说(yuè):傅说是商朝一位贤人,因罪服刑,在傅险筑墙;

后被商王武丁访求到而提拔为相。版筑，指古代筑墙的方法，用两版相夹，填入泥土，用杵捣实，拆版后即成土墙。

④胶鬲：出身于下层社会，曾贩卖鱼盐，后被文王提拔。

⑤管夷吾：即管仲。原是齐国公子纠的家臣，纠与公子小白（即后来的齐桓公）争夺君位，失败后逃至鲁国而遭杀；管仲也被鲁人囚禁押回齐国。后由鲍叔牙推荐，被桓公提拔为相。

⑥孙叔敖：楚国隐士，隐居于海滨，后被楚庄王提拔为令尹。

⑦百里奚：见本书《万章上》第九章注。

⑧拂：违背，不顺。

⑨恒：常常，经常。

⑩衡：阻塞，不顺。通"横"。

⑪作：奋起。

⑫喻：明白通晓。

⑬拂（bì）：通"弼"，辅佐。

【译文】

孟子说："舜在田野中兴起，傅说从筑墙的工匠中被提拔出来，胶鬲从鱼盐贩子中被提拔出来，管夷吾从狱官手中被提拔出来，孙叔敖从海边的隐居生活中被提拔出来，百里奚从买卖场所被提拔出来。所以上天若要把重大的任务交给这个人，必定要先使他的心志受困苦，使他的筋骨受劳累，使他的肌体受饥饿，使他的身子受困乏，使他每做一事都被干扰、受挫折，以此来使他心理受震动、使他的性格变坚韧，增长他所缺少的才干。人经常会有过失，进而认识和改正自己的过失；心志遭困苦，思虑被阻塞，才能发奋有为；表露在脸色上，流露在言语中，然后才能通晓。一个国家如果国内没有执法的大臣和辅佐君主的士人，对外没有怕被势均力敌的敌国所侵犯的忧虑,这样的国家常常会走向灭亡。知道这些,就能明白忧患中能获得生存、安乐中会招致灭亡的道理了。"

【原文】

孟子曰:"教亦多术矣,予不屑之教诲也者,是亦教诲之而已矣。"

【译文】

孟子说:"教育也有很多种方法啊!如果我不屑去教诲一个人,实际上这也是教诲他的一种方式罢了。"

【故事】

陈蕃立志扫天下

陈蕃,字仲举,东汉末年的大臣,祖父曾经做过河东太守。陈蕃十五岁时,独自住在一个庭院里读书。有一天,他父亲的老朋友薛勤来看他,发现院里杂草丛生,垃圾满地,显得破败不堪,就问陈蕃:"你这个年轻人怎么不把自己的住处打扫干净,以便接待宾客呢?"

陈蕃当即回答道:"大丈夫来到这个世上,是要扫除天下的,哪里是为了打扫一个房子呢?"这番回答让薛勤吃了一惊,知道这个人虽然年少却胸怀大志。

陈蕃二十多岁时,以举孝廉入朝做官,拜为郎中。不久母亲病故,他放弃官职,回家奔丧守孝。三年后,由刺史周景任命,重新做官,却很快因为与周景谏诤不和而弃官。之后,又推掉公府的举荐。直到太尉李固举荐,陈蕃才再次离家为官。后来,汉朝重臣李膺到青州做刺史。青州各地平日欺民榨财的官员听说执政威严的李膺要来，吓得纷纷弃官而逃，唯独清廉勤政的陈蕃安然而坐。

陈蕃在乐安做太守时，正是东汉外戚专权、宦官弄事的时候。有一次，大将军梁冀给陈蕃写了一封信，想托他办事。梁冀除了大将军身份外，还是汉顺帝的妻子梁皇后的哥哥。能与梁冀这样的高官攀上交情是很多官员求之不得的事，但是陈蕃却不以为然。他拒绝接见梁冀的信使，信使就假传大将军求见。陈蕃一怒之下，用皮鞭将信使打死。因为这件事，陈蕃被贬到修武县做了一名县令，却也赢得了"不畏强权陈仲举"的美名。

由于陈蕃在任时政绩显著，没过多久，汉顺帝再次起用陈蕃，拜为尚书。后来，他又因耿直进谏得罪了权贵，被贬为豫章太守。陈蕃在豫章做太守时不接待任何宾客，只结交了当地一个从未做官的贤人高士徐孺子，并在府中为他准备了一个坐榻，平时高高挂起，徐孺子来访时才放下来给他用。这件事在当地成为美谈。到了唐朝初年，王勃在《滕王阁序》中写下"人杰地灵，徐孺下陈蕃之榻"的句子，更让此事千古流传，"下榻"也成为汉语中表示尊贵宾客的一个常见词汇。

陈蕃为官不畏强权，即便对皇帝本人也经常犯颜直谏。桓帝时，任尚书令的陈蕃就曾经毫不犹豫地上奏皇上："……现在天下饥荒，收成不好，百姓生活困难，可是圣上却还在胡乱封赏。有功的人不赏，没功的人仅仅因为和您走得近就能得赏，有的人甚至一家好几个人被封侯。这还不算。圣上养着宫女数千人，让她们吃好的、穿好的。常言说，小偷都不进有五个女儿的家，因为养了这么多女儿，这家肯定很穷。现在，后宫养了这么多宫女，不是让国家更贫穷吗？……"

这篇奏章，在指出皇上的失误时，没留一点情面给桓帝。汉桓帝最终采纳了陈蕃的一些意见，从宫中清退了五百多名宫女。

延熹六年,陈蕃官至太尉。当时,桓帝朝中宦官专权。他们大肆罗织罪名,诬陷忠臣,许多人含冤入狱。其他人则畏惧宦官,敢怒不敢言,唯独陈蕃一人上疏死谏。然而,此时的桓帝已不再听信陈蕃的意见了。

一年后,宦官们制造了党锢事件,诬陷李膺等人。桓帝命各郡逮捕党人,入狱者达两百人。陈蕃眼见事态险恶,拼死上奏道:"李膺、杜密、范滂都是品格端正、一心为朝廷效忠的人,现在却被关押起来,命悬一线。皇上您堵住天下人的嘴,让人们做聋子、瞎子,这种做法与秦始皇焚书坑儒有什么不同呢?"他力劝皇上除妖去孽,并说自己因为深感责任在身,不敢置身事外,坐观成败。如果皇上能够采纳他的意见,就算身首异处,他也没有遗憾。这一次,汉桓帝一怒之下,将陈蕃削职为民。

不久,汉桓帝驾崩,窦太后临朝,又重新起用旧臣,复诏陈蕃为太傅,录尚书事。

汉灵帝登基时,陈蕃发挥了至关重要的作用,因此,灵帝即位后,太后下诏封蕃高阳乡侯,食邑三百户。但陈蕃坚决推辞,为此写了十次奏章。最后,窦太后只好作罢。

此时,朝中宦官的势力依然强大。陈蕃虽然位极人臣,并且与同样位高权重的窦太后的父亲窦武齐心协力,试图整理朝纲、选用仁臣,依然无法使汉朝中兴。

后来,陈蕃与窦武预谋剪除宦官,却不慎走漏了风声。宦官们抢在前面下手,骗汉灵帝说陈、窦二人要废帝,于是,汉灵帝下诏诛杀他们。窦武拔剑自刎,陈蕃被捕后遭杀害。

从小便立志扫除天下的一代名臣陈蕃,就这样带着未能扫平天下的遗憾死去了。

【评论】

　　陈蕃的政治生涯一直处在宫廷争斗的漩涡中。他不畏强权、不惧生死、不计个人荣辱，在朝纲崩乱之际，坚持与奸佞之人斗争，并为此付出生命的代价。陈蕃认为在国家政治混乱的时代，隐居遁世是不符合道义的行为，所以屡遭挫折却并不辞官回乡。他心中怀有仁德，怀有百姓，怀有天下，虽然面临种种艰难却始终坚持不退却。《后汉书》的作者范晔说：这一百多年时间，东汉朝政混乱不堪，却能保持没有灭亡，陈蕃的功劳最大。

第十三篇

尽心（上）——穷达不改心境

【原文】

孟子曰："尽其心者，知其性也。知其性，则知天矣。存其心，养其性，所以事天也。夭寿不贰，修身以俟之，所以立命也。"

【译文】

孟子说："能够竭尽自己的善心，就是懂得了人的本性。懂得了人的本性，也就是懂得了天命。保存自己的善心，养护自己的本性，这就是信奉天命的方法。不论寿命是长是短都始终如一、不改变态度，修身养性以等待天命，这就是安身立命的正道。"

【原文】

孟子曰："莫非命也，顺受其正。是故知命者不立乎岩墙之下。尽其道而死者，正命也。桎梏死者，非正命也。"

【译文】

孟子说："无一不是命运，顺应它便能接受正命。所以懂得正命的人不站在危险的高墙之下。竭尽正道而死去的人，就是正命。犯罪判刑而死去的人，就是非命。"

【原文】

孟子曰："求则得之，舍则失之；是求有益于得也，求在我者也。求之有道，得之有命，是求无益于得也，求在外者也。"

【译文】

孟子说："寻求就能得到，舍弃就会失去；这是有益于收获的寻求,因为所寻求的就存在于我本身之内。寻求有方法,能否得到却要依靠命运,这是无益于收获的寻求,因为所寻求的是在我本身之外的东西。"

【原文】

孟子曰:"万物皆备于我矣。反身而诚,乐莫大焉。强恕而行,求仁莫近焉。"

【译文】

孟子说:"万事万物的道理都在我心中具备了。反问自己,所具备的道理是实实在在存在的,这便是最大的快乐了。努力按推己及人的恕道去做,求仁的道路没有比这更近的了。"

【原文】

孟子曰:"行之而不着焉,习矣而不察焉,终身由之而不知其道者,众也。"

【译文】

孟子说:"只管照着做了而不明白其中的道理,习以为常了而不知缘由,走了一辈子却不知道走的是一条什么样的路,这种人是庸常的人。"

【原文】

孟子曰:"人不可以无耻。无耻之耻,无耻矣。"

【译文】

孟子说:"人不能没有耻辱感。不懂得什么是耻辱的耻辱,才是真正的耻辱啊!"

【原文】

孟子曰:"耻之于人大矣。为机变之巧者,无所用耻焉。不耻不若人,何若人有?"

【译文】

孟子说:"耻辱感对于人来说关系重大。玩弄权术诡计自以为得逞的人是不会感到耻辱的。如果在耻辱感这方面比不上别人,那还能在哪方面比得上别人呢?"

【原文】

孟子曰:"古之贤王好善而忘势;古之贤士何独不然?乐其道而忘人之势,故王公不致敬尽礼,则不得亟见之。见且由不得亟,而况得而臣之乎?"

【译文】

孟子说:"古代的贤明君主喜欢听取善言而往往忘记了自己的地位;古代的贤明士人又何尝不是这样?他们乐于行道而忘记了别人的权势,所以王公大人不恭敬尽礼,就不能常常见到贤士。相见尚且不可多得,更何况要把他们当臣属呢?"

孟子谓宋勾践①曰:"子好游乎?吾语子游。人知之,亦嚣嚣②;人不知,亦嚣嚣。"

曰:"何如斯可以嚣嚣矣?"

曰:"尊德乐义,则可以嚣嚣矣。故士穷不失义,达不离道。穷不失义,故士得己焉;达不离道,故民不失望焉。古之人,得志,泽加于民;不得志,修身见于世。穷则独善其身,达则兼善天下。"

【注释】

① 宋勾践:人名,身世不详。

② 嚣嚣:悠然自得无欲无求的样子。

【译文】

孟子对宋勾践说:"你喜欢到各国去游说吗?我告诉你游说应有的态度。人家理解,我悠然自得无所求;人家不理解,我也悠然自得无所求。"

宋勾践问道:"怎样才能做到悠然自得无所求呢?"

孟子说:"崇尚德,爱好义,就能悠然自得无所求。所以士人穷困时不失掉义,得志时不背离道。穷困时不失掉义,所以士人能保持自己的操守;得志时不背离道,所以不会使百姓失望。古代的人,得志时,能够把恩惠施加给百姓;不得志时,则修养品德给世人做表率。穷困时,独自保持自己的善性,得志时,就帮助天下的人一道保持善性。"

【原文】

孟子曰:"待文王而后兴①者,凡民②也。若夫豪杰之士,虽无文王犹兴。"

【注释】

① 兴:感动奋发。

② 凡民:庸常之人。

【译文】

孟子说:"一定要等到文王那样的圣君出现才奋发有为的,是凡夫俗子。至于英雄豪杰,即使没有文王出现,也照样能够奋发有为的。"

【原文】

孟子曰:"附之以韩魏之家①,如其自视欿②然,则过人远矣。"

【注释】

① 韩魏之家:指春秋末期晋国六卿中的韩魏两家。这两家当时拥有很大的权势和很多的财产。

② 欿(kǎn):"坎"的假借字,视盈若虚的意思。

【译文】

孟子说:"把韩、魏两大家的财富增加给他,如果他还很淡然自认为没有什么,那他就远远超过一般人了。"

孟子曰："以佚道使民，虽劳不怨。以生道杀民，虽死不怨杀者。"

【译文】

孟子说："依据让百姓安逸的原则去役使百姓，百姓即使劳累也不怨恨；依据让百姓生存的原则去杀人，被杀的人即使死也不怨恨杀他的人。"

孟子曰："霸者之民欢虞如也，王者之民皞皞如也。杀之而不怨，利之而不庸，民日迁善而不知为之者。夫君子所过者化，所存者神，上下与天地同流，岂曰小补之哉？"

【译文】

孟子说："霸主的百姓愉快欢乐，圣王的百姓心旷神怡。圣王的百姓被杀而不会怨恨，得到恩惠也不用酬谢，一天天趋向于善，却不知道谁使他们这样。圣人经过哪里，哪里就受感化；住在哪里，哪里就有神奇的变化，造化之功上与天齐，下与地同，难道说这只是对人们小小的帮助吗？"

孟子曰："仁言不如仁声之入人深也，善政不如善教之得民也。善政，民畏之；善教，民爱之。善政得民财，善教得民心。"

【译文】

孟子说:"仁厚的言辞不如仁德的声望深入人心,良好的政治不如良好的教育能获得民心。良好的政治,令百姓敬畏;良好的教育,令百姓爱戴。良好的政治能聚敛到百姓的财富,良好的教育能赢得民心的拥护。"

【原文】

孟子曰:"人之所不学而能者,其良能也;所不虑而知者,其良知也。孩提之童无不知爱其亲者,及其长也,无不知敬其兄也。亲亲,仁也;敬长,义也;无他,达之天下也。"

【译文】

孟子说:"人不需要学习就能做到的,那是良能;不需要思考就能理解的,那是良知。年幼的孩子,没有不知道要爱他们父母的;长大后,没有不知道要敬重他们兄长的。亲近父母就是仁,恭敬兄长就是义,这没有别的原因,只因为仁和义是通行于天下的。"

【原文】

孟子曰:"舜之居深山之中,与木石居,与鹿豕游,其所以异于深山之野人者几希。及其闻一善言,见一善行,若决江河,沛然莫之能御也。"

【译文】

孟子说:"舜居住在深山里的时候,与树木、岩石做伴,与鹿群、野猪相处,他与深山里不开化百姓相区别的地方是很少的。可是等他听了一句善言,见了一个善行,就会立即照着去做,从中获取的力量就像决了口的江河一般,澎湃之势是没有谁能阻挡得住的。"

孟子曰:"无为其所不为,无欲其所不欲,如此而已矣。"

【译文】

孟子说:"不要做不应该做的事,不要得不该得的东西,这样就可以了。"

孟子曰:"人之有德慧术知者,恒存乎疢疾①。独孤臣孽子②,其操心也危,其虑患也深,故达。"

【注释】

① 疢(chèn)疾:义同灾患。

② 孤臣孽子:孤臣,受疏远的臣;孽子,非嫡妻所生之子。

【译文】

孟子说:"人之所以具备品德、智慧、技艺、知识,常常是因为他们生活在患难之中。尤其那些孤立的臣子和庶出的子女,他们持有警惧不安的心理,考虑忧患比较深远,所以更为通达事理。"

孟子曰:"有事君人者,事是君则为容悦者也;有安社稷臣者,以安社稷为悦者也;有天民①者,达可行于天下而后行之者也;有大人者,正己而物正者也。"

【注释】

① 天民：朱熹《四书集注》云："民者，无位之称，以其全尽天理，乃天之民，故谓之天民。"

【译文】

孟子说："有善于侍奉君主的人，那是专把侍奉某个君主当作快乐的；有安邦定国的人，那是把国泰民安当作快乐的人；有资质禀赋很高而不在职位的人，那是在自己的'道'能在天下推行时才出来行道的人；有德高望重的圣人，那是端正了自己而天下的万事万物就能随之端正的人。"

【原文】

孟子曰："君子有三乐，而王天下不与存焉。父母俱存，兄弟无故，一乐也；仰不愧于天，俯不怍于人，二乐也；得天下英才而教育之，三乐也。君子有三乐，而王天下不与存焉。"

【译文】

孟子说："君子有三件值得快乐的事，而治理天下并不包括在其中。父母都健在，兄弟没病没灾，这是第一件快乐的事；抬头无愧于天，低头无愧于人，这是第二件快乐的事；得到天下的优秀人才而教育培养，这是第三件快乐的事。君子有这三件快乐的事，而治理天下并不包括在其中。"

【原文】

孟子曰："广土众民，君子欲之，所乐不存焉；中天下而立，定四海之民，君子乐之，所性不存焉。君子所性，虽大行不加焉，虽穷居不损焉，分定故也。君子所性，仁义礼智根于心，其生色也睟然，见于面，盎于背，施于四体，四体不言而喻。"

孟子说:"广阔的土地,众多的人民,是君子所希望的,但他的快乐不在这方面;站立在天下的中央,安定普天下的百姓,君子对此感到快乐,但他的本性不在这方面。君子的本性,即使他的理想主张通行天下时,也不会因此而有所增加,即使窘困隐居,也不会因此而有所减少,这是由于本性已经固定的缘故。君子的本性,仁、义、礼、智植根在内心之中,它们表现出来的神色是纯正和润的,流露在脸上,充满在体内,延伸到四肢。四肢不必言说,便明白该怎样做了。"

【原文】

孟子曰:"伯夷辟纣,居北海之滨,闻文王作兴,曰:'盍归乎来?吾闻西伯善养老者。'太公辟纣,居东海之滨,闻文王作兴,曰:'盍归乎来?吾闻西伯善养老者。'天下有善养老,则仁人以为己归矣。五亩之宅,树墙下以桑,匹妇蚕之,则老者足以衣帛矣。五母鸡,二母彘①,无失其时,老者足以无失肉矣。百亩之田,匹夫耕之,八口之家足以无饥矣。所谓西伯善养老者,制其田里,教之树畜,导其妻子,使养其老。五十非帛不暖,七十非肉不饱。不暖不饱,谓之冻馁。文王之民,无冻馁之老者,此之谓也。"

【注释】

① 彘(zhì):猪。

【译文】

孟子说:"伯夷躲避纣王,隐居在北海边上,听到周文王兴起的消息,高兴地说:'为何不去归附他呢?我听说西伯善于赡养年老的人。'姜太公躲避纣王,隐居在东海边上,听到周文王兴起,高兴地说：'为何不去归附他呢？我听说西伯善于赡养年老的人。'天下有善于赡养老人的人，那么天下的仁人就会把他那里当作自己的归宿了。有五亩地宅院，在围墙四周种植桑树，妇女养蚕缫丝，那么老年人就可以穿到丝棉袄了。养五只母鸡，两只母猪，不耽误喂养繁殖的时机，老年人就都可以吃到肉了。有一百亩田地，男子去耕种，八口之家就足以吃饱饭了。人们所说的周文王善于赡养年老的人，就是说他制订了土地、住宅分配制度，教导人们种植桑树和畜养家禽，教诲百姓的妻子、儿女使他们赡养老人。人到了五十岁，不穿丝棉袄就不能算穿暖和，到了七十岁，不能吃到肉就不能算吃饱。吃不饱，穿不暖，就叫作忍饥受冻。文王的百姓之中，没有忍饥受冻的老人，说的就是这个意思。"

【原文】

孟子曰："易其田畴，薄其税敛，民可使富也。食之以时，用之以礼，财不可胜用也。民非水火不生活，昏暮叩人之门户求水火，无弗与者，至足矣。圣人治天下，使有菽粟如水火。菽粟如水火，而民焉有不仁者乎？"

【译文】

孟子说："让百姓种好他们的地，减轻他们的赋税，就可以使百姓富足了。按一定时节食用，按一定礼仪消费，财物就会用之不尽。百姓没有水和火就无法生活，黄昏夜晚去敲人门户求水讨火，没有人不给的，因为家家水火都来源充足。圣人治理天下，就会使百姓的粮食多得像水火。粮食多得像水火，那么老百姓哪里还会有不仁德的呢？"

孟子曰:"孔子登东山而小鲁,登泰山而小天下,故观于海者难为水,游于圣人之门者难为言。观水有术,必观其澜。日月有明,容光必照焉。流水之为物也,不盈科不行;君子之志于道也,不成章不达。"

【译文】

孟子说:"孔子登上了东山,就觉得鲁国变小了,登上了泰山,就觉得天下也变小了,所以看过大海的人,就很难被一般的流水所吸引,在圣人门下受过教育的人,就很难被一般的言论所打动。观赏水有一定的方法,一定要观赏它汹涌壮阔的波澜。太阳、月亮有光辉,再细小的缝隙也都能照到。流水这种东西,不把流经之处的洼洼坑坑都灌满就不向前流淌;君子有志于大道,不达到一定程度的累积就难以通达。"

孟子曰:"鸡鸣而起,孳孳为善者,舜之徒也;鸡鸣而起,孳孳为利者,跖之徒也。欲知舜与跖之分,无他,利与善之间也。"

【译文】

孟子说:"鸡刚叫就起身,孜孜不倦地去行善的人,是舜一类的人;鸡刚叫就起身,一刻不停地去谋利的人,是跖一类的人。要想知道舜和跖的区别,没有别的,只在行善和求利的区别罢了。"

【原文】

孟子曰:"杨子①取为我,拔一毛而利天下,不为也。墨子兼爱,摩顶放踵②利天下,为之。子莫③执中;执中为近之。执中无权,犹执一也。所恶执一者,为其贼④道也,举一而废百也。"

【注释】

① 杨子:即杨朱,见《滕文公下》第九章注。

② 摩顶放踵:摩,引申为损伤。放,疑为"致",前人引此多有作"致"者。

③ 子莫:战国时鲁国人。

④ 贼:损害。

【译文】

孟子说:"杨子奉行'为我',即使拔掉一根汗毛就对天下有利,他也不肯拔。墨子提倡'兼爱',哪怕磨秃头顶走破脚跟,只要对天下有利,他都愿意做。子莫持中间态度,持中间态度就接近正确了。但是持中间态度如果不能灵活变通,那也还是执着在一点上。之所以厌恶执着于一点的主张,是因为它损害了正道,只强调了一方面而丢弃了其他所有方面的缘故。"

【原文】

孟子曰:"饥者甘食,渴者甘饮,是未得饮食之正也,饥渴害之也。岂惟口腹有饥渴之害?人心亦皆有害。人能无以饥渴之害为心害,则不及人不为忧矣。"

【译文】

孟子说:"饥饿的人觉得任何食物都美味,口渴的人觉得任何水都甘甜,这其实并没有尝到饮食的正常味道,而是因为饥饿和干渴损害了他的味觉。难道只有嘴巴肚子受饥渴时才有这样的损害吗?人心有时也会受到这样的损害。人们只要不使自己的心受到类似饥渴那样的损害,那么一时赶不上别人,也不必为此忧虑了。"

【原文】

孟子曰:"柳下惠不以三公易其介。"

【译文】

孟子说:"柳下惠不因为做了高官而改变自己的操守。"

【原文】

孟子曰:"有为者辟若掘井,掘井九轫①而不及泉,犹为弃井也。"

【注释】

① 轫(rèn):同"仞"。量词,古代七尺(或说八尺)为一仞。

【译文】

孟子说:"有所作为就如同挖井一样,如果因为挖了六、七丈深还没打到泉水而放弃不挖,就等于是废弃了这口井。"

【原文】

孟子曰:"尧、舜,性之也;汤、武,身之也;五霸,假之也。久假而不归,恶知其非有也?"

【译文】

孟子说："尧、舜是本性具备仁义,汤王、武王是亲身实践仁义,五霸是假借仁义。假借久了而不归还,哪能知道他们本来是没有仁义的呢?"

【原文】

公孙丑曰:"伊尹曰:'予不狎于不顺。'放太甲于桐,民大悦。太甲贤,又反之,民大悦。贤者之为人臣也,其君不贤,则固可放与?"

孟子曰:"有伊尹之志,则可;无伊尹之志,则篡也。"

【译文】

公孙丑说:"伊尹说:'我不亲近不遵循仁义的人。'因而把太甲放逐到桐邑,百姓非常高兴;太甲变好了,又让他回来做君主,百姓同样非常高兴。贤人作为君主的臣属,他的君主不好,就可以将他放逐的吗?"

孟子说:"有伊尹那样的公心,是可以的;没有伊尹那样的公心,那就是篡位了。"

【原文】

公孙丑曰:"《诗》曰:'不素餐兮①。'君子之不耕而食,何也?"

孟子曰:"君子居是国也,其君用之,则安富尊荣;其子弟从之,则孝悌忠信。不素餐兮,孰大于是?"

【注释】

① 不素餐兮:引自《诗经·魏风·伐檀》。素餐,白吃饭。

【译文】

公孙丑说:"《诗经》上说:'不白吃饭啊!'可是君子都不自己种庄稼,也都吃饭,这是为什么?"

孟子说:"君子居住在一个国家,这个国家的国君任用他,国家就会安定富足,尊贵荣耀;他的学生们跟随着他,也就会孝敬父母,尊敬兄长,为人忠诚而守信用。'不白吃饭啊!'还有比这更大的贡献吗?"

【原文】

王子垫^①问曰:"士何事?"

孟子曰:"尚志。"

曰:"何谓尚志?"

曰:"仁义而已矣。杀一无罪非仁也,非其有而取之非义也。居恶在?仁是也;路恶在?义是也。居仁由义,大人之事备矣。"

【注释】

① 王子垫:齐王之子,名垫。

【译文】

王子垫问道:"士人应该做些什么?"

孟子说:"修养心志使自己志向高尚。"

王子垫又问:"怎样做才算是修养心志?"

孟子说:"遵行仁义罢了。杀一个无罪的人是不仁的,不该是自己的东西而取来,是不义的。该身处的地方在哪里?仁就是;该行走的道路在哪里?义就是。能居住在仁的所在,行走在义的道路,那就连公卿、大夫该做的事都齐全了。"

【原文】

孟子曰："仲子^①，不义与之齐国而弗受，人皆信之，是舍箪食豆羹之义也。人莫大焉亡亲戚君臣上下。以其小者信其大者，奚可哉？"

【注释】

① 仲子：即陈仲子，见本书《滕文公下》第十章注。

【译文】

孟子说："陈仲子这个人，如果违背道义把齐国送给他，他不会接受，人人都相信这一点，但他这只是拒绝一筐饭、一碗汤那样的小义罢了。人的罪过没有比不讲亲属、君臣、尊卑关系更大的了。只是因为他有小廉就相信他必有大节，那怎么行呢？"

【原文】

桃应^①问曰："舜为天子，皋陶为士，瞽瞍杀人，则如之何？"
孟子曰："执之而已矣。"
"然则舜不禁与？"
曰："夫舜恶得而禁之？夫有所受之也。"
"然则舜如之何？"
曰："舜视弃天下犹弃敝蹝^②也。窃负而逃，遵海滨而处，终身訢然^③，乐而忘天下。"

【注释】

① 桃应：孟子的学生。

② 敝蹝（xǐ）：破鞋子。

③ 訢(xīn)：同"欣"，快乐。

【译文】

桃应问道："舜做天子，皋陶做法官，假如舜的父亲瞽瞍杀了人，应该怎么处理？"

孟子说："把他抓起来就是了。"

桃应问："难道舜不阻止吗？"

孟子说："舜怎么能够阻止呢？皋陶是按所受职责，依据法律办事的。"

桃应又问："那么，舜该怎么办呢？"

孟子说："舜把放弃天子的地位，看得像抛弃一双破鞋子一样。他会偷偷地背起父亲逃走，沿着海边住下来，终身逍遥快乐，把曾经做过天子的事情忘得一干二净。"

【原文】

孟子自范①之齐，望见齐王之子，喟然叹曰："居移气，养移体，大哉居乎！夫非尽人之子与？"

孟子曰："王子宫室、车马、衣服多与人同，而王子若彼者，其居使之然也；况居天下之广居者乎？鲁君之宋，呼于垤泽之门。守者曰：'此非吾君也，何其声之似我君也？'此无他，居相似也。"

【注释】

① 范：齐国地名，其地在今山东省范县东南。

【译文】

孟子从范邑到齐国去，远远地看见了齐王的儿子，很感慨地说："环境地位改变人的气质，奉养改变人的体质，环境地位对人的影响

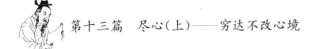

真是大极了！他和别人不都一样是做儿子的吗？"

孟子说："王子的住房、车马、衣服多半跟别人的相同，可是王子却是那样与众不同，是因为他所处的环境地位使他变得这样的；何况居住在'仁'这个天下最宽广的住所中的人呢？从前鲁君到宋国去，在宋国的垤泽城门下喊人，守门人议论说：'这个人不是我们的君主，为什么他的声音和我们的国君这么相像呢？'这没有别的原因，所处的环境地位相似罢了。"

【原文】

孟子曰："食而弗爱，豕交之也；爱而不敬，兽畜之也。恭敬者，币之未将者也。恭敬而无实，君子不可虚拘。"

【译文】

孟子说："只给人食物吃而不爱他，那就像养猪一样；爱他却不尊敬他，那就像养狗养马一样。恭敬之心是在礼物送上之前就该具有的。只有恭敬的形式，却没有诚心实意，君子就不要徒然地拘泥于虚伪礼节的约束。"

【原文】

孟子曰："形色，天性也；惟圣人然后可以践形。"

【译文】

孟子说："人的形体、容貌是天生的，只有圣人能够使自己充实并完美地展现这种天赋之美。"

　　齐宣王欲短丧。

　　公孙丑曰:"为期之丧,犹愈于已乎?"

　　孟子曰:"是犹或紾其兄之臂,子谓之姑徐徐云尔,亦教之孝悌而已矣。"

　　王子有其母死者,其傅为之请数月之丧。

　　公孙丑曰:"若此者,何如也?"

　　曰:"是欲终之而不可得也,虽加一日愈于已。谓夫莫之禁而弗为者也。"

【译文】

　　齐宣王想要缩短丧期。

　　公孙丑说:"服丧一年,不是比不服丧要好些吗?"

　　孟子说:"这就好像有人扭他哥哥的胳膊,你却对他说'你慢一点,轻一点地扭'这类的话一样吧! 其实是应该教育他孝顺父母,恭敬兄长的道理啊!"

　　有一位王子的母亲去世了,他的师父为他请求服丧几个月。

　　公孙丑说:"像这种情况该怎么办呢?"

　　孟子说:"王子这是想服完三年的丧期但客观条件却不允许。即使是多服丧一天也比不服丧好,我是针对那些没有人限制他但他自己却不肯服丧的人说的。"

【原文】

　　孟子曰:"君子之所以教者五:有如时雨化之者,有成德者,有达财者①,有答问者,有私淑艾者。此五者,君子之所以教也。"

【注释】

① 财:同"材"。

【译文】

孟子说:"君子教育的方法有五种:有像及时雨一样去滋润沾化的,有帮助养成品德的,有帮助发展才能的,有解答疑惑的,有靠品德学问使不能受业的人私下受到教诲的。这五种就是君子施行教育的方法。"

【原文】

公孙丑曰:"道则高矣,美矣,宜若登天然,似不可及也;何不使彼为可几及而日孳孳也?"

孟子曰:"大匠不为拙工改废绳墨①,羿不为拙射变其彀率。君子引而不发,跃如也。中道而立,能者从之。"

【注释】

① 绳墨:木工取直用的工具。

【译文】

公孙丑说:"道是很高很美啊,但要学它,可以说几乎就像登天一样,似乎是不可能达到的;为什么不可以让它成为有希望达到的目标进而使人每天不懈地努力追求它呢?"

孟子说:"高明的木匠不会因为笨拙的徒工而改变、废弃绳墨,羿不会因为笨拙的射手而改变拉弓射箭的标准。君子教导别人,正如教人射箭,拉满了弓却不射出箭,做出跃跃欲试的样子。他的引导难易适中,有能力的人便会紧随不舍跟从他学。"

【原文】

孟子曰："天下有道,以道殉身;天下无道,以身殉道。未闻以道殉乎人者也。"

【译文】

孟子说:"天下太平政治清明,就一辈子献身于行道;天下混乱政治黑暗,就为持守正道而牺牲生命。没听说过废弃了正道而去屈从迎合别人的。"

【原文】

公都子曰:"滕更^①之在门也,若在所礼,而不答,何也?"

孟子曰:"挟贵而问,挟贤而问,挟长而问,挟有勋劳而问,挟故而问,皆所不答也。滕更有二焉。"

【注释】

① 滕更:滕国国君的弟弟,曾就学于孟子。

【译文】

公都子说:"滕更在您门下学习时,似乎是属于要以礼相待的人,然而您却不回答他的提问,这是为什么呢?"

孟子说:"倚仗自己权势来提问,倚仗贤能来提问,倚仗年长来提问,倚仗功勋劳绩来提问,倚仗故交旧情来提问,这都是我所拒绝回答的。滕更占了其中的两条。"

【原文】

孟子曰:"于不可已而已者,无所不已。于所厚者薄,无所不薄也。其进锐者,其退速。"

【译文】

孟子说："把不得不做的事停下来不做,那就没有什么事不可以中止了。对于该厚待的人却给予薄待,那就没有什么人不可薄待的了。前进得太迅猛的人,其倒退也很快。"

【原文】

孟子曰："君子之于物也,爱之而弗仁;于民也,仁之而弗亲。亲亲而仁民,仁民而爱物。"

【译文】

孟子说："君子对于万物,爱惜而不必施予仁德;对于百姓,施予仁德而不必视作亲人。君子首先要热爱亲人,进而把仁德施给百姓;把仁德施给百姓,进而爱惜万物。"

【原文】

孟子曰："知者无不知也,当务之为急;仁者无不爱也,急亲贤之为务。尧、舜之知而不遍物,急先务也;尧、舜之仁不遍爱人,急亲贤也。不能三年之丧,而缌、小功①之察;放饭流歠②,而问无齿决③,是之谓不知务。"

【注释】

① 缌(sī)、小功:丧服名。古代丧服分为斩衰、齐衰、大功、小功、缌麻五个等级,服丧期相对分为三年、一年、九个月、五个月、三个月五等。

② 放饭流歠(chuò):放,大;歠,饮。意思是大口吃饭、大口喝

汤。按礼的规定,在尊长面前这样吃喝,是大不敬的行为。

③ 齿决:此指用牙咬断干肉。按礼的规定,在尊长面前这样做,是不礼貌的。

【译文】

孟子说:"智者本该无所不知,但要急于做当前最重要的事情;仁者本该无所不爱,但要急于亲近贤能的人。尧、舜的智慧不能遍及所有事物,是因为他们急于去做当前最重要的事情;尧、舜的仁爱不能施及所有的人,是因为他们急于亲近贤能的人。如果一个人不能实行三年的丧礼,却对缌麻、小功这类的丧礼过于苛察;在尊长面前放肆地大吃大喝,却又讲究不能用牙齿咬断干肉,这就叫不识大体。"

【故事】

欧阳修得意失意皆自在

欧阳修是北宋人,从小家里很穷,四岁时父亲病死了,母亲郑氏带着他到湖北随州依靠他叔叔生活。

欧阳修的母亲想教儿子读书,可是又买不起纸笔。屋前的池塘边长着荻草,于是,她就折下荻草秆,在地上划字,来教欧阳修。

欧阳修长大以后,到宋朝的都城东京参加进士考试,一连考了三场,都考了第一名。就这样,他得以中进士,开始入朝为官。官职虽然不高,但他非常关心朝政,并且为人正直,勇于进谏。

当时,范仲淹在朝中推行新政,得罪了很多权贵,遭到排挤,被迫离开朝廷;富弼因为支持新政,也丢了官职;韩琦因为替范仲淹、富弼辩护,也受到牵连。许多人同情范仲淹,但不敢说话。任谏官的欧阳修却大胆上书给宋仁宗说:"自古以来,奸佞之臣诬陷忠良之人，总会用朋党、专权为理由。范仲淹是国家的栋梁之材，为什么要罢免他？如果圣上听信奸佞之言，把忠良之臣罢免，结果只会是亲痛仇快！"

朝中的谏官高若讷不但不进谏，反而明确表示范仲淹应该被贬。欧阳修气愤地写信给高若讷，说他不知道人间有羞耻事。因为这事，他被降职到夷陵。母亲郑氏对儿子降职一事的态度很平静，还鼓励她的儿子说："你们家以前就十分贫贱，我过了很久的贫贱生活，早就已经习惯。只要你心里觉得自在，我也就能生活得舒畅了！"

四年之后，欧阳修才回到京城。为了支持范仲淹的新政，他又一次站出来说话，再次得罪了朝廷的一些权贵。他们罗织了一些罪名来诬陷欧阳修，令他被贬谪到滁州。

欧阳修到滁州后，处理政事之余，经常去游览滁州的山水。滁州的琅玡山上，有一座供游人休息的亭子，欧阳修经常在那里喝酒。他以"醉翁"自称，于是就给亭子取名为"醉翁亭"，还写下了脍炙人口的散文名篇《醉翁亭记》。

后来，欧阳修又被贬到扬州、颍州等地，做了十多年的地方官。直到宋仁宗想起他的才华，才把他调回京城，任他为翰林学士。

有一年，欧阳修担任了进士考试的主考官。他认为这是改革文风的好机会，于是在阅卷时，对于写华而不实文章的考生一概不予录取。有一批人因此落了选，就对欧阳修心怀怨恨，在他骑马出门时，上前阻拦并辱骂他，直到巡逻的兵士赶来才被制止住。这场风波虽然给了欧阳修一些压力，却使考场的文风从此发生转变，大家都学着写内容充实的文章了。

欧阳修不但积极改革文风，还非常喜欢发现、提拔人才。经他赏识和提拔的名家非常多，最出名的是王安石、曾巩，以及苏洵和他的两个儿子苏轼、苏辙。在文学史上，唐朝的韩愈、柳宗元和欧阳修等八人被合称为"唐宋八大家"。

欧阳修晚年隐居在颍州,自号"六一居士"。"六一"指的是他珍藏的书本一万卷,三代以来的金石遗文共一千卷,一张琴、一局棋、一壶酒,还有他这一个老翁。乐陶陶的自得心态在这个名号上显露无遗。

【评论】

欧阳修在朝为官时竭忠尽智,不畏权势,勇于直谏,不顾个人安危;被贬外放时则又真正能够乐于山水,悠然自得,为后世留下了一个令人心驰神往的醉翁形象。

第十四篇

尽心（下）——养心需要静心

孟子曰:"不仁哉梁惠王也! 仁者以其所爱及其所不爱,不仁者以其所不爱及其所爱。"

公孙丑问曰:"何谓也?"

"梁惠王以土地之故,糜烂其民而战之,大败,将复之,恐不能胜,故驱其所爱子弟以殉之,是之谓以其所不爱及其所爱也。"

【译文】

孟子说:"梁惠王真不仁啊! 仁德的人把仁德给予他所爱的人,同时也推及到他所不爱的人,不仁德的人把灾害带给他所不爱的人,同时也连累到他所爱的人。"

公孙丑问道:"这是什么意思呢?"

孟子说:"梁惠王为了扩张土地,驱使百姓去打仗而使他们弃尸荒野,大败之后还准备再打,又担心不能取胜,所以驱使他所爱的太子申去为他作战送死。这就叫把灾害带给他所不爱的人,同时也连累到他所爱的人。"

【原文】

孟子曰:"春秋无义战。彼善于此,则有之矣。征者,上伐下也,敌国不相征也。"

【译文】

孟子说:"春秋时代没有正义的战争。其中那一方比这一方好一点,还是有的。所谓征讨,是指天子讨伐诸侯,同等地位的敌对诸侯国之间是不能相互征讨的。"

【原文】

孟子曰："尽信《书》，则不如无《书》。吾于《武成》①，取二三策②而已矣。仁人无敌于天下，以至仁伐至不仁，而何其血之流杵也？"

【注释】

①《武成》：《尚书》篇名，早已亡佚。东汉王充《论衡·艺增》上说："夫《武成》之篇，言武王伐纣，血流浮杵，助战者多，故至血流如此。"

② 策：竹片为简，串在一起为策。

【译文】

孟子说："完全相信《尚书》，倒不如没有《尚书》。我对于《尚书》中的《武成》篇，也只是采用其中两三段文字罢了。仁德的人在天下是没有敌手的，凭武王那样最仁德的人去讨伐商纣那样最不仁德的人，怎么会血流成河，以至于舂米的木槌都漂起来了呢？"

【原文】

孟子曰："有人曰：'我善为陈①，我善为战。'大罪也。国君好仁，天下无敌焉。南面而征，北狄怨；东面而征，西夷怨，曰：'奚为后我？'武王之伐殷也，革车三百两②，虎贲③三千人。王曰：'无畏！宁尔也，非敌百姓也。'若崩厥角稽首。征之为言正也，各欲正己也，焉用战？"

【注释】

① 陈：同"阵"。

② 两：同"辆"，一车两轮，车子的数量。

③ 虎贲（bēn）：勇士。

【译文】

孟子说："有人说，'我善于布阵，我善于打仗。'其实这是大罪恶。一国之君爱好仁德，就会天下无敌。商汤征伐南方，北方的民族就埋怨；征伐东方，西方的民族就埋怨。都说：'为什么把我们放在后面呢？'武王讨伐殷商之时，有战车三百辆、勇士三千人。武王向殷商的百姓说：'不要害怕，我是来安定你们的，不是来与百姓为敌的。'百姓们都跪倒在地叩拜起来，额角碰地的声音，像山岩崩塌一般。'征'就是'正'的意思。如果各国端正自身，又哪里用得上打仗的方法呢？"

【原文】

孟子曰："梓匠轮舆能与人规矩，不能使人巧。"

【译文】

孟子说："木匠和制作车轮、车厢的人能教导人圆规、曲尺的使用方法，却不能使人直接获得精巧的技术。"

【原文】

孟子曰："舜之饭糗①茹草也，若将终身焉；及其为天子也，被袗衣②，鼓琴，二女果③，若固有之。"

【注释】

① 饭糗（qiǔ）：饭，动词，吃。糗，干粮。

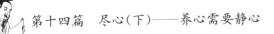

② 被袗衣:被通"披",即穿。袗衣,画有黼黻絺绣的衣服。
③ 果:通"婐"(wǒ),侍女,这里是侍候的意思。

【译文】

孟子说:"舜在当年吃干粮咽野菜的时候,好像就打算永远这么生活下去似的。等到他做了天子后,穿着画有黼黻絺绣的衣服,弹着琴,由尧的两个女儿侍候着,又好像他本来就应该享有这一切似的。"

【原文】

孟子曰:"吾今而后知杀人亲之重也:杀人之父,人亦杀其父;杀人之兄,人亦杀其兄。然则非自杀之也,一间耳。"

【译文】

孟子说:"我现在才知道杀害别人的亲人有多么严重的后果:杀了人家的父亲,人家也会杀死他父亲;杀了人家的哥哥,人家也会杀死他哥哥。这样看来虽然不是他自己杀了父亲和哥哥,但也相差无几。"

【原文】

孟子曰:"古之为关也,将以御暴;今之为关也,将以为暴。"

【译文】

孟子说:"古时候设立关卡,是要用它来抵御残暴的;而现在设立关卡,却是用来施行残暴的。"

【原文】

孟子曰："身不行道，不行于妻子；使人不以道，不能行于妻子。"

【译文】

孟子说："自己不按正道行事，道在他的妻子、儿女身上也实行不了；去使唤别人不合于正道，那就连妻子、儿女也使唤不了。"

【原文】

孟子曰："周于利者，凶年不能杀；周于德者，邪世不能乱。"

【译文】

孟子说："财富充足的人，荒年不能使他困窘；道德高尚的人，乱世不能使他迷惑。"

【原文】

孟子曰："好名之人，能让千乘之国，苟非其人，箪食豆羹见于色。"

【译文】

孟子说："爱惜名声的人，能够把千辆兵车的国家让给别人，如果不是这样能看轻富贵的人，就是要他让出一小筐饭、一碗汤，他的不情愿也会表现在脸上。"

【原文】

孟子曰："不信仁贤,则国空虚;无礼义,则上下乱;无政事,则财用不足。"

【译文】

孟子说:"不信任仁人贤士,国家实力就会空虚;不讲求礼义,上下等级关系就会混乱;不治理政事,国家财用就会不足。"

【原文】

孟子曰："不仁而得国者,有之矣;不仁而得天下者,未之有也。"

【译文】

孟子说:"不仁德的人却能得到一个国家,这样的情况是有的;不仁德的人却能得到天下,这样的事从来也没有过。"

【原文】

孟子曰："民为贵,社稷次之,君为轻。是故得乎丘民①而为天子,得乎天子为诸侯,得乎诸侯为大夫。诸侯危社稷,则变置。牺牲既成,粢盛既洁,祭祀以时,然而旱干水溢,则变置社稷。"

【注释】

① 丘民:田野之民,众民。

【译文】

孟子说:"百姓是最重要的,土神、谷神次于百姓,君主的地位更要轻些。因此得到百姓拥护的就能做天子,得到天子信任的就能做诸侯,得到诸侯信任的就能做大夫。诸侯危害了国家,那就更换他。祭祀用的牲畜已经齐备,谷物、祭器也都洁净,祭祀也是按时的,然而还是遭受干旱水涝的灾害,那就另立土神、谷神。"

【原文】

孟子曰:"圣人,百世之师也,伯夷、柳下惠是也。故闻伯夷之风者,顽夫廉,懦夫有立志;闻柳下惠之风者,薄夫敦,鄙夫宽。奋乎百世之上,百世之下,闻者莫不兴起也。非圣人而能若是乎?而况于亲炙之者乎?"

【译文】

孟子说:"圣人是百代人的师表,伯夷、柳下惠就是这样的人。所以,听说过伯夷的高尚道德风范的,贪婪的人会变廉洁,懦弱的人会有立志的决心;听说过柳下惠的高尚道德风范的,刻薄的人会变得敦厚,狭隘的人会变得宽宏。他们在百代之前奋发有为,百代之后,听说过他们事迹的人,没有不为之感动而振作奋发的。不是圣人能够像这样吗?百代以后的影响尚且这样,更何况当时亲身受过他们熏陶的人呢?"

【原文】

孟子曰:"仁也者,人也。合而言之,道也。"

【译文】

孟子说:"所谓仁,意思就是人,就是做人的道理。人和仁结合

起来，就是所说的道了。"

【原文】

　　孟子曰："孔子之去鲁，曰'迟迟吾行也'，去父母国之道也。去齐，接淅而行，去他国之道也。"

【译文】

　　孟子说："孔子离开鲁国时，说：'我们慢慢地走吧！'这是离开祖国时应有的态度。他离开齐国时，没等到淘米水晾干就带着湿米出发了，这是离开别国的感情态度。"

【原文】

　　孟子曰："君子之厄于陈、蔡之间，无上下之交也。"

【译文】

　　孟子说："君子在陈国与蔡国之间被困，那是因为他与两国的君臣上下都没有什么交往的缘故。"

【原文】

　　貉稽①曰："稽大不理于口。"

　　孟子曰："无伤也，士憎兹多口。《诗》云：'忧心悄悄②，愠③于群小。'孔子也。'肆④不殄⑤厥愠，亦不殒⑥厥问。'文王也。"

【注释】

　　① 貉稽：人名。

② 悄(qiǎo)：忧愁的样子。

③ 愠(yùn)：恼怒、怨恨。

④ 肆：本义是陈列，这里引申为展现。

⑤ 殄：断绝，竭尽。

⑥ 殒：失去。

【译文】

貉稽说："我受到众人的非议。"

孟子说："这也没有什么妨碍。士人都厌恶这种搬弄是非的议论。《诗经》上说：'烦恼忧愁心头绕，群小怨我众口咬。'孔子就是这样的。《诗经》上又说：'别人怒气虽未消，自己声誉并无伤。'周文王就是这样的。"

【原文】

孟子曰："贤者以其昭昭，使人昭昭，今以其昏昏，使人昭昭。"

【译文】

孟子说："贤人是用自己清楚明白的道理使别人也清楚明白，现在的人却要用连他自己都糊里糊涂的道理去使人清楚明白。"

【原文】

孟子谓高子曰："山径之蹊间，介然用之而成路；为间不用，则茅塞之矣。今茅塞子之心矣。"

【译文】

孟子对高子说："山坡上的小路很窄，经常去走，就能成为大路；

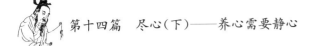

只要一段时间不走,茅草就会堵塞住它。现在,'茅草'已经把你的心堵塞住了。"

【原文】

高子曰:"禹之声尚①文王之声。"

孟子曰:"何以言之?"

曰:"以追蠡②。"

曰:"是奚足哉? 城门之轨,两马之力与?"

【注释】

① 尚:这里用为超过、高出之意。

② 追蠡:意思是禹留下来的乐器钟,钟钮像被虫子咬过的一样都快断了,说明用的人多,而文王留下来的钟就没事。追(duī):钟钮,就是编钟上用来悬挂的钮眼。蠡(lí):本是虫蛀木的意思,引申为久经磨损快要断裂的样子。

【译文】

高子说:"禹的音乐比周文王的音乐还要好。"

孟子说:"为什么这样说呢?"

高子说:"因为禹传下来的钟,那钮眼都快断了。"

孟子说:"这能说明什么呢? 城门底下的车辙那么深,难道只是一辆车两匹马的力量压出来的吗?(大禹的钟钮快断了,也是因为时间久远的关系。)"

【原文】

齐饥。陈臻曰:"国人皆以夫子将复为发棠①,殆不可复。"

孟子曰:"是为冯妇也。晋人有冯妇者,善搏虎,卒为善,士则之。野有众逐虎,虎负嵎②,莫之敢撄③。望见冯妇,趋而迎之。冯妇攘臂下车。众皆悦之,其为士者笑之。"

【注释】

① 发棠(táng):棠,齐邑。发棠指发散粮仓,以赈济贫民。

② 负嵎(yú):依恃地势险要的地方。

③ 撄(yīng):触犯、挨近。

【译文】

齐国闹饥荒。陈臻说:"国都里的人都认为先生会再次劝说齐王打开棠邑的粮仓救济百姓,恐怕先生不会再这么做了吧?"

孟子说:"再这样做就成了冯妇了。晋国有个叫冯妇的人,善于打虎,后来成为善人不再打虎了,士人都效法他。有一次他在野外遇上许多人在追逐一只虎,但老虎依恃地势险要的地方,虎视眈眈地看着众人,没有人敢上前靠近它。大家远远看见了冯妇,便跑过去迎接他。冯妇便捋起袖子跳下车去打虎。大家都很高兴,可是那些称为士的人听说后却不以为然。"

【原文】

孟子曰:"口之于味也,目之于色也,耳之于声也,鼻之于臭也,四肢之于安佚也,性也。有命焉,君子不谓性也。仁之于父子也,义之于君臣也,礼之于宾主也,知之于贤者也,圣人之于天道也,命也。有性焉,君子不谓命也。"

【译文】

孟子说:"口舌喜欢美食,眼睛喜欢美色,耳朵喜欢好听的声音,鼻子喜欢香味,四肢喜欢安逸,这是天性,但能否得到满足,其中还有命运的作用,所以君子不认为天性必得。仁对于父子关系,义对于君臣关系,礼对于宾主关系,智慧对于贤者,圣人对于天道,都是极重要的,都属于命运的安排。能否得到它们,其中也有天性的作用,所以君子不强调命的作用。"

【原文】

浩生不害①问曰:"乐正子何人也?"

孟子曰:"善人也,信人也。"

"何谓善? 何谓信?"

曰:"可欲之谓善,有诸已之谓信,充实之谓美,充实而有光辉之谓大,大而化之之谓圣,圣而不可知之之谓神。乐正子,二之中、四之下也。"

【注释】

① 浩生不害:姓浩生,名不害,齐国人。

【译文】

浩生不害问道:"乐正子是怎样的一个人呢?"

孟子说:"是个善人、信人。"

浩生不害问:"什么叫'善'? 什么叫'信'?"

孟子说:"值得喜爱就叫'善',自己确实具有'善'就叫'信','善'充实在身上就叫'美',既充实又有光辉就叫'大',既'大'又能感化万物就叫'圣','圣'到高深莫测妙不可知就叫'神'。乐正子是在'善'

和'信'二者之中，'美'、'大'、'圣'、'神'四者之下的人。"

【原文】

孟子曰："逃墨必归于杨，逃杨必归于儒。归，斯受之而已矣。"今之与杨、墨辩者，如追放豚①，既入其苙②，又从而招之③。

【注释】

① 豚：小猪。

② 苙(lì)：牲畜的围栏。

③ 从而招之：意思是逃跑的牲畜已经回来之后，还要追究以往的过失。招，用绳子捆住脚。

【译文】

孟子说："脱离墨家学说就一定会归向杨家学说，脱离杨家学说就一定会归入儒家学说。既然已经归入，就接受他算了吧。如今与杨家、墨家学说辩论的那些人，就好像是追赶原先放到山野的小猪一样，既然已经赶回到猪圈里了，还要用绳子把它的脚捆起来。"

【原文】

孟子曰："有布缕之征，粟米之征，力役之征。君子用其一，缓其二。用其二而民有殍，用其三而父子离。"

【译文】

孟子说："有征收布帛的赋税，有征收粮食的赋税，有征收人力的赋税。君子征收了其中一种，通常就缓征其他两种。如果同时征

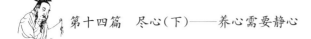

收两种,百姓就会有饿死的了;如果同时征收三种,就会使百姓们的父子之间骨肉分离了。"

【原文】

　　孟子曰:"诸侯之宝三:土地,人民,政事。宝珠玉者,殃必及身。"

【译文】

　　孟子说:"诸侯的宝物有三样:土地,人民,国家政事。把珍珠、美玉当作宝物的,灾祸必将落到他身上。"

【原文】

　　盆成括①仕于齐。孟子曰:"死矣,盆成括!"
　　盆成括见杀,门人问曰:"夫子何以知其将见杀?"
　　曰:"其为人也小有才,未闻君子之大道也,则足以杀其躯而已矣。"

【注释】

① 盆成括:姓盆成,名括。

【译文】

　　盆成括在齐国做官。孟子说:"盆成括活不成了!"
　　盆成括果然被杀,学生问道:"老师怎么会知道他将被杀呢?"
　　孟子说:"他为人有点小聪明,但不懂君子的大道理,那就足以招来杀身之祸了。"

孟子之滕,馆于上宫①。有业屦②于牖③上,馆人求之弗得。或问之曰:"若是乎从者之廋也?"

曰:"子以是为窃屦来与?"

曰:"殆非也。夫子之设科④也,往者不追,来者不拒。苟以是心至,斯受之而已矣。"

【注释】

① 上宫:上等的旅馆。

② 屦(jù):指为用麻、葛等制成的单底鞋。业屦:未织完的鞋子。

③ 牖(yǒu):窗户、窗台。

④ 设科:办教育。

【译文】

孟子来到滕国,住在一家上等的旅馆里。有一双尚未织完的鞋子放在窗台上不见了,旅馆里的人到处寻找。就有人问孟子说:"可能是跟随先生的人把它藏起来了吧?"

孟子说:"你以为他们是为了偷草鞋而到这里来的吗?"

那人说:"恐怕不是的。先生是在这里办学讲课,不学的走了都不追问,愿意学的来了也都不拒绝。只要是抱着学习的心态而来,先生就什么人都接受。"

【原文】

孟子曰:"人皆有所不忍,达之于其所忍,仁也;人皆有所不为,达之于其所为,义也。人能充无欲害人之心,而仁不可胜用也;

人能充无穿窬①之心，而义不可胜用也；人能充无受尔汝②之实，无所往而不为义也。士未可以言而言，是以言餂③之也；可以言而不言，是以不言餂之也，是皆穿窬之类也。"

【注释】

① 穿窬(yù)：穿壁越墙。

② 尔汝：尔、汝，都是第二人称代名词，古代尊长称呼卑幼时用，如果平辈之间用来称呼，则是对对方的轻视。

③ 餂(tiǎn)：取。

【译文】

孟子说："人人都有他不忍心做的事，如果把这种不忍之心扩展到他所忍心去做的事情上，就是仁；人人都有他不愿意去做的事，如果把这种不愿意扩展到他所愿意做的事情上，就是义。一个人只要能把自己不想害人的心理扩大充实，那么仁就用之不尽了；一个人只要能把自己不愿穿壁越墙的心理扩大充实，那么义就用之不尽了；一个人只要能把自己不肯忍受轻蔑的心理扩大充实，那么无论走到哪里，言行举止都不会违背道义了。对于士人，不可以交谈而去交谈，这是用言语试探对方来谋取利益；可以交谈却不去交谈，这是用沉默试探对方来谋取利益，这些都属于穿壁越墙一类的行为。"

【原文】

孟子曰："言近而指①远者，善言也；守约而施博者，善道也。君子之言也，不下带②而道存焉；君子之守，修其身而天下平。人病舍其田而芸③人之田，所求于人者重，而所以自任者轻。"

328

【注释】

① 指：意义，意旨。

② 不下带：带，腰带。古人视不下带，即只视带之上。此处比喻注意眼前常见之事。

③ 芸：通"耘"，锄草。

【译文】

孟子说："言语浅近而含意深远，这是善言；把握住的道义十分简要，而施行时却效用广大，这是善道。君子所说的，虽然是眼前近事，而道却蕴含在其中；君子所把握住的，是修养自己，却能使天下太平。常人的毛病在于荒弃自己的田地，却要人家锄好田地，要求别人的很重，而加给自己的责任却很轻。"

【原文】

孟子曰："尧、舜，性者也；汤、武，反之也。动容周旋中礼者，盛德之至也。哭死而哀，非为生者也。经德不回，非以干禄也。言语必信，非以正行也。君子行法，以俟命而已矣。"

【译文】

孟子说："尧、舜的仁德，是出自本性；汤王、武王的仁德，是经过修身回复到本性的。动作、容貌等一切方面都符合礼，这是美德的最高表现。为死者哭得悲哀，不是做给活人看的。遵循道德而不违背，不是为了谋求官职、俸禄。言语必求信实，不是为了显示自己品行端正的。君子按天理行事，然后等待命运的安排罢了。"

【原文】

孟子曰:"说大人^①,则藐之,勿视其巍巍^②然。堂高数仞,榱题^③数尺,我得志,弗为也。食前方丈,侍妾数百人,我得志,弗为也。般乐^④饮酒,驱骋田猎,后车千乘,我得志,弗为也。在彼者,皆我所不为也;在我者,皆古之制也,吾何畏彼哉?"

【注释】

① 大人:尊贵的人。

② 巍巍:富贵荣耀的样子。

③ 榱(cuī)题:屋檐下的椽子头,这里借指屋檐。

④ 般乐(pán lè):流连于游乐中。

【译文】

孟子说:"向权贵进言,要藐视他,不要把他看得那样高高在上。殿堂几丈高,屋檐几尺宽,如果我得志了,我就不这么做。吃饭时面前摆满美味佳肴,侍妾奴婢有数百人,如果我得志了,我就不这么做。饮酒作乐,驰骋打猎,让成千辆车子跟随着,如果我得志了,就我不会这么做。他们的所作所为,都是我所不愿做的;我所做的,都是符合古代制度的,我为什么要怕他们呢?"

【原文】

孟子曰:"养心莫善于寡欲。其为人也寡欲,虽有不存焉者,寡矣;其为人也多欲,虽有存焉者,寡矣。"

【译文】

孟子说:"修养善心的方法,没有比减少欲望更好的了。一个人如果欲望很少,那么即使善心有些丧失,也是很少的;一个人如果欲望很多,那么即使善心有所保存,也一定是很少的。"

曾晳①嗜羊枣②,而曾子不忍食羊枣。公孙丑问曰:"脍炙③与羊枣孰美?"

孟子曰:"脍炙哉。"

公孙丑曰:"然则曾子何为食脍炙而不食羊枣?"

曰:"脍炙所同也,羊枣所独也。讳名不讳姓,姓所同也,名所独也。"

【注释】

① 曾晳:即曾点,曾参的父亲,亦是孔子的学生。姓曾,名点,字子晳。春秋末鲁国南武城(原属山东费县,现属平邑县)人。

② 羊枣:一种小而黑的柿子。

③ 脍炙:烧烤的细肉。

【译文】

曾晳非常喜欢吃羊枣,曾子因此就不忍心吃羊枣。公孙丑问孟子道:"烤肉和羊枣哪一种好吃些?"

孟子说:"当然是烤肉。"

公孙丑说:"那么曾子为什么吃烤肉而不吃羊枣呢?"

孟子说:"烤肉是人人都爱吃的,羊枣却是单独某个人爱吃的。这就好比父母之名应该避讳,他们的姓却不必避讳是一样的。因为姓是很多人共有的,而名字却是一个人独有的。"

【原文】

　　万章问曰："孔子在陈曰：'盍归乎来！吾党之小子狂简，进取，不忘其初。'孔子在陈，何思鲁之狂士？"

　　孟子曰："孔子'不得中道而与之，必也狂狷乎！狂者进取，狷者有所不为也'。孔子岂不欲中道哉？不可必得，故思其次也。"

　　"敢问何如斯可谓狂矣？"

　　曰："如琴张、曾晳、牧皮①者，孔子之所谓狂矣。"

　　"何以谓之狂也？"

　　曰："其志嘐嘐②然，曰'古之人，古之人'。夷考其行③，而不掩焉者也。狂者又不可得，欲得不屑不洁之士而与之，是獧④也，是又其次也。孔子曰：'过我门而不入我室，我不憾焉者，其惟乡原⑤乎！乡原，德之贼也。'"

　　曰："何如斯可谓之乡原矣？"

　　曰："何以是嘐嘐也？言不顾行，行不顾言，则曰'古之人，古之人'。行何为踽踽凉凉⑥？生斯世也，为斯世也，善斯可矣。阉然媚于世也者，是乡原也。"

　　万子⑦曰："一乡皆称原人焉，无所往而不为原人，孔子以为德之贼，何哉？"

　　曰："非之无举也，刺之无刺也，同乎流俗，合乎污世，居之似忠信，行之似廉洁，众皆悦之，自以为是，而不可与入尧、舜之道，故曰'德之贼'也。孔子曰：恶似而非者：恶莠，恐其乱苗也；恶佞，恐其乱义也；恶利口，恐其乱信也；恶郑声，恐其乱乐也；恶紫，恐其乱朱也；恶乡原，恐其乱德也。君子反经而已矣。经正，则庶民兴；庶民兴，斯无邪慝矣。"

【注释】

① 琴张、牧皮：都是人名，身世不详；有人说是孔子的学生。

② 嘐嘐(jiāo)：志向远大、口气不凡。

③ 夷考其行：平时考察其行为。

④ 獧：同"狷"。

⑤ 乡原：指看起来恭谨忠厚，实质上却没有是非原则，苟同世俗，只图博取好名声的人，相当于现在所说的好好先生。原，同"愿"。

⑥ 踽(jǔ)踽凉凉：孤寡不合群的样子。

⑦ 万子：即万章。

【译文】

万章问道："孔子在陈国时曾经说：'为何不回去呢！我家乡的那些年轻弟子志向高远而行为粗简，想要积极进取却难改旧习。'孔子在陈国时，为什么要惦念鲁国那些狂放的读书人呢？"

孟子说："孔子说过：'既然找不到言行合乎中庸之道的人来交往，必定只能与狂放的人和耿介的人交往了。狂放的人进取向上，耿介的人知所不为。'孔子难道不想结交合乎中庸之道的人吗？只是因为不一定能结交到，所以才想到结交次一等的人。"

万章问："请问怎样的人才能称作是狂放的人呢？"

孟子说："像琴张、曾晳、牧皮这些人，就是孔子所说的狂放的人。"

万章问："那为什么说他们狂放呢？"

孟子说："他们志向远大、口气不凡，动不动就说'古代的人，古代的人'。平时考察他们的行动，却多与他们的言论不吻合。如果这样的狂放之人也结交不到，就想找到洁身自好的人与他结交了，这种人就是耿介的人，这是又次一等的了。孔子说：'路过我的家门口，没有进我的屋子，而我不感到遗憾的，大概只有乡原吧！乡原是戕害道德的人。'"

万章问："怎样的人能称他为乡原呢？"

孟子说："乡原指责狂放的人说：'为什么志向、口气那么大？说的不顾做的，做的不顾说的，却还说什么'古代的人，古代的人。'又批评耿介的人说：'为人处世为什么那样孤寡不合群呢？生在这个世界上，为这个世界做事，相安无事就行了。'迎合世道，在世上献媚邀宠的人就是乡原。"

万章问："一乡的人都称他是忠厚人，他也处处表现出自己是个忠厚人，孔子却认为他是戕害道德的人，这是什么道理呢？"

孟子说："这种人，要批评他，却举不出具体事情来；要指责他，却又觉得没什么能指责的；他只是和颓靡的习俗、污浊的社会同流合污，平时似乎忠厚老实，行为似乎很廉洁，大家都喜欢他，他自己也觉得自己是正确的，但是却不能与他一起学习尧、舜之道，所以说是'戕害道德的人'。孔子说过，要憎恶那些似是而非的东西：憎恶莠草，是怕它淆乱禾苗；憎恶巧言谄媚，是怕它淆乱道义；憎恶尖嘴利舌，是怕它淆乱诚信；憎恶郑国音乐，是怕它淆乱雅乐；憎恶紫色，是怕它淆乱了正红色；憎恶乡原，是怕他淆乱了仁德。君子要回复到正道罢了。正道的形象树立端正了，百姓就会奋发振作；百姓奋发振作，就不会有邪恶了。"

【原文】

孟子曰："由尧、舜至于汤，五百有余岁[①]，若禹、皋陶，则见而知之；若汤，则闻而知之。由汤至于文王，五百有余岁，若伊尹、莱朱[②]，则见而知之；若文王，则闻而知之。由文王至于孔子，五百有余岁，若太公望、散宜生[③]，则见而知之；若孔子，则闻而知之。由孔子而来至于今，百有余岁，去圣人之世，若此其未远也，近圣人之居，若此其甚也，然而无有乎尔，则亦无有乎尔！"

① 五百有余岁：五百年左右出一个圣人，这是天道的常理。

② 莱朱：传说是商汤的贤臣，一说就是仲虺(huǐ)，商汤的相。

③ 太公望：即吕尚，见本书《离娄上》第十三章注。散宜生：姓散宜，名生，周文王的贤臣。

【译文】

孟子说："从尧、舜到商汤，相隔五百多年，像禹和皋陶，是亲眼见到过而了解尧、舜之道的；至于商汤这辈人，则是透过耳闻来了解的。从商汤到文王，也是相隔五百多年，像伊尹和莱朱，是亲眼见过而了解商汤之道的；至于文王这辈人，则是透过耳闻来了解的。从文王到孔子，又相隔了五百多年，像太公望和散宜生，是亲眼见过才了解文王之道的；至于孔子这辈人，则是透过耳闻来了解的。从孔子以来直到现在，相隔只有一百多年，距离圣人所处的时代还不远，距离圣人生活的地方是这样的近，然而竟没有亲眼看到过而了解继承孔子之道的人，那么五百年后也就不会有透过耳闻来了解孔子之道的人了！"

【故事】

柳下惠直道事人

柳下惠本来不姓柳，他原姓展，名获，字禽，另有一字为季，因为他的食邑在柳下，死后谥为"惠"，所以后人称他为柳下惠，也叫作柳下季。

柳下惠是春秋时期鲁国人，早于孔子一百多年。当时鲁国王室衰败，朝政把持在臧文仲等人手中。柳下惠生性耿直，又从不逢迎，自然就很容易得罪权贵，以至于在鲁国三次做官都被罢免。一百多年之后的孔子为此气愤不已,痛骂臧文仲是故意排挤贤人的窃位者。

鲁僖公二十六年夏天,齐孝公出兵讨伐鲁国,臧文仲问柳下惠,该怎样措辞才能让齐国退兵。柳下惠则回答说,大的国家应该做好小国的榜样,而小的国家则应该好好侍奉大国,这样双方就能保持和平,防止祸乱的发生。现在鲁国作为一个小国却如此狂妄自大,所以才会惹怒大国,这叫自取其祸,用什么样的措辞去游说都没有用了。柳下惠这样说,就是在直言不讳地批评掌管鲁国政权的臧氏。

柳下惠有一个弟弟叫展喜,当时在鲁国做大夫,被鲁僖公派去慰劳士兵,准备迎战齐军。柳下惠听说后,便去找展喜,把策略传授给他,让他到齐国的军营去见齐孝公。齐孝公问展喜:"如今我齐国大军压境,雄壮威武,你们感到害怕了吧?"

展喜却笑了笑,说:"小人才会害怕呢!君子是不会害怕的!"孝公不解地问他为什么。

展喜说:"凭借着先王之命,我们就不会害怕。当初,鲁国的第一位国君周公和齐国的第一位国君太公曾经共同辅佐周成王。成王御赐了盟书,要齐、鲁两国世代修好,绝不互相残杀。两国的新国君即位时,都要对着盟约宣誓。现在盟约还藏在内府,而你也刚刚即位,怎么就把盟书和誓言都抛在了脑后?"齐孝公自知理亏,就撤兵了。

鲁国有一个传世的宝贝,叫作岑鼎。这只岑鼎形体巨大,气势宏伟,鼎身上铸刻着精美的花纹,据说看到的人都会感觉震慑心魄,是鲁国的镇国之宝。

鲁庄公的时候,齐国向鲁国发起了大规模的进攻,鲁国国力较弱,根本没有办法对抗强大的齐国,就派遣使者前去谈判,希望齐国罢兵。齐国要求鲁国献上岑鼎以表诚意,鲁国答应了。可是,鲁庄公又实在舍不得这个宝贝，陷入了左右为难的境地。

鲁国有个大臣就出主意说："齐国人从来没有见过岑鼎，我们可以另造一个鼎献上去。"于是，鲁国就打算用假鼎冒充。

但是齐国的人说："听说柳下惠是鲁国最讲信用的人，从来没有说过谎话。如果他说送来的鼎是真的，我们才会相信。"鲁庄公就派人求柳下惠，希望由他去献上假鼎。

但是，柳下惠拒绝了。他说："你既然已经答应了要把岑鼎送给齐国，就要信守承诺，不能轻易改变，否则就会失去信誉。人与人交往要讲信誉，国与国交往就更要讲信誉了。我一生都把信誉当作最重要的珍宝，如果我说假话，那就是毁掉我的珍宝。以毁我的珍宝为代价来保住你的珍宝，这样的事我怎么能做？"鲁庄公无奈，就将真的岑鼎献给了齐国。

柳下惠虽然在仕途上屡受打击排挤，他的道德学问却名满天下，被罢官之后，各国诸侯都争抢着用高官厚禄来礼聘他，但都被他拒绝了。有人不理解，问他为什么，他说："我在鲁国之所以多次被罢官，就是因为我要坚持做人的原则；如果去了别的国家也继续坚持原则，又怎么能保证不再被罢免？若是打算放弃做人的原则曲意逢迎的话，在鲁国就可以轻易得到高官厚禄，又何必离开生我养我的故乡呢？"

当然，柳下惠这个人最有名的就是"坐怀不乱"的故事了。相传，他有一次出远门，晚上就住在都城门外。那晚异常寒冷，房间也没有生火取暖，有一位衣衫单薄的女子来投宿，在冰冷的房间瑟瑟发抖。柳下惠担心她这样下去可能会被冻死，就让她坐在自己的怀里，用衣服盖住她，就这样一直待到第二天天亮，也没有发生越礼的事。这件事更使得柳下惠的圣人君子之名广为传扬，人尽皆知。

柳下惠被后人誉为"和圣"。

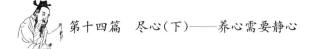

【评论】

圣人孔子及亚圣孟子都对柳下惠非常推崇。《孟子》一书之所以把柳下惠和伯夷、伊尹、孔子并称四位大圣人，是基于以下几个原因：不因服侍的君主不圣明而羞耻，不因给的官职卑微而拒绝；身居高位时积极举荐贤才，被罢官时也不心生怨恨；贫穷困顿时仍保持愉快的心境；和任何人相处都不会受到不良的影响。孟子认为，柳下惠的为人足以成为"百世之师"。